● 建築工学 ●
EKA-7

建築計画学入門
建築空間と人間の科学

大佛俊泰・宮本文人・藤井晴行 共著

数理工学社

ライブラリ「建築工学」について

　建築物は，それが建っている場所に固定されるといってよい．地球上の場所は，場所ごとに異なる特性をもっている．部材や部品は工場で大量に生産されたとしても，建築物を，それが支えられている地盤も含めて，全体としてとらえれば，建築物は現地で単品生産されるといえる．

　個人の住宅，会社の社屋，公共施設，等，いずれにしても建築物は建主にとってかなり高価である．それは，建築物に多量の資源とエネルギーを使用していることを意味する．それゆえ，建築物は，長期間利用せざるを得ない．性能評価も長期間を対象としなければならない．

　数十年あるいは数百年に一回といった自然現象，すなわち，大地震，強風，豪雨，等，に対する性能は，当然のことながら，その現象を被る機会が少ない分，検証しにくく，評価がむずかしい．竣工時から自然災害を被るまでの時間が長いため，責任の所在も曖昧になりがちである．地震で建築物が大きな被害を受けたとき，設計事務所も建設会社もすでに存在していない可能性もある．

　建築物を取り扱う学問である建築学は，相当に幅広い範囲を包含しなければならない．比較的小さな領域を分野と考え，具体的に分野を列挙してみれば，計画，歴史，意匠，構造，材料，設備，環境，等となる．建築物に関しては，法令による規制も多々あり，法に関する知識も不可欠である．

　これまで述べてきたような特質を有しているので，建築に係わる専門家には，建築物を生産，管理，利用し，最終的に取り壊すまでの過程を総合的に把握することが要求される．建築学を体系的に理解することが肝要となる．

　物事を体系的にとらえる能力は，失われつつあるような気がする．情報処理と通信の技術が発達し，極めて大量の細切れの情報を容易に入手し得る，便利な社会になった結果であると考えている．

　失いつつあるものに歯止めをかける方法の一つは，その原因となる状況が生

ずる前の仕組みで教育することであろう．いうまでもないことであるが，大学の教員にとっては，関連する分野を体系的にまとめておくことが必須である．そこに，個人であれ，数人の仲間であれ，学者あるいは学派としての独自の資料と解釈が芯となっていることが重要である．

　このように考えていたので，数理工学社による教科書ライブラリ「建築工学」の企画を伺ったとき，即座に賛同した．建築の各分野で，大学学部の講義に使用することを想定したコア書目と，大学院生，技術者を対象としたアドバンスト書目が配されている．ライブラリ「建築工学」が大いに活用されることを望んでいる．

2004 年 2 月　　　　　　　　　　　　　　　　　（文責：瀧口　克己）

　　　　　　　　　　　　　　　　　　　　　編者　瀧口　克己・田中　享二
　　　　　　　　　　　　　　　　　　　　　　　　梅干野　晃・大佛　俊泰

ライブラリ「建築工学」書目一覧	
コア書目	アドバンスト書目
1　新・建築材料 I［構造材料編］	A−1　建築エンベロープの性能と材料
2　新・建築材料 II 　　［部位構成材料・機能材料編］	A−2　自然災害の防災システム A−3　地震防災システム
3　建築構造工学	A−4　建物の動特性
4　建築構造力学入門	A−5　建築デザインの科学
5　建築構造工学演習	A−6　都市空間データ分析
6　西洋建築史	A−7　環境設計
7　建築計画学入門 　　―建築空間と人間の科学―	―そのプロセスと実例―
8　建築・都市環境工学の基礎	別巻 1　非線形構造力学 　　　　―構造物の多軸挙動と塑性論―
9　視環境計画の基礎	
10　都市・建築，熱環境（計画）	
11　水環境から給排水設備	別巻 2　基本建築構造力学 　　　　―片持ち線材の挙動―
12　音と振動	
13　空気清浄設備	
14　建築と都市の環境	

(A: Advanced)

まえがき

　建築計画の裾野は非常に広い．多くの学問分野の研究成果を取り込みながら成立し，そして，発展してきた．そのため，建築計画の全容を網羅的にカバーし，コンパクトに論ずることは容易ではない．本書は「建築空間と人間の科学」という観点から，建築計画の基礎について論述したものであり，従来までの建築計画教科書とは幾分異なる趣を呈している．内容的には，建築学を学びはじめた学部生を対象とした入門書であり，身体・心理・真理という視点から建築空間と人間の関係（建築計画の基礎）について論じたものである．

　第1部では，建築の設計や計画における寸法の重要性について論述し，寸法の起源となる人体や動作の寸法について論じている．さらに，建築各部の寸法の決め方や決まり方の基礎について整理している．

　第2部では，建築に対する普遍的な要請のひとつである安全性に関する基礎的事項と，建築に担わせる機能や規模をどのように想定すればよいのかを論理的に判断するための方法論の基礎について論述している．

　第3部では，建築・都市空間を人間がどのように知覚し，その結果，どのような行動や評価として結実し得るのかについて，心理学的側面から考察するために必要となる基礎理論について論述している．建築・都市空間における人間の心理について語る上で重要となる基本概念を導入しながら，建築計画・建築設計と心理学との関連について論じている．

　第4部では，建築における計画の価値とあり方について論述している．建築の価値とは何か，建築の実践に関わる知とは何か，そもそも建築とはどのように捉えるべきものなのかについて論じている．さらに，人間を取り巻く建築・環境と人間との関係について考える上で有用となる概念や図式について論じている．

まえがき

　第1部，第2部の内容は，学部生を想定して，特に建築設計製図の場面で必要となる基礎的事柄を中心に，できるだけ平易に論述したものである．建築設計製図のための基礎知識として役立ててほしい．第3部，第4部の内容は，大学院レベルに達する部分もあるが，学部生も理解しておくべき内容を豊富に含んでいる．真に豊かで価値のある建築を探求するための道標として活用してほしい．

　最後に，本書の執筆にあたり根気強くお付き合いいただいた数理工学社の関係諸氏には心から謝意を表します．

　　　2009年4月

執筆者を代表して
大佛　俊泰

```
〈執筆分担〉
　第1部，第2部：大佛　俊泰
　第3部　　　　：宮本　文人
　第4部　　　　：藤井　晴行
```

目　　　次

第1部　空間と人間の寸法 ・・・・・・・・・・・・・・・・・・・ 1

第1章

寸法と設計の原点　　　　　　　　　　　　　　　　　3
   1.1　図面の役割と寸法の重要性 ・・・・・・・・・・・・・・・・・・・　4
   1.2　寸法の起源と単位 ・・・・・・・・・・・・・・・・・・・・・・・　11
   1.3　人体の寸法 ・・・・・・・・・・・・・・・・・・・・・・・・・・　17

第2章

寸法の決め方・決まり方　　　　　　　　　　　　　　25
   2.1　意匠・プロポーション ・・・・・・・・・・・・・・・・・・・・・　26
   2.2　モデュール ・・・・・・・・・・・・・・・・・・・・・・・・・・　33
   2.3　落ち着き感・納まり・視覚的効果 ・・・・・・・・・・・・・・・・　39
   2.4　機能・使いやすさ・快適さ ・・・・・・・・・・・・・・・・・・・　43
   2.5　安全性・高齢者等への配慮 ・・・・・・・・・・・・・・・・・・・　51
   2.6　変動・変化・変更への対応 ・・・・・・・・・・・・・・・・・・・　56
   2.7　効率性・経済性・法的規制 ・・・・・・・・・・・・・・・・・・・　62

第2部　空間と人間の移動 ・・・・・・・・・・・・・・・・・・・ 67

第3章

空間移動と安全性　　　　　　　　　　　　　　　　　69
   3.1　群集の危険性 ・・・・・・・・・・・・・・・・・・・・・・・・・　70
   3.2　群集行動の法則性と制御 ・・・・・・・・・・・・・・・・・・・・　74
   3.3　安全計画・安全設計 ・・・・・・・・・・・・・・・・・・・・・・　83

第4章

施設利用における空間移動　　　　　　　　　　　　　95

　　　　　　　　　目　　次　　　　　　　vii

 4.1 利用圏把握の必要性 ･････････････････････････ 96
 4.2 移動手段と移動距離 ･････････････････････････ 101
 4.3 施設利用の変化と変動 ･･･････････････････････ 105
 4.4 単純な利用圏モデル ･････････････････････････ 112
 4.5 施設選択モデル ･････････････････････････････ 117
 4.6 施設配置モデル ･････････････････････････････ 120

第3部　空間と人間の心理 ･･････････････ 123

第5章

空間と人間の知覚　　　　　　　　　　　125

 5.1 空間とは何か ･･･････････････････････････････ 126
 5.2 空間に関わる心理学 ･････････････････････････ 129
 5.3 空間と知覚 ･････････････････････････････････ 133
 5.4 ゲシュタルト心理学における知覚 ･････････････ 134
 5.5 錯視と知覚の恒常性 ･････････････････････････ 138
 5.6 生態学的視覚論とアフォーダンス ･････････････ 142

第6章

空間と人間のイメージ　　　　　　　　　145

 6.1 人間のイメージの研究 ･･･････････････････････ 146
 6.2 ケビン・リンチの「都市のイメージ」 ･････････ 147
 6.3 リンチの調査方法 ･･･････････････････････････ 149
 6.4 リンチの都市のイメージにおける概念 ･････････ 153
 6.5 認知地図の特性 ･････････････････････････････ 156
 6.6 環境認知の発達段階 ･････････････････････････ 161

第7章

周辺空間と人間の心理　　　　　　　　　165

 7.1 プライバシー ･･･････････････････････････････ 166
 7.2 パーソナルスペース ･････････････････････････ 170
 7.3 テリトリーとテリトリアリティ ･･･････････････ 176

7.4 犯罪と安全な空間 ………………………………… 180

第4部　空間と人間の行動 …………………… 183

第8章

建築と科学　　　　　　　　　　　　　　　　　　185
8.1 行為としての建築 ………………………………… 186
8.2 建築の学 …………………………………………… 190
8.3 建築の過程 ………………………………………… 194
8.4 認識の諸相 ………………………………………… 199

第9章

法則性の認識と適用　　　　　　　　　　　　　　201
9.1 建築の捉え方 ……………………………………… 202
9.2 法則性と推論 ……………………………………… 204
9.3 原因と目的 ………………………………………… 206
9.4 計　　画 …………………………………………… 210
9.5 暗　黙　知 ………………………………………… 212

第10章

空間と行動のモデル　　　　　　　　　　　　　　215
10.1 環境と行動の法則性と建築 ……………………… 216
10.2 行動主義モデル …………………………………… 222
10.3 環境の内的投影 …………………………………… 225
10.4 認知過程のモデル ………………………………… 228
10.5 行動モデルから観た建築計画 …………………… 231

参 考 文 献　　　　　　　　　　　　　　　　　　232
図表・写真典拠　　　　　　　　　　　　　　　　237
索　　　引　　　　　　　　　　　　　　　　　　242

第1部
空間と人間の寸法

第 1 章　寸法と設計の原点
第 2 章　寸法の決め方・決まり方

第1章

寸法と設計の原点

　建築空間の設計プロセスにおいては無数の調整や決定が行われる．中でも「図面」における「寸法」についての調整や決定は極めて多い．本章では，まず，図面の役割と寸法の重要性，寸法感覚を習得することの重要性について解説する．さらに，寸法の起源や具体的な単位とその変遷について整理し，寸法体系と人体寸法との密接な関わりについて述べる．さらに，建築空間を計画・設計するための基礎となる人体の寸法や動作のための寸法などについて整理する．

1.1　図面の役割と寸法の重要性
1.2　寸法の起源と単位
1.3　人体の寸法

1.1 図面の役割と寸法の重要性

(1) コミュニケーションのための図面

われわれは外界から様々な情報を受け取っており，その中でも視覚的な情報は非常に大きな割合を占めている．視覚的な情報を表示・伝達する媒体として，文字と数字は極めて重要である．「読み・書き・そろばん」は文字や数字の重要性を端的に表している表現といえよう[1]．

一方，文字や数字よりも古くから，視覚に直接働きかける重要な表示・伝達手段として図（または，絵）がある．図は文字や数字だけでは表現することが困難な対象について，理解を助ける役割を担っている．一般に，図は情報を伝達することを目的として描かれることが多い．

図1.1を見てみよう．自分の考えを伝えたり，相手の考えを理解するために，通常，われわれは，日本語や英語といった**言語**を用いている．言語を介して相互に理解しあえるのは，単語の意味や文法を共有しているからである．仮に正しい日本語の単語や文法に従って書かれた文章であっても，日本語の単語や文章を理解していない人にとっては，意味不明な文字の羅列に過ぎないのである．

建築の世界における言語は**図面**である．思考の記録や伝達は図面をもってなされる．事実，建築の分野では業務のほとんどすべてが図面を中心に展開される．建築の**実施図面**（工事見積や実際の工事に必要となる細かい寸法や納まりが描かれた図面）は，工事を請け負う施工業者に建築物の詳細を伝達することを目的としたものである．このとき，図面を介して**コミュニケーション**を図るためには，単語や文法に相当する「**共通のルール**」が必要となる．同じ図面であっても，記号

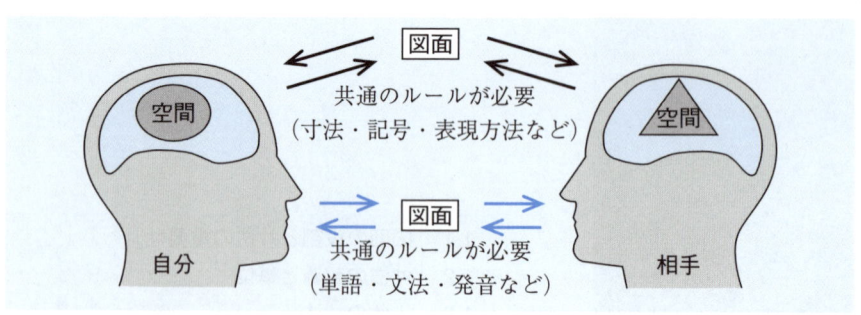

図1.1　コミュニケーション・ツールとして図面の役割

の意味や表現の仕方が異なれば，相互理解は不可能である．この意味で図面は言語に似ている．つまり，図面に表現されている情報を読み取るためには，ルール（**寸法**，**方位**，**記号**などの表現方法）に関する知識が必要であり，逆に，図面を用いて自分の考えやアイディアを他者に伝えたければ，ルールに基づいて描く必要がある．

(2) 思考のための図面

図面の役割は情報を伝達することだけにとどまらない（図1.2）．図面に備わるもう1つの重要な役割に，自らの知的活動をスムーズに進行させ，展開させるための道具としての役割がある．つまり，他者への情報伝達のためのツールではなく，自らの思考のためのツールとしての役割である．言語が情報伝達だけでなく，思考そのものを成立させるための媒体であるという点においても，図面は言語に似ている．

そもそも人が頭の中に記憶したり，一度に処理を行うことのできる情報量には限界があり，また，その情報は不確定で不安定である．そのため，われわれは膨大な量に及ぶ知識や思考の一部を，具体的な図を描いて外在化させようとする（頭の外に出そうとする）．ただしこのとき，図は単なる外部記憶装置として活用されるだけではない．そもそも図を用いて表示や表現を行うという行為は，対象とする現象や事象を整理し，明確で具体的な**図式**（**モデル**）に置き換える作業であるといえる．すなわち，①表示や表現を行う前の，頭の中にある図像を仮に「**イメージ**」と呼ぶことにすると，図面を用いて表示や表現を行うことにより，曖昧で混沌としたイメージを整理し，明確化させることができる．さらに，②頭の外に外在化させた具体的な図面は矛盾をはらむことが難しい．換

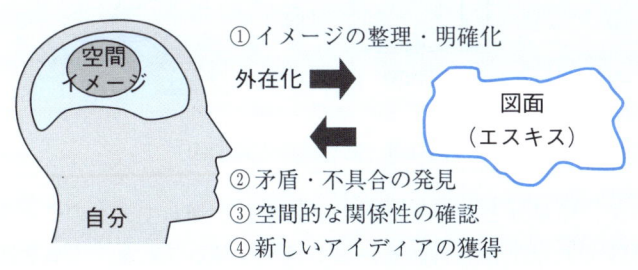

図1.2 思考過程における図面の役割

言すれば，イメージ上では矛盾や欠点・問題点には気づかなくても，具体的な図面に落とすと，それらが浮き彫りとなって現れることがある．また，③描かれた図面によれば，イメージ上では確認しづらい空間的な関係性を理解することができ，また，矛盾点や問題点の解決方法や改善方法についての手がかりを得ることができる．さらに，④それまでの思考の延長線上にはない，まったく新しいアイディアや概念へ導いてくれることもある．「思考のための図面」の重要な役割はここにある．

課題 1.1 [**概念図を言葉**だけで説明する]

友人と次のような簡単な実験を行ってみよう．図 1.3 には，ある仮想装置の**概念図**を示してある．まず，あなただけがこの図をよく見てどのような装置であるのか理解し，記憶しよう．次に，この本を閉じて，どのような装置であったのか，その長所や欠点なども含めて，友人に説明してみよう．ただし，図面は使ってはいけない．手振りや身振りもダメ．言葉だけで，あなたが記憶した装置についてできるだけ詳しく説明してみよう．その後，友人に紙と鉛筆を渡して，あなたの説明した装置がどのような装置であったのか描いてもらおう．

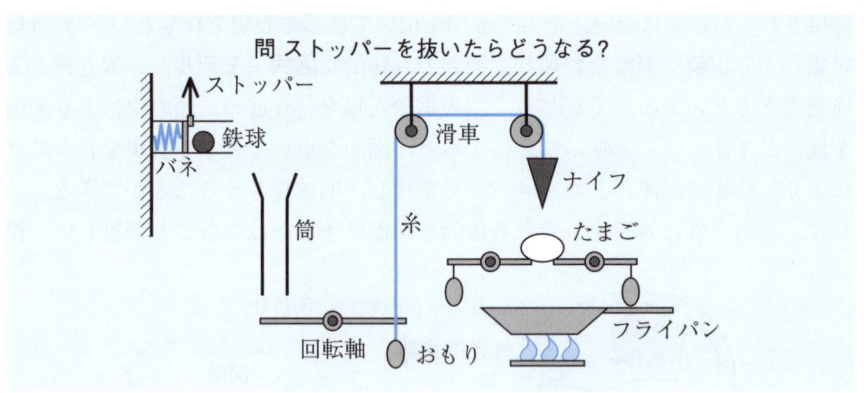

図 1.3　仮想装置の概念図

【解説】　さて，結果はどうだったか．この実験を通して，次のことを確認してほしい．①あなたは文章（言語）による説明を得ることなく，概念図（図1.3）だけからどのような機能をもつ装置であるのかを理解したはずである．②この

装置を図面を使わず，言葉だけで説明することに，猛烈なストレスを感じたはずである．③聞き手となった友人の描いた図面は，あなたが説明した装置とは大きく異なっており，がっかりしたのではないだろうか．すなわち，自分の考えを伝える手段として，「図面」がどれほどパワフルであるかを実感したことだろう．図面を用いることの御利益はほかにもある．図 1.3 をもう一度見てみよう．友人への説明の中で，あなたは恐らく「ストッパーを抜くとバネが伸びて鉄球が押し出され落下する．その下には筒が口を広げており，その中に鉄球が落ちる．…」などと説明したのではなだろうか．しかし，もしかしたら，鉄球はパイプには納まらず，勢い余って外に飛び出してしまうかもしれない．または，ここはうまく行っても，ナイフはたまごに突き刺さるだけで割ることはできないかもしれない．または，殻ごとフライパンに落ちてしまい目玉焼きは台無しになってしまうかもしれない．すなわち，④この概念図は相手に情報を伝達するだけでなく，想定されたストーリーが思い通りに展開されるか否かをチェックするのに役立ちそうである．

この例が示すように，図面は他者とのコミュニケーションのために重要な手段となるばかりでなく，自分の考えに誤りや欠点が存在しないかどうかをチェックするための有効な手段ともなる．

(3) 寸法感覚の重要性

思考のための図面は，自分自身のための図面であるから，「共通のルール」は必要ないように思えるかもしれない．自分だけに理解可能な記号や表現方法を考案したほうが，イメージを膨らませ，独創的な設計を行うためには好都合かもしれない．しかし，漠然とした配置や機能，寸法や形態などを描き込んだ "設計初期段階の図面"（**エスキス**：esquisse[フランス語]）は，他者の評価やコメントを参考に改良を繰り返し，完成度を高めていく必要がある．特に，建築を学び始めたばかりの学生諸子にとっては，教員を含め多くの友人の目にさらし，ディスカッションすることが非常に重要である．したがって，エスキスであろうとも，多くの人に自分が考えている空間イメージを伝えることを前提とした描き方とすることが好ましい．

建築図面を描く上で必要となる数多くのルールの中でも，「寸法」は最も重要なルールの 1 つである．いわゆる「**スケール感**」が養われないと，他者に自分が

イメージする空間を伝達することができない．それどころか，自分自身がどのような空間を創造しようとしているのかがわからなくなり，混乱してしまうことになる．イメージを外在化させることの御利益は，本人自らが他者となって，自分の図面を他者の視点から眺めてみることにより達成されることが多い．実際の空間の1mは，100分の1の図面では1cmであり，それをきちんと1cmで表現することができることが必要である．

課題 1.2 [教室の平面図を描いてみる]

授業終了後に普段利用している教室に居残り，友人と次のような簡単な実験を行ってみよう．まず，教室をよく見回し，教室の平面図を100分の1のスケールで描いてみよう．できれば，壁や柱，ドアや窓などの位置も表現してみよう．数人の友人にも同様に描いてもらい，描かれた図面を相互に比較してみよう．

【解説】 さて，結果はどうだったか．この実験を通して，次のことを確認してほしい．①描こうとした教室は，目前にある教室であり，皆にとって同一の空間である．②それにもかかわらず，描かれた図面（教室）は大きく異なっている．これはなぜだろうか．

この実験は2つのプロセスから構成されている．まず，実際の空間を見て，どの程度の大きさであるのかを理解するプロセスと，その大きさを図面として表現するプロセスである．このどちらかで（もしくは両方で）大きなずれが生じると，結果的に各人の図面が大きく異なることになる．この実験で確認された大きなずれは，後者のずれ，すなわち，目前の空間を図面に表現するときに発生したずれの影響のほうが大きいように思われる．

上記の実験では皆が同じ空間を体験しているので，図面がなくても相互にそのイメージを共有することができる．しかし，もし，自分だけが体験した空間や，自分がこれから設計したい空間を，他者に図面を描いて伝えたい場合にはどうなるだろうか．正しい空間スケールで表現されていなければ，自分が見てきた空間，または，自分がこれから設計しようとしている空間を他者に正確に伝達することは難しい．同時に，他者の描いた図面を正確に理解することもできない．すなわち，「空間」，「自分」，「図面（寸法）」，これら三者の間に良好な対応関係を構築できるかどうかが非常に重要なポイントとなる．

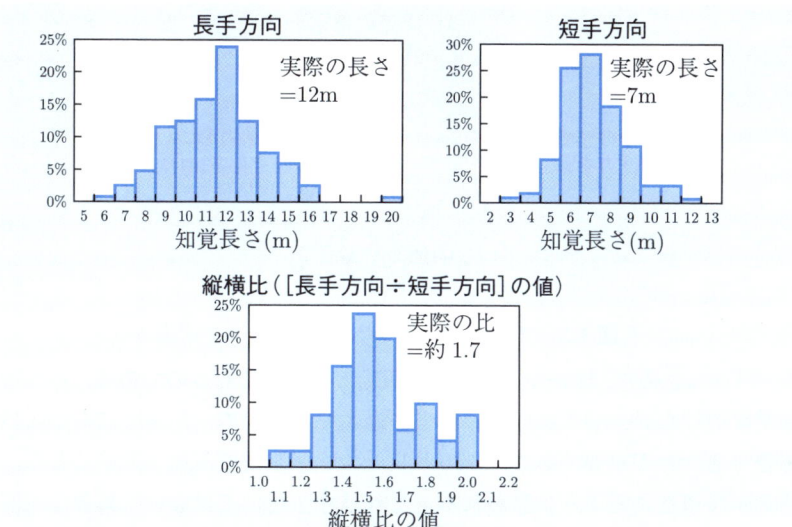

図 1.4 空間知覚に関する実験結果

　図 1.4 は，ある大学において建築を学び始めて 2 カ月ほどたった学生（122 人）に，上記の実験を試みた結果を示してある．実際には長手方向は 12 m，短手方向は 7 m の空間（教室）である．グラフを見ると実際の空間から大きくかけ離れた図面を描いている学生も少なくないことがわかる．分布の様子を見ると，長手方向，短手方向，いずれについても，実際の長さよりも幾分短く描いている学生が多いことがわかる．また，両者の比（長手方向／短手方向）については，実際の比が約 1.7 であるのに対して，実際よりも小さな値として，すなわち，実際よりもずんぐりとした空間として描かれていることがわかる．描かれた図面から読み取れるこうした特徴は，空間の知覚や認知に関連する話題としても興味深い[2]．

(4)　寸法感覚修得のためのトレーニング

　寸法感覚の重要性については前述した通りであるが，では，どうすれば寸法感覚を修得できるのであろうか．筆者の個人的な経験によれば，以下で述べる地道な方法が効果的であるように思われる．すなわち，課題 1.2 で示したような課題を自ら数多く設定し，そして解いてみる．つまり，実際の都市や建築をよく観察し，その長さや面積，さらに，数や体積などについての見当をつけてみ

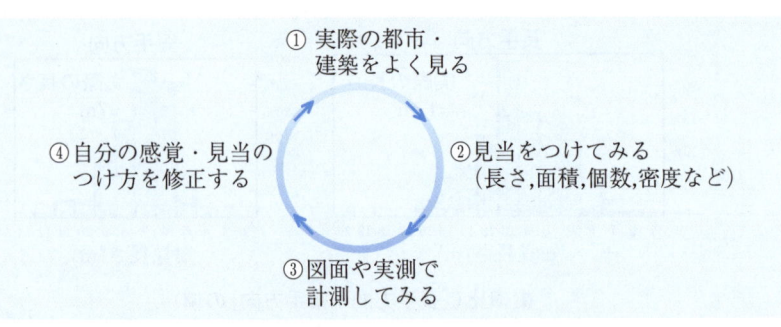

図 1.5　寸法感覚習得のためのトレーニング方法

る．そして，必ず，図面や実測を基に実際との比較を行うのである．やりっぱなしではいけない．必ず，自分の見当が過大であったのか，過小であったのかを確認することが重要である．このトレーニングを何度も繰り返すことで，寸法感覚が修得されるように思われる．これは寸法だけではない．集合住宅団地を訪れたときには，総住戸数や戸数密度について見当をつけてみる．または，街区レベルの人口や人口密度について見当をつけてみる．こうした見当がどれほど正解に近づくかは，図 1.5 に示したトレーニングを何度繰り返したかに比例すると言ってもよいだろう．

> **課題 1.3**　[様々な寸法について，まず予測し，実測してみる]
> 　次の寸法，または，地点間の直線距離について，自らの体験や記憶（または，目視）をもとに推定してみよう．①自宅の食卓の大きさ（縦幅×横幅×高さ），②自宅の玄関ドアの大きさ（横幅×高さ），③教室の大きさ（縦幅×横幅），④教室と廊下と玄関ホールの天井高，⑤学校の階段（蹴上［けあげ］×踏面［ふみづら］），⑥最寄駅の階段（蹴上×踏面），⑦電信柱の間隔，⑧交差点から交差点までの距離，⑨自宅から最寄駅までの距離，⑩自宅から学校までの距離．

【解説】　さて，結果はどうだったか．図面や実測によって正確に距離を計測し，必ず答え合わせを行ってほしい．重要なのはこの答え合わせのプロセスである．そして，同様のトレーニングを何度も繰り返してほしい．数回繰り返すだけでも，見当はずれな値を推定する回数は，必ず少なくなるはずである．教科書や資料集に掲載されている表を眺めているだけではなく，こうして修得した寸法感覚や距離感覚は確実に身につくはずである．

1.2 寸法の起源と単位

(1) 寸法の起源

最も古い**寸法の単位**は,「**スタディオン** (stadion):複数形は**スタディア** (stadia)」と呼ばれる古代バビロニアに由来する単位である.1 スタディオンの長さは「砂漠の地平線から太陽がまさに顔を出そうとしている瞬間から,太陽がちょうど地平線から離れる瞬間までの間(約 2 分間)に,人間が太陽に向かって歩行できる距離」と定義されていた[3].このようにスタディオンの定義は,歩行速度や歩幅などに依存した曖昧な定義であったため,地域によって異なる長さであったと言われている.

古代における陸上競技は 1 スタディオンの直線コースで行われていたという.そのため,陸上競技場はスタディオンに基づいて設計されており,これが転じて「スタジアム(= 競技場)」という言葉が生まれた.古代の競技場においては,スタートとゴールのラインが石で造られていたため,現代の計測技術に基づく遺跡発掘調査によって 1 スタディオンの長さが精密に計測されている.考証家によって具体的な値には多少ばらつきがあるものの,アテネやデルファイでは約 178 m,エピダウロスでは約 181 m,オリンピアでは約 192 m であり,平均的には約 179 m 程度であったと考えられている[4].

(2) 人体寸法に基づく寸法の単位

図 1.6 に示すように,長さを表す単位は,人間の各部の寸法(**人体寸法**)に基づくものが多い.まず,身長に関係する単位として「**丈**(じょう,または,つえ)」がある.これは周尺の 1 丈(じょう)を男子の平均身長としたことに由来する.「丈夫(じょうふ)」とは一人前の男子,すなわち,「ますらお」を意味することと関係している.次に,腕を左右に広げたときの右手の指先から左手の指先までの長さのことを「**尋**(ひろ)」と呼ぶ.水平方向の長さを端的に表現する際にとられる自然な身体動作に基づいている.「千尋」とは,1 尋の千倍のこと,つまり,非常に長いことを表す用語である.これらよりも少々小さなスケールとして「**咫**(あた,または,し)」がある.これは,手のひらと手首の間にある線(しわ)から中指の先端までの長さである.または,親指と中指とを開いたときの長さを表すという説もある.さらに,手を握ったとき,人差し指から

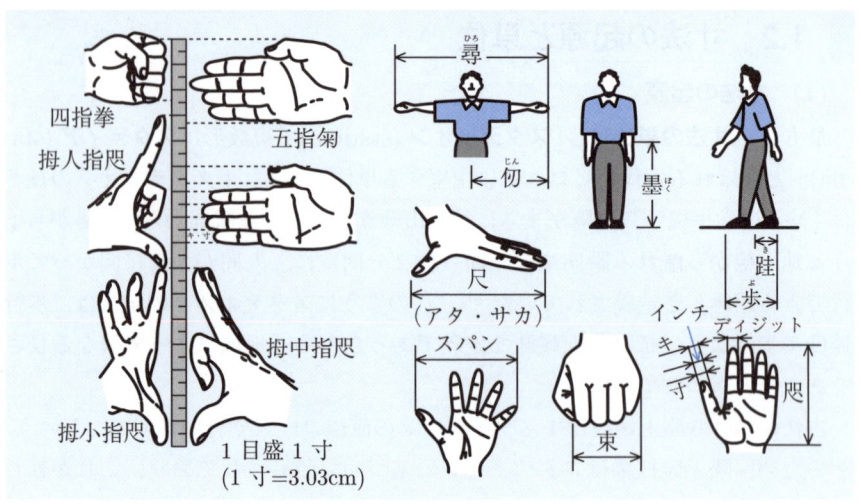

図 1.6　人体寸法に基づく単位

小指までの長さ（4本の指の幅）のことを「束（つか）」と呼んでいた．これらはいずれも人間にとって最も身近な人体の各部が**寸法原器**として利用されていたことを示している．

　一方，ヨーロッパにおける寸法の単位として次のようなものが知られている．まず，尋の半分の長さを表す単位として「**yard**（ヤード）」がある．現在の1ヤードは約 91.4 cm である．また，肘（ひじ）から中指の指先までの長さは，ヤードの半分の長さにほぼ匹敵し「**cubit**（キュービット）」と呼ばれている．さらに，「**foot**（フート）」は文字通り足のサイズに由来する寸法であり，足のつま先から踵（かかと）までの長さである．現在の1フートは 30.48 cm である．わが国の「尺（しゃく）」は，寸法を測る形を象形した文字であるといわれており約 30.3 cm である．発生の由来や起源が異なるにもかかわらず，両者の値は酷似しており，たいへん興味深い．

(3) 自分の寸法

　前項では人体寸法が寸法原器になっていることについて述べたが，ナノテクノロジー（ナノは10億分の1）の進展が目覚しい現代においては，いささか精度や安定性に劣るように思われるかもしれない．しかし，自分の各部の寸法や

動作の寸法を計測し，その値を覚えておくと，「空間」と「自分」と「図面（寸法）」の対応関係を修得するために役立ちそうである．「定規」と「カメラ」と「スケッチ用具」は建築を学ぶ学生にとっては「三種の神器」といえる．しかし，自分の身体寸法を覚えておけば，定規を携帯していなくても，街中で気に入った家具や建具の寸法についておおよその見当がつけられる．しかも，自分の体を押し当てて計測するのであるから，実際の「空間」と「自分」との対応関係を，身をもって確認することができる．さらに，携帯型の定規では計測が困難である空間の寸法については，是非，**歩測**を試してほしい．つまり，ある地点から別の地点までの距離を「歩数×歩幅」で計測するのである．「オリエンテーリングの全日本チャンピオンに200 m の長さを歩測で計測してもらったところ，10 cm 程度の誤差に収まっていた」という逸話がある．自分の身体的特徴に基づく動作寸法を完全に獲得している好例であるといえよう．是非，試してみてほしい．

―― 課題 1.4 [**自分の身体を寸法原器とする**] ――――――――
　自分の身体寸法を計測してみよう．自分の身長については誰もがほぼ正確に記憶しているだろうが，指を広げた手のひらの大きさ，腕を真上に伸ばしたときの指先の高さなど，意外と見当はずれな寸法として理解してはいないだろうか．図 1.6 に示した寸法のそれぞれを正確に計測してみて，まずは，自らの身体寸法について正確に把握することから始めよう．

(4) 日本の伝統的な単位

表 1.1 には，わが国における伝統的な単位を示してある．長さの単位を「**尺**（しゃく）」，体積の単位を「**升**（しょう）」，質量の単位を「**貫**（かん）」とする日本古来の**度量衡法**は**尺貫法**と呼ばれている．1921 年までわが国における基本単位系とされていたが，1959 年の尺貫法廃止施行により，取引や証明書などには使用できなくなった．しかし，建築界においては，今なお，生き続けている単位であるので覚えておきたい．

まず，寸法という言葉が示す通り長さの基本単位の 1 つに「**寸**（すん）」がある．1 寸は約 3.03 cm であり，「寸」だけでも「短い」「わずか」という意味がある．次に大きな単位が「**尺**（しゃく）」であり，1 尺は 10 寸，つまり，約 30.3 cm である．律令制においては大尺，小尺が使用され，近世においては，

表 1.1 日本の伝統的な単位

長さの単位	10 寸 = 1 尺（約 30.3 cm） 6 尺 = 1 間（約 182 cm） 60 間 = 1 町（約 109 m） 36 町 = 1 里（約 4 km）
面積の単位	6 尺 × 6 尺 = 1 坪/歩（約 3.3 m^2） 30 歩 = 1 畝 10 畝 = 1 段/反 10 段 = 1 町（約 1 ha）
重さの単位	1,000 匁 = 1 貫（3.75 kg）

主に布や衣類の裁ち縫いのための鯨尺，呉服尺などが使用された．明治以降は「**曲尺**（かねじゃく）」が採用され，現在に至っている．「尺八」という竹製の縦笛は，1 尺 8 寸（約 54.5 cm）の長さを標準としていることに由来している．

次に，土地や建物の長さを表すために多用される単位として「**間**（けん）」がある．1 間は 6 尺（約 182 cm）であり，「間」は日本建築において柱と柱の間を意味する用語でもある．次に，街区レベルの長さを表す単位として「**町**（ちょう）」がある．1 町は 60 間のことで約 109 m である．さらに，都市スケールの単位として「**里**（り）」がある．1 里は 36 町のことで，約 3,927 m に相当する．街道の両側に 1 里ごとに土を盛り，旅程の目標とした塚が一里塚である．

次に，面積を表す単位として，最も基本的なものに「**坪**（つぼ）」がある．1 坪は 6 尺 × 6 尺の面積のことであり約 3.3 m^2 である．例えば，「この付近の土地は 1 坪○○万円だ」とか，「この建物は坪単価○○万円だ」というように，**メートル法**が定着した現在においても，坪は頻繁に用いられる単位である．「**歩**（ぶ）」と呼ばれる単位も坪と同じく，6 尺平方の面積を表す．次に，より大きな面積を表す単位として「**畝**（せ）」がある．1 畝は 30 歩（坪）のことであり，約 100 m^2（1 アール）の広さを表す．さらに，「**段**（たん）」（**反**とも書く）が続き，1 段で 10 畝，つまり，約 1,000 m^2 の広さである．田畑の広さを表す単位として，現在でも広く使われている．さらに，それより大きな単位として「**町**（ちょう）」がある．1 町は 10 段であり，約 10,000 m^2（約 1 ヘクタール）のことである．

次に，重さを表す単位として「**貫**（かん）」があり，1貫は3.75 kgのことである．1貫の1,000分の1の単位を「**匁**（もんめ）」という．つまり，1匁は3.75 gの重さを表す．

(5) 現在の単位系

表1.2には，1960年の国際度量衡総会で採択された単位系（**国際単位系**）が示してある．通称，**SI単位**（仏: Le Systeme International d'Unites，英: The International System of Units）と呼ばれている．長さにはメートル，質量にはkg，時間には秒など，量と単位との関係が示されている．特に，1メートルをどのように定義するかについては，計測技術の進展とともに大きな変遷を経ており興味深い．主な定義の変遷を表1.3に示してある．当初はパリを通る子

表1.2 現在の国際単位系

量	基本単位		定義
	名称	記号	
長さ	メートル	m	1秒の1/299,792,458の時間に光が真空中を進む距離
質量	キログラム	kg	国際キログラム原器の質量
時間	秒	s	セシウム133原子の基底状態の2つの超微細準位間の遷移に対応する放射の周期の9,192,631,770倍の継続時間
電流	アンペア	A	無限に小さい円形断面をもつ無限に長い2本の直線状導体を真空中に1メートルの間隔で平行においたとき，導体の長さ1メートルにつき2×10^{-7}ニュートンの力を及ぼしあう導体のそれぞれに流れる電流の大きさ
熱力学温度	ケルビン	K	水の三重点の熱力学温度の1/273.16
物質量	モル	mol	0.012 kgの炭素12に含まれる原子と同じ数の構成要素を含む系の物質量
光度	カンデラ	cd	周波数540×10^{12}ヘルツの単色放射を放出し，所定方向の放射強度が$1/683$ W·sr^{-1}である光源のその方向における強度

午線の長さの 4,000 万分の 1 を 1 メートルと定義していた．その後，白金 90%，イリジュウム 10%の合金で標準器（**メートル原器**）が作成された．しかし，破損や変形，線幅の問題などの理由から，クリプトン（^{86}Kr）の光波の真空中における波長に基づく定義へ改められた．その後，レーザー技術の進展を背景として，「1 秒の 299,792,458 分の 1 の間に真空中を光が進む距離」と再定義され，現在に至っている [5]．

一方，重さに関しても，原器たるものが存在する．日本国**キログラム原器**と呼ばれるもので，日本国内における 1 kg を決める基準となっている．この原器は 1890 年にパリ郊外の国際度量衡局から配布されたものである．当時の最先端技術を集結して作成されたものであるが，加工技術の限界などの理由から，作成当初から 0.169 mg の誤差を伴っていたといわれている．この原器は，二重のガラスケースに納められ，7 年に一度しかケースから出されることなく厳重に保管されている．とはいえ，空気中の有機物などが付着したり，移動させるときに磨耗する可能性もある．そこで，現在では，原子の数を正確に数えることで「原子〇〇個で 1 kg」というように定義を改めようとする試みがなされている．

表 1.3　メートルの定義の変遷

1795 年	パリを通過する子午線の北極から赤道までの長さの 10^7 分の 1 と定義．
1799 年	純白金製の標準器が指定される．保管場所の名をとって Metre des Archives(メートル・デ ザルシーブ) と呼ばれた．
1872 年	国際メートル委員会において国際メートル原器 30 本が作られる．
1889 年	第 1 回国際度量衡総会において，0°C においてその長さが 1 Metre des Archives に最も近い 1 本が国際メートル原器に指定される．この原器は白金 90 重量%，イリジウム 10 重量%の合金で作られた．しかし，目盛り線の鮮明度，金属の再結晶，熱膨張係数の測定精度などの物理的な限界から，スペクトル線の波長に基づく定義の方向が考えられた．
1960 年	第 11 回総会において「1 メートルはクリプトン 86(^{86}Kr) 原子の放つ光波の真空中における波長の 1,650,763.73 倍に等しい長さ」と定義される．
1983 年	第 17 回総会において「1 メートルは 1 秒の 299,792,458 分の 1 の時間に光が真空中を伝わる行程の長さとする」と改訂．真空中の光の速さを基準にすることで普遍性が得られた．

1.3 人体の寸法

(1) 人体寸法の統計値

図 1.7 には日本人の性別・年齢別の平均身長を示してある．17～50 歳の平均身長はほぼ同程度であることがわかる．図 1.8 には，日本人 17 歳男女の平均身長の年次推移を示してある．明治期から昭和期にかけて，男女ともに実に 10 cm 以上，平均身長が伸びている．わずか 100 年余りで日本人の遺伝子が変化したとは考えられないので，平均身長のこの大きな変化は，主に食生活の変化によるものと推察される．しかし，平成期に入ってから伸びは急速に鈍化し，ほぼ横ばいとなっている．食生活が欧米化しているとはいえ，平均身長が欧米人と同じになることはなさそうである．

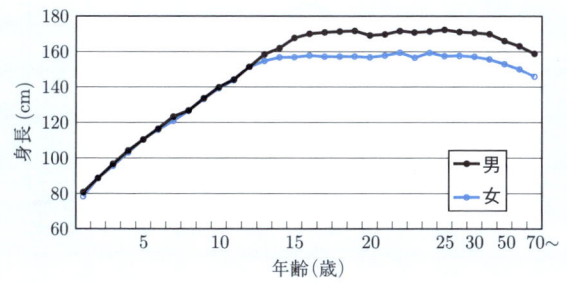

図 1.7 日本人の性別年齢別平均身長（平成 18 年現在）

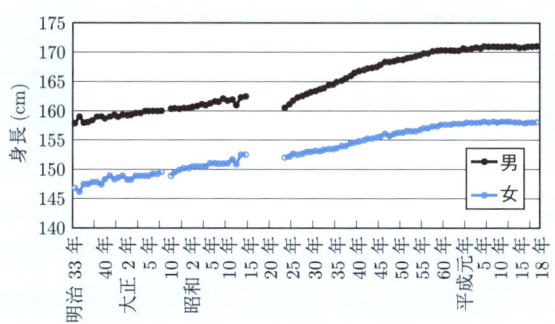

図 1.8 日本人 17 歳男女の平均身長の変化

(2) 自然界の法則：正規分布

図 1.9 には，日本人（17 歳）の身長の分布を男女別に描いてある．平均値を中心とした左右対称のこの美しい分布は**正規分布**と呼ばれている．自然界に存在する様々な数量の分布を調べてみると，正規分布を示すものが非常に多い．自然界に備わる一種の**法則性**を示している．

正規分布はその形状だけではなく，数学的にも美しい性質を備えている．身長の分布が正規分布に従うという性質を用いれば，例えば「日本人 17 歳男性で身長 180 cm 以上の人は全体の何パーセントか」という問に簡単に答えることができる．後述するように，このような統計的な視点から，建築各部の寸法を決める方法もある．以下では，まず，正規分布について簡単に整理しておこう．

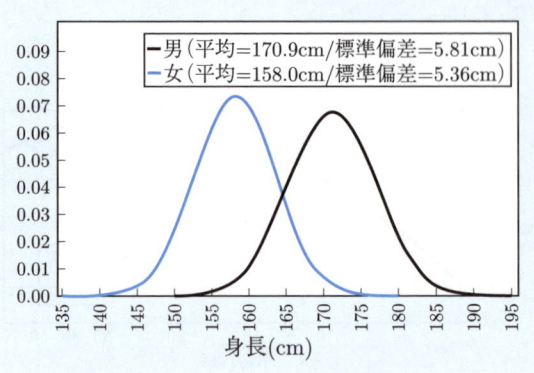

図 1.9　日本人 17 歳男女の身長の分布

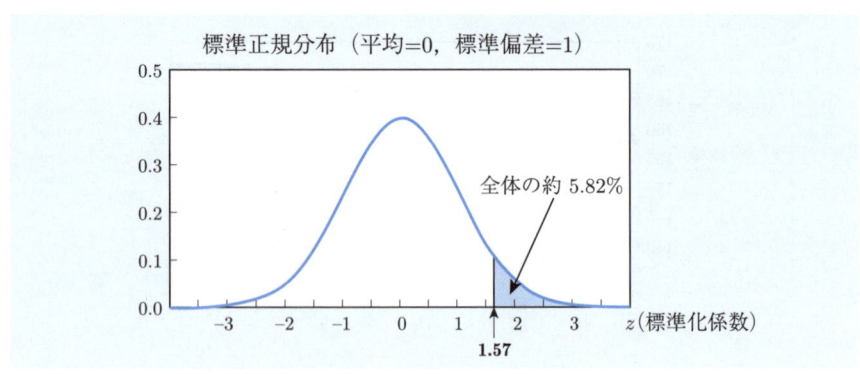

図 1.10　標準正規分布

母平均 μ，母分散 σ^2 の正規分布に従う変量 x を次式 (1.1) のように変換すると，その分布は，母平均 0，母分散 1 の正規分布となる（これを**標準正規分布**と呼んでいる）．図 1.10 には，標準正規分布を示してある．

$$z = \frac{x - \mu}{\sigma} \tag{1.1}$$

この変数変換のことを変数 x の**標準化**と呼び，また，変換後の z を**標準化係数**と呼んでいる．z 軸とこの曲線で囲まれた部分の面積は，ちょうど 1 となっている．すなわち，母集団全体の集合に対応している．例えば，日本人 17 歳男性で身長 180 cm の人の標準化係数を求めると，

$$z = \frac{180 - 170.9}{5.81} \fallingdotseq 1.57$$

となる．図 1.10 において，青色の影を付けた部分の面積（$z = 1.57$ の直線，標準正規分布の曲線，z 軸で囲まれた部分の面積）を求めると約 0.0582 (5.82%) である．すなわち，日本人 17 歳男性で身長 180 cm 以上の人は，全体の 5.82% であることが簡単に求まる．「囲まれた面積」をその都度計算して求めるのは面倒であるので，実際には統計の教科書に掲載されている「**標準正規確率表**」と呼ばれる表を用いて求めることが多い．

課題 1.5 [アメリカ人成人男子の身長の 99% 値を求める]

アメリカ人成人男子の平均身長を 69.7 インチ，標準偏差を 3.1 インチとする（1 inch = 約 2.54 cm）．このとき，アメリカ人成人男子の身長の 99% 値，また，1% 値はそれぞれ約何 cm か．ただし，標準化係数における 99% 値を $z = 2.33$ とする．

【解説】 99% 値：$69.7 + 3.1 \times 2.33 = 76.923$ (inch) → 約 195.4 cm

1% 値：$69.7 - 3.1 \times 2.33 = 62.477$ (inch) → 約 158.7 cm

したがって統計的には，アメリカ人成人男子の 100 人に 1 人くらいは，195.4 cm より背が高く，また，100 人に 1 人くらいは 158.7 cm より背が低いことになる．この例のように，大きい値や小さい値の代表値として，それぞれ 99% 値や 1% 値が使われることがあるので，標準化係数の $z = 2.33$ は記憶しておくと便利である．また，99% 値や 1% 値のことを，それぞれ 99 パーセンタイル値，1 パーセンタイル値と呼ぶこともある．

(3) 統計値から決まる寸法

ホテルや空港，駅舎などにおいては，外国人なども含め不特定多数の人々が集散する．こうした空間を設計する際には，利用者の身体的特徴について十分に検討しておく必要がある．例えば，大きな人の例としてアメリカ人成人男子を，小さな人として日本人成人女子を想定してみよう．アメリカ人成人男子の平均身長と標準偏差をそれぞれ 177 cm，7.9 cm とすると，99%値は 195.4 cm となる．一方，日本人成人女子の平均身長と標準偏差をそれぞれ 158.0 cm，5.36 cm とすると，1%値は 145.5 cm となる．すなわち，利用者の身長に関する 1 つの考え方として，145 cm〜195 cm を想定すればよい．世界中の人々が利用することを想定して，利用者の身体的特徴（**身体寸法**）を設定し，空間設計に役立てようとする考え方がある[6]．成人だけでなく，子どもの利用についても考えれば，一層広い身体寸法レンジを想定することが必要となる．

(4) 人体における各部の寸法

前項では人の背丈には大きな個体差があることを見た．しかし，背の高い人は足も長いが座高も高く，背の低い人はその逆というように，人体の各部の寸法はほぼ一定の**比率**で構成されている．各部の寸法を身長に対する比率で整理したものが図 1.11 である．**視高**（目の高さ）は身長の約 0.9 の高さにあり，**肩峰高**（肩の高さ）は約 0.8 である．横方向については，**指極**（両腕をひろげた幅：尋に相当）は約 1.0，肩幅は約 0.25 である．このように人体の各部の寸法を身長に対する割合に直して記憶しておくと便利である．

> **課題 1.6** [自分の身体の比率を測る]
> 自分の身体を計測し，図 1.11 に示した値をそれぞれ求めてみよう．また，もし可能であれば，友人と情報を交換し，どの程度の違いがあるかを確認しよう．

【解説】 プロボクサーの中でも腕の長い人とそうでない人がいるように，すべての人の人体寸法が図 1.11 に合致しているわけではない．しかし，人体寸法の中でも，身長が一番身近な寸法であるので，身長を基にして各部の寸法をモデル化して理解しておくと便利である．

1.3 人体の寸法

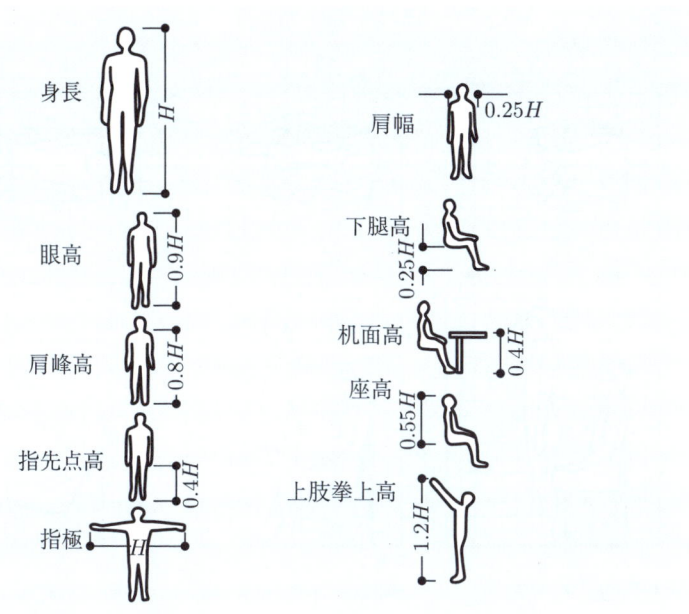

図 1.11 身長を基準としたときの人体寸法の概算値

(5) 動作・姿勢のための寸法

ある動作を行おうとするときに必要となる寸法のことを**動作寸法**という．身体の一部が壁や天井，柱や家具，近くにいる他者などに接触しないために必要となる最小限の寸法を指す．したがって，動作を行う上で快適な空間とするためには，動作寸法に多少の余裕をもたせた**寸法計画**が必要となる．いす座のために必要な空間寸法を例に考えてみよう．いすに座った状態を想定し，そのための寸法だけを確保しても意味がない．その理由は，座るときの一連の動作を思い起こしてみれば容易に理解することができる．まず，いすを引いてから，腰をおろす動作に移る．つまり，いすを引くための空間が必要であり，また，上半身は前かがみとなるため，前方上部には，ある程度の空きが必要となる（図 1.12）．テーブル直上の照明器具に頭をぶつけた経験のある人も少なくないであろう．さらに，座ったいすの背後を他者が通過するような場合には，そのための空きが必要となる．

最終的な状態だけではなく，動作の過程で必要となる空間寸法について総合

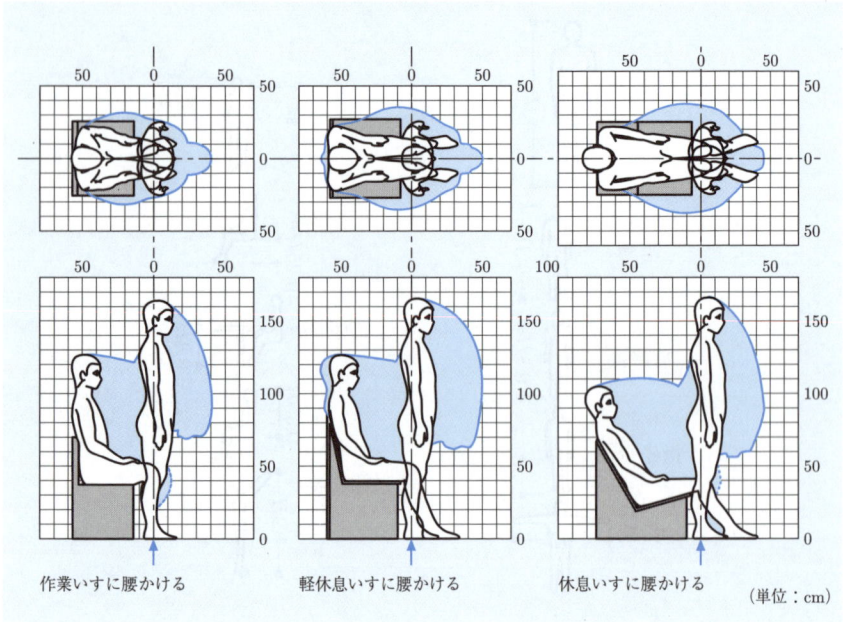

図 1.12　いすに腰かけるときの動作寸法

的に捉えておく必要がある．図 1.13，図 1.14 には，人間の基本的な動作や姿勢に必要となる寸法の例が示してある．日常における具体的な行動は，これらの動作や姿勢の組合せで構成されている．

(6) 物品の寸法

いすや机などの寸法は**人体寸法**や**動作寸法**を基に決定されたものが多い．しかし，標準的な**規格寸法**だけに固執すると思わぬ失敗を犯してしまう．使用する人の身体的特徴や場面，そして，使い勝手が異なれば，当然，それに応じて変更されなければならない．また，冷蔵庫やテレビなどに代表される電化製品は，モデルチェンジや新しい技術の開発により寸法が大きく変化する．こうした物品を設置するスペースの寸法には，**物品寸法**の変化を見込んで**寸法計画**を行うことが必要である．

1.3 人体の寸法

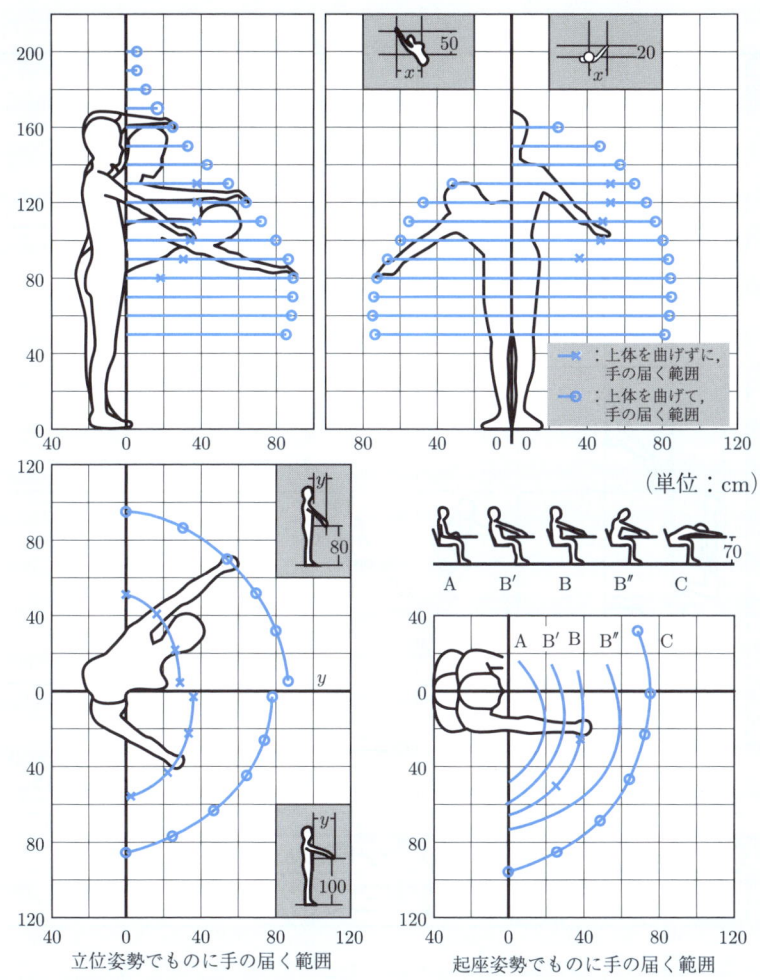

図 1.13 動作のための空間寸法

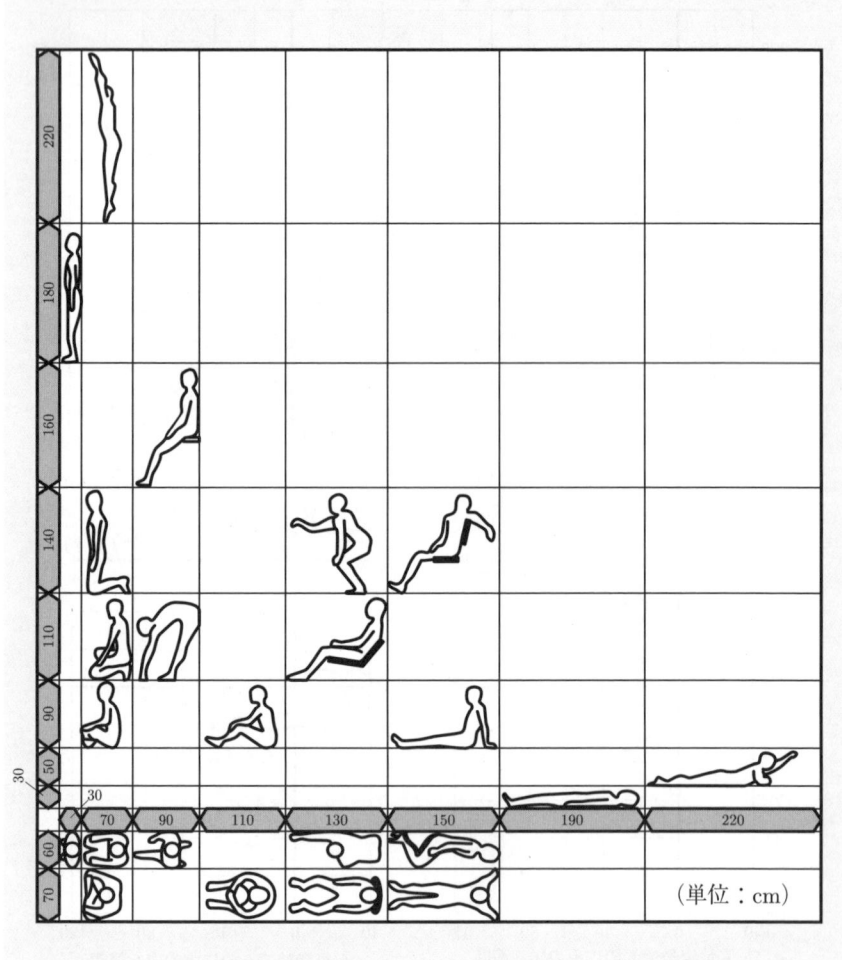

図1.14 姿勢と空間寸法

第2章

寸法の決め方・決まり方

建築の設計プロセスにおける寸法の決め方，あるいは，決まり方には，様々な論理が存在する．美的観点から決まる場合や生産性・経済性の視点から決まる場合，さらに，安全性や法的規制の下で決定される場合，他の部材との関係性から決まる場合など様々である．ここでは，寸法の決め方・決まり方の論理について整理する．

- 2.1 意匠・プロポーション
- 2.2 モデュール
- 2.3 落ち着き感・納まり・視覚的効果
- 2.4 機能・使いやすさ・快適さ
- 2.5 安全性・高齢者等への配慮
- 2.6 変動・変化・変更への対応
- 2.7 効率性・経済性・法的規制

2.1 意匠・プロポーション

プロポーション（proportion）は建築の美しさやバランス，そして，安定感などと密接に関係している．古代ギリシアにおいては，図2.1に示すように，柱身下部の直径を1**モドゥルス**(modulus：ラテン語) として，その整数倍，または，分数倍によってその他の部分の寸法を表していた[7]．すなわち，プロポーション（**比例**，**比率**）は建築構成原理の基礎をなしていたのである．

一方，わが国の伝統的な建築においても，柱の断面寸法を基準とした「**木割り**」が用いられていた（図2.2）．木割りもモドゥルスと同様に各部の比率と大きさを決定するための基本原理であり，部分的な木割りについては奈良時代に存在したと考えられている．建築全体について木割りが明確化されたのは桃山時代と考えられており，江戸幕府大棟梁の平内（へいのうち）家伝来の『**匠明**（しょうめい）』が有名である[8]．

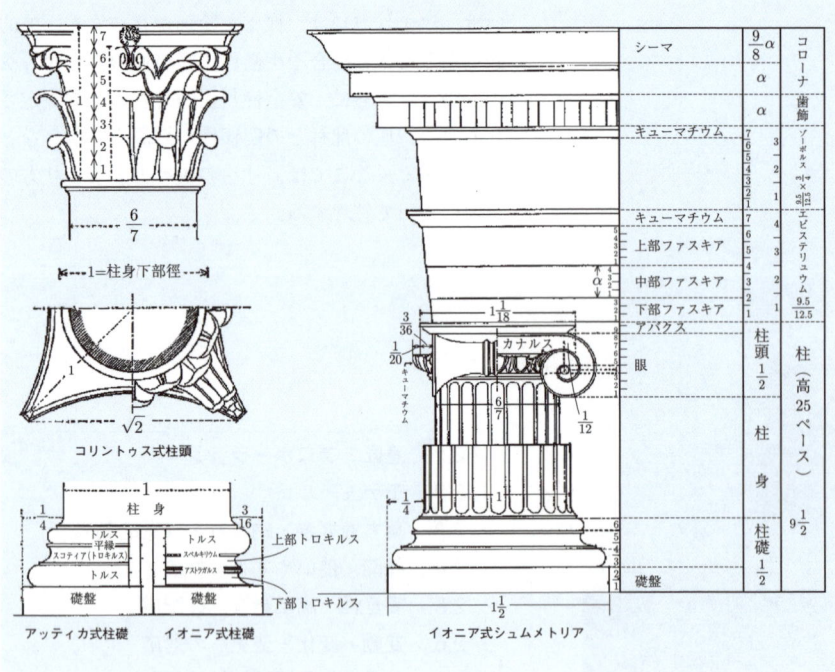

図2.1　モドゥルスを使った設計の例

2.1 意匠・プロポーション

具体的な比例関係としては，まず，古代ギリシア建築や中世ゴシック建築に見られる「**整数比**」に基づくプロポーションがある．ローマ時代の建築理論家**ウィトルウィウス**（Marcus Vitruvius Pollio）は，人体寸法に整数比の比例

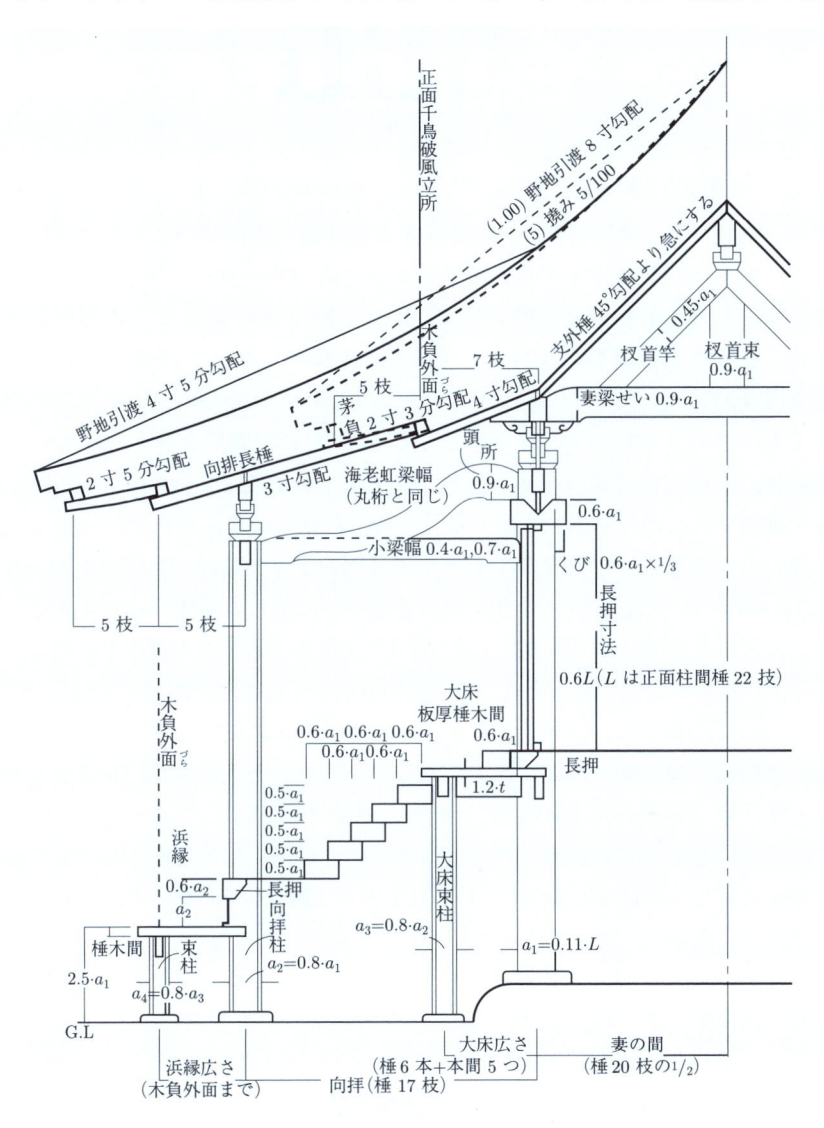

図 2.2 木割りを用いた設計

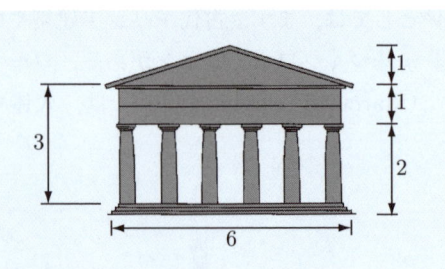

図 2.3 整数比に基づくプロポーションの例(ポセイドン神殿)

関係を見いだし,建築各部の比例関係を人体寸法の比例関係に対応づけた.そして,ドリス式,イオニア式,コリントゥス式の**オーダー**(円柱)の「太さ」と「長さ」の比率を,それぞれ 1:6, 1:7, 1:8 と考えた[9].古代ギリシア時代に建立された神殿の中には,整数比のプロポーションに基づくものも多い(図 2.3).

イタリアのフィレンツェを中心として 14 世紀に最盛期を迎えたルネサンス期には,人体寸法に美の根源と整数比の関係を見いだし,「比例こそが美と調和を創造するための基本原理である」と考えられていた.ルネサンス期に理想とされた「万能人」のひとりであった**アルベルティ**(Leon Battista Alberti, 1404~1472 年)は,美男子を多く集め各人の特に美しい部分の寸法を測定し記録したといわれている[10].さらに,彼はウィトルウィウスの著作を研究し,人体寸法に見られる比例関係を基にして建築各部の寸法の比例関係を設定した(写真 2.1).この概念は,以後,ルネサンス建築の根本原理になったといわれている.さらに,ルネサンス期を代表するもうひとりの万能の天才,**レオナルド・ダ・ビンチ**(Leonardo da Vinci, 1452~1519)は人体のプロポーションを残している(図 2.4).この図は,ウィトルウィウスが残した「人体は円と正方形に内接する」という記述に基づくといわれており,臍(へそ)を中心に円を描くと手足が円に内接し,両手を広げて直立すると正方形に内接すること,すなわち,「円」と「正方形」は全身の形に対応することを示している.ルネサンス後期に現れた**パラディオ**(Andrea Palladio,:本名 Andrea di Pietro della Gondola, 1508~1580)も,円と正方形というプリミティブな形に美の根源と調和を見いだし,円と正方形を主題とした優れた建築を設計している(図 2.5).

写真 2.1 サンタ・マリア・ノヴェッラ教会のファサード(フィレンツェ)
(設計：アルベルティ,1456〜1470 年)

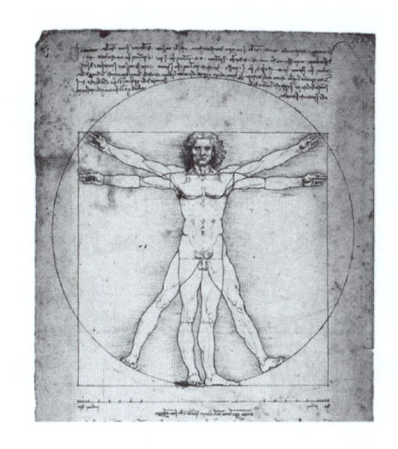

図 2.4 レオナルド・ダ・ビンチの人体のプロポーション

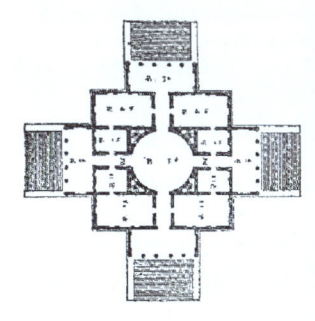

図 2.5 ヴィッラ・カプラ（ビチェンツァ）（設計：パラディオ,1552 年〜）

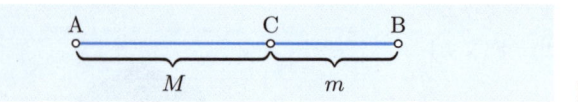

図 2.6　黄金分割

一方，ヨーロッパでは古くから「**黄金比**」が用いられてきた．**黄金分割**の作図法を掲載している最古の数学書は，ギリシアの数学者ユークリッドの著した「幾何学原論」であるといわれている．今日では黄金分割は以下のように定義されている[11]．

「1 つの線分 AB 上に点 C があるとき，各線分の長さに次の関係が成立するとき，点 C は線分 AB を黄金分割するという」

$$\frac{\text{AB}}{\text{AC}} = \frac{\text{AC}}{\text{CB}} \tag{2.1}$$

また，図 2.6 に示した表記を用いれば，以下のように表現することができる．

$$\frac{M+m}{M} = \frac{M}{m} \tag{2.2}$$

この式を M/m が未知数である 2 次方程式と考えて解くと，$M/m = (\sqrt{5}+1)/2$ を得る．この値を黄金比と呼んでいる（この逆数，$m/M = (\sqrt{5}-1)/2$ を黄金比と呼ぶこともある）．

黄金比で縦横の比率を構成した長方形（**黄金長方形**）は最も美しいプロポーションと考えられている．その簡単な作図法を図 2.7 に示してある[12]．黄金比はクフ王のピラミッド，パルテノン神殿，フィレンツェのドーム，ケルンのドーム

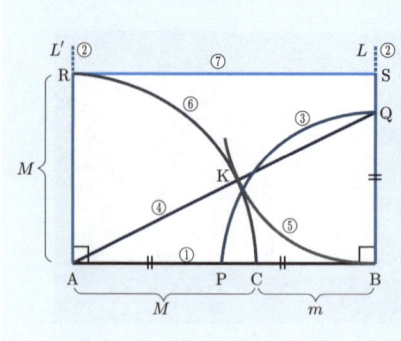

① 任意の長さの線分 AB を描き，その中点を P とする．
② 線分 AB の両端に垂線 L, L' を立てる．
③ 点 A，B を中心として半径 BP の弧を描き，半直線 L との交点 Q とする．
④ 点 Q と点 A を結ぶ．
⑤ 点 Q を中心として半径 QB の弧を描き，線分 QA との交点を K とする．
⑥ 点 A を中心として点 K を通る弧を描き，線分 AB との交点を C，半直線 L' との交点を R とする．
⑦ 点 R を通り線分 AB に平行な直線を描き，半直線 L との交点を S とする．
　➡ このとき，点 C は線分 AB を黄金分割し，また，四角形 ABSR は黄金長方形である．

図 2.7　黄金長方形の描き方の例

2.1 意匠・プロポーション

など，多くの美しい歴史的建造物に見いだされるという（写真 2.2, 2.3, 図 2.8）．しかし，設計者が意識的に黄金比を用いたか否かについては，残念ながら明らかにされていない．唯一，フランスの建築家**ル・コルビュジエ**（Le Corbusier, 1887〜1965 年：本名 Charles Edouard Jeanneret）だけは，ガルシュのシュタイン邸において黄金比を用いたといわれている（図 2.9）．そのほか，建築以外でも，美しい縦横比が要求される名刺や国旗など，黄金長方形が使われている例は非常に多い．

上記以外のプロポーションとしては，$\sqrt{2}$ **の比率**がある．世界最古の木造建

写真 2.2　パルテノン神殿（アテネ）

写真 2.3　サンタ・マリア・デル・フィオーレ大聖堂（フィレンツェ）
（設計：ブルネレスキ，1377〜1446 年）

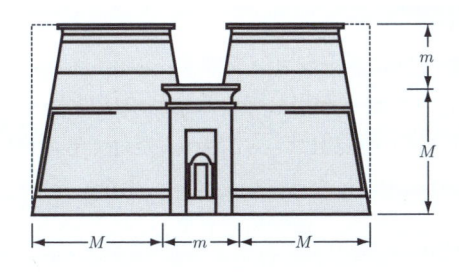

図 2.8　エジプトのエドフ（Edfu）神殿

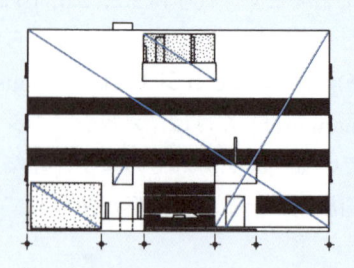

図 2.9 シュタイン邸（ガルシュ）（設計：ル・コルビュジエ，1926～1927年）
［青の補助線の部分に黄金長方形が使われているといわれている］

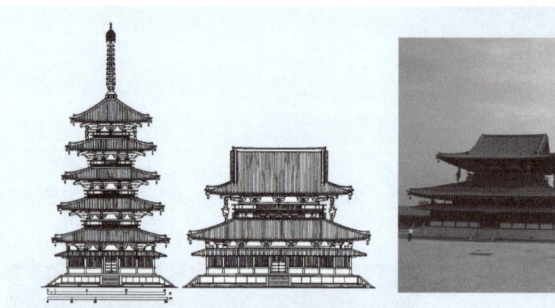

図 2.10 法隆寺の五重塔と金堂（北側立面）

築物である**法隆寺**の五重塔の五層と一層の屋根幅の比率，そして，金堂の二層と一層の大きさに $\sqrt{2}$ の比率が用いられているという[13]（図 2.10）．この $\sqrt{2}$ のプロポーションは，JIS 規格の用紙サイズ (A, B 系列) や書籍の縦横比にも用いられている．$\sqrt{2}$ の比率であれば，2つ折りにしても縦横比は不変であることから，美しいと同時に機能的なプロポーションでもある．また，テレビの画面や国旗の寸法にも採用されている．

── **課題 2.1** [身の回りの物品からプロポーションを探す] ──

携帯電話や AV 機器など，日常頻繁に利用している物品のプロポーションについて調べてみよう．縦と横の寸法比について調べるだけでも面白い．整数比，$\sqrt{2}$ の比率，黄金比に近い比率になっている製品も少なくない．見た目に美しい比率（プロポーション）は，数学的にも美しい．

2.2 モジュール

(1) 空間設計の基本単位

モジュール（module）という用語は，古代ギリシアの建築術用語であった**モドゥルス**（modulus）に起源を発する．古代ギリシア建築では，柱身下部の直径を基準としたモドゥルスが，多数の建築部材間に備わる寸法のシステムの基礎をなしていた．「モジュールに則して建築を構成すれば，美しいプロポーションを構成することができる」という考えに基づいている．

一方，伝統的な和風住宅のように畳を敷き詰める室を有する建物では，畳の大きさがモジュールとなる．建物の各部分の大きさは，畳を敷き詰めない部屋の大きさも含めて，畳の大きさの整数倍として設計される．畳の短辺（一般には3尺）が**基本モジュール**となり，建物全体の寸法はこの整数倍の長さで構成されることになる．一般に，ある基準寸法に基づいて設定した格子状の基準線に沿って，建物の柱や壁を配置する設計方法を「**グリッド・プランニング**（grid planning）」と呼んでいる[14]．この基準寸法として畳の大きさを採用すれば，畳の大きさをモジュールとするグリッド・プランが構成される．また，畳よりも小さい基準寸法については，畳の大きさを構成する尺がモジュールとなる．このように尺に基づく寸法体系のことを「**尺モジュール**」と呼んでいる．

しかし，この尺モジュールの寸法体系にも，近年いくつかの問題が見られるよう

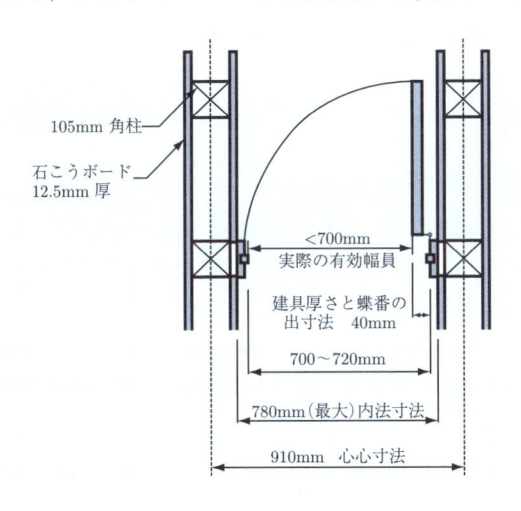

図 2.11 廊下における有効幅

になった．例えば，日本では特に住宅を建てるときのモジュールを3尺（910 mm）とすることが多かった．しかし，柱の中心と中心の間の寸法（**心心寸法**）を910 mmとすると，廊下の場合，壁面と壁面の間の寸法（**内法寸法**）は780 mm程度となり，手すりやドアなどを設置するとさらに狭くなってしまう（図2.11）．車いすがスムーズに通れない幅である．また，日本で利用されている建材は70%以上を輸入に依存しているといわれている．輸入される建材はメートル単位で製材されているため，尺モジュールよりもメーターのモジュールとするほうが，無駄なく建材を利用することができる．さらに，前章でも見たように，この半世紀で日本人の平均身長は実に10 cmも伸びている．衣類の平均サイズは，平均身長が伸びた分だけ大きくなっていることを考えれば，住宅の基本寸法も大きくする必要がある．

　以上のような背景の下に，最近では尺（3尺 = 910 mm）ではなくメートル（1 m = 1000 mm）をモジュールとする考え方，すなわち，「**メーターモジュール**」も導入されつつある．しかしながら，現在でも尺・寸に基づく材料や部材は多く使われており，直ちにメーターモジュールですべてを統一することは難しいように思われる．

　一方，米国では，煉瓦（れんが）の小口（こぐち）の長さ（約10 cm）がモジュールとなり平面や部材の寸法が決定されていた．すなわち，日本では畳を基に尺モジュールが使われ，米国では煉瓦を基に**フィート・インチモジュール**が使われていたのである．いずれも，空間を構成する際に重要な役割を担う建築部材が，建物全体を構成する基準寸法（モジュール）となっている．このように建物全体を支配する基準寸法のことを「**ベーシック・モジュール**」と呼んでいる．

(2) モジュラー・コーディネーション

　現在の建築界において用いられている「**モジュール**」という用語は，建築生産の合理化と建設費の引き下げを目的とした「量産可能な建築構成部材のための寸法規格」という意味合いで使われることが多い．寸法規格を統一することで，建築部材や設備などの大量生産と低廉化が可能となり，また，修理・修繕・更新なども容易に行うことができる．逆に，部品やパネルの規格寸法に合わせて設計を行わないと，建材を特注生産することになり，建設費を上昇させてしまうことになる．

2.2 モジュール

建築構成部材の寸法関係をモジュールによって調整することを「**モジュラー・コーディネーション**(modular coordination)」と呼んでいる．建築界においてモジュラー・コーディネーションが最も進んでいるのは住宅メーカーであるといわれている．しかし，各社とも独自性をアピールする手段として新たなモジュールを開発する傾向にあり，コンピュータ業界で浸透している世界的な規格の統一化，すなわち，「**オープンシステム**」には至っておらず，自社内のみに限定された「**クローズドシステム**」となっている場合が多い（表2.1）．

表2.1 住宅メーカーの代表的なモジュール

A社	メーターモジュールを先駆けて採用
B社	サブモジュール（227.5 mm），ハーフモジュール（455 mm），基本モジュール（910 mm，1000 mm）などを採用
C社	基本モジュール（910 mm），ハーフモジュール（455 mm），クォーターモジュール（227.5 mm）を採用
D社	尺モジュールを採用
E社	尺モジュールからメーターモジュールへ変更
F社	パネル幅（305 mm）をモジュールとして採用
G社	フィート・インチモジュールを採用
H社	メーターモジュールを採用
I社	メーターモジュールを採用し，基本モジュールの1/4（250 mm）までモジュール化
J社	メーターモジュールを採用
K社	基本モジュール（1200 mm）を採用
L社	基本モジュール（910 mm，1000 mm）を採用
その他	メーター・モジュール（21社），フィート・インチモジュール（2社），その他（1社）

[注] 住宅メーカーのホームページに基づく検索調査による（2007年）

課題 2.2 [自宅のモジュールを調べてみる]

柱や壁の位置を基に自宅のモジュールを調べてみよう．ハウスメーカーであればもちろんのこと，注文住宅であっても主要な部分を数カ所計測すれば，設計の基本となっているモジュールを知ることができる．また，このモジュールを用いれば，住宅の建築面積や延べ床面積を概算することができる．

(3) モデュールの数理

窓やドアなどの細部を設計する際には小さなモデュールが必要である．一方，柱割りや建物全体のボリュームを設計する際には，大きなモデュールを用いるほうが便利である．すなわち，小さい寸法から徐々に大きな寸法へと変化していくモデュールであると都合がよい．そのため，数理的なアプローチを用いて，様々なモデュールの提案がこれまでに多く試みられてきた．例えば，**等比数列**や**フィボナッチ数列**などに基づくモデュールがある．

等比数列については，**公比**を定めて数列を構成し，これをモデュールとする方法である．例えば，初項が1の場合，公比を2とすれば（1, 2, 4, 8, 16, ⋯），3にとれば（1, 3, 9, 27, ⋯），5にとれば（1, 5, 25, 125, ⋯），10にとれば（1, 10, 100, 1000, ⋯）というように，小さい値では間隔は狭いが，値が大きくなるにつれて間隔が広くなるので，上記の要件を満足している．

一方，フィボナッチ数列とは，連続する2項の和で次項の値が決まる数列のことであり，これをモデュールとする方法がある．例えば，初項と第2項をそれぞれ1，2とすると，1, 2, 3, 5, 8, 13, 21, ⋯ と続く数列であり，先ほどの等比数列と同様に，小さい値では間隔が狭いが，値が大きくなると間隔が広くなるという性質を備えている．フィボナッチ数列の連続する2項の比率は，**黄金比**に収束することが知られており，ここにも黄金比の神秘性が隠されているようで興味深い[15]．

(4) ル・モデュロール

建築家ル・コルビュジエは，「住宅は住むための機械である」と主張した．しかし，彼の建築設計の根底には人間的スケールを大切にしようとする思想が流れていたという．「メートル法」は建築をつくるためには非人間的過ぎる寸法体系であるとの認識の下に，彼は建物の基準寸法のための数列を人体寸法と黄金比を基に構成した．フランス語のmodule（モデュール）とSection d'or（黄金分割）という用語を基に，彼はこの寸法体系を**ル・モデュロール**（Le Modulor）と命名した[16]．具体的には，図2.12に示すように，人間が直立して片手を上げたときの地面から指先までの高さ（2260 mm）を黄金比で分割してゆき，等比数列を構成している．また，もうひとつの等比数列を，指先までの高さの半分の高さ（1130 mm）をもとに，同様に黄金分割を繰り返すことで構成してい

る．前者は青の系列，後者は赤の系列と呼ばれている．黄金比で分割してゆくと端数がでるので，実際には数字は丸められている．そのため，厳密な意味での加算性は保たれていない．

　ル・コルビュジエは加算性よりもプロポーションのほうを重視したともいえるが，実用的なモデュールを構成する視点からすれば，加算性のほうがより重要である．そもそも，人間の目がプロポーションをどの程度まで厳密に判断できるかは不明であるし，黄金比が美しく見えるのは，「人の目に一番鈍感な形であるからだ」という説もあるほどである．しかし，モデュロールが提案された当時，「造形芸術や音楽，諸科学，諸産業にも有効に使える道具である」と評され，実際，ル・コルビュジエはモデュロールを用いて数々の設計を試みている．例えば，図2.9のガルシュのシュタイン邸，写真2.4のマルセイユのユニテ・ダ

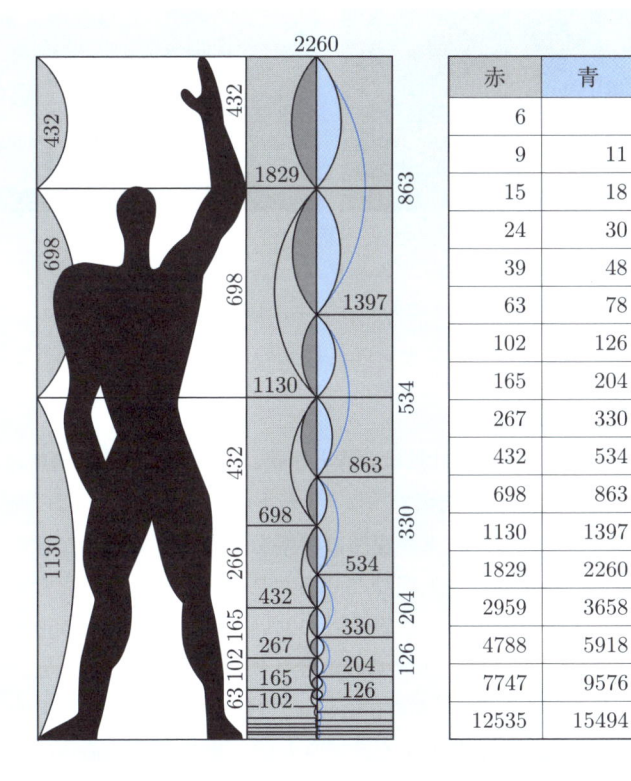

赤	青
6	
9	11
15	18
24	30
39	48
63	78
102	126
165	204
267	330
432	534
698	863
1130	1397
1829	2260
2959	3658
4788	5918
7747	9576
12535	15494

図 2.12　ル・コルビュジエのル・モデュロール

写真 2.4 ユニテ・ダビタシオン（マルセイユ）（設計：ル・コルビュジエ，1952 年）

写真 2.5 ノートル・ダム・デュ・オー礼拝堂（ロンシャン）
（設計：ル・コルビュジエ，1955 年）

ビタシオン，写真 2.5 のロンシャンの礼拝堂の窓の配置などが有名である．

(5) 単位幅

歩行空間における横方向の寸法は肩幅と密接に関係している．肩幅は身長の約 4 分の 1 と考えられるので，衣類や揺らぎ，若干の余裕をみて，おおよそ 450 mm と考えてよい．そのため，電車の座席は肩幅を 450 mm と考えて設計されている事例が多い．このように，人間ひとりあたりの最小限の基準となる寸法のことを「**単位幅**」と呼んでいる．建築設計においては，単位幅は 550 mm と考えられており，通常 2 単位以上必要であるとされている．つまり，n 人が並行して歩行することを考えた場合，550 mm × n だけの寸法を確保しなければならない．ただし，550 mm では若干狭く，できれば，単位幅は 600 mm と考えて設計することが望ましい．車いす利用者を想定すれば，800 mm が単位幅となる．

2.3 落ち着き感・納まり・視覚的効果

(1) 落ち着き感

　天井の高さは，空間の落ち着き感を大きく左右する重要な空間要素である．低すぎると押し潰されそうな窮屈な感覚を伴うが，逆に，高すぎると落ち着かない空間となってしまう．例えば，伝統的な和室の天井高の場合，木割り法によれば，床面から鴨居の下端までの高さ（内法高）は 5 尺 7 寸であり，これに部屋の広さ（畳数）を 0.3 倍した数値を加えたもの，すなわち，

$$\text{天井高} = 5.70\,\text{尺} + 0.3\,\text{尺} \times \text{部屋の畳数} \tag{2.3}$$

がよいとされている [17]．ただし，この算定方法は和室に通用する考え方であって，床面積の広いオフィス空間などに適用することは難しい．天井高は床面積に比例して，どこまでも高くすべきものではないからである．天井高は，その空間の広さや用途，滞留する人の数やアクティビティなどとの関係から決定されなければならない．

　次に，窓台の高さについて考えてみよう．和室では床座の状態が前提となるので，窓台の高さは 400 〜 500 mm とすることが一般的である．これよりも高いと外を見ることができず，閉鎖的な印象を伴うことになる．一方，事務室や教室においては，いす座が前提となり，机を窓際に配置することも考えられることから，窓台の高さは机の高さ（670 〜 700 mm）よりも高くし，700 〜 900 mm とすることが一般的である．また，立位の状態を前提とする厨房や便所などでは，1100 mm 程度の高さとすることが一般的である．窓の高さについても，その空間の使われ方や使うときの基本的な姿勢などに応じて決定されなければならない．

(2) 納まり

　建築の設計過程においては「納まりがよい」，「納まりが悪い」といった表現が頻繁に使われる．「**納まり**」は設計がスマートになされているか否か，無理や無駄のある設計となっていないかどうかを端的に表す用語である．

　トイレや浴室など水周りの空間にタイルを貼るケースについて考えてみよう．内装タイルの場合，以前は尺貫法による寸法が主流であったが，

　　25 角 (22.5 × 22.5)，50 角 (47 × 47)，100 角 (97.8 × 97.8)，

150 角 (147.8 × 147.8)，200 × 100 角 (197.8 × 97.8)，
200 角 (197.8 × 197.8)，250 × 200 角 (247.8 × 197.8) （単位：mm）

というように，最近では設計や施工のしやすさ，納まりの美しさを考慮して，メートル法に基づくものが主流となっている．

もし，100 角のタイルを浴室に貼ろうとしたとき，浴室内の内法寸法や水道管の設置位置が，100 mm の倍数となっていないとどうなるであろうか．図 2.13(b) に示すように，中途半端な寸法のタイルが必要となり，タイルを割るなどして貼り付けることになる．見栄えが悪いだけでなく，施工の手間も増大する．こうした問題を回避するためには，浴室の設計寸法はタイル寸法の整数倍で構成しておくことが必要である．

階段の**蹴上**（けあげ）や**踏面**（ふみづら）の寸法は上り下りするときの安全性や快適性と密接に関わっているが，写真 2.6 に示した例のように，納まりの視点から蹴上や踏面の寸法を決める場合もある．ただし，この場合においても，安全性や快適性は十分に確保されなくてはならない．

一方，部屋の寸法が部材や家具などの寸法に依存して決まることがある．例えば，台所の寸法は流し台や調理台の寸法を無視して決めることはできない．ま

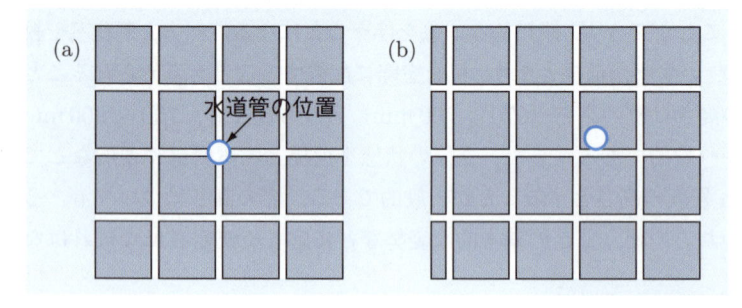

図 2.13 タイルの割り付けから決まる寸法の例（1）
(a) よい例，(b) 悪い例

写真 2.6 タイルの割り付けから決まる寸法の例（2）

2.3 落ち着き感・納まり・視覚的効果

た，食器棚や冷蔵庫の寸法をあらかじめ考慮しておかないと，大きいサイズのものでは納まらず，小さいサイズのものでは隙間ができてしまうなど，納まりの悪い台所となってしまう．扉の開き勝手や物品の出し入れに必要となるゆとりの空間など，使い勝手を考慮した寸法計画が必要である．

廊下の幅やドアの幅などについては，大きな家具や荷物の搬出入を想定して設計しなければならない．新しい住宅が完成してから，家具の搬入ができないことが判明したという失敗談をしばしば耳にする．自宅において通夜や葬儀が行われていた頃は，棺桶が楽に出し入れできるかどうかが廊下や階段の計画を行う際の基準とされていた．昨今の住宅においては，ピアノや冷蔵庫，ソファーなどの寸法を勘案した寸法計画が必要となる．

また，住宅でなくとも畳を敷くことを前提とする室においては，畳の寸法を前提とした寸法計画が必要となる．中途半端な部屋の大きさとしてしまうと，先のタイル割りの例で見た通り，畳を納まりよく敷くことができなくなる．

さらに，設備の納まりにも注意すべきである．例えば，梁の真上に便器などの水周り器具を設置することはできない．図 2.14 に示した断面図を見れば自明であるが，便器の下には汚水を流すための空間が必要である．平面図だけでエスキスを進めていると見落としてしまうので注意したい．上下水道の配管が必要な洗面台や便器などの位置を決める際には，梁との取り合いをイメージして位置を決める（納める）必要がある．さらに，エントランスホールなど，多くの人々が滞留するスペースでは天井高を高く保ちたいという要請がある．したがって，ホールなどの直上階へのトイレの設置は避けるべきである．

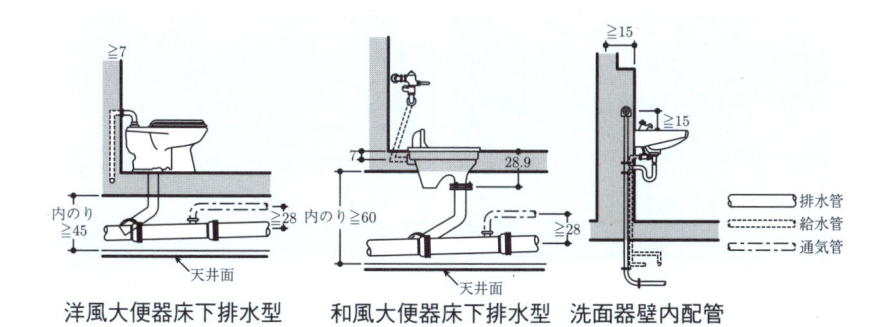

図 2.14　トイレの配管に必要となるスペース

(3) 視感覚的効果

　天井高は，機能的・感覚的な側面のみで決まるものではなく，例えば，後期ゴシック建築に代表されるような宗教建築などにおいては，天井をより高くすることで天上への上昇志向を高め，荘厳な内部空間を構成している（写真 2.7）．

　茶室空間は，畳に座した状態を前提として設計される．日本古来の茶室の中には，座した状態での目線の高さが厳密に計算され空間が構成されているものが多い．例えば，実際には狭い空間を広く感じさせるための工夫（トリック）として，柱の寸法を上部ほど細らせてある茶室がある．また，書院造りの建築における違い棚においては，座して棚を眺めたとき，実際の奥行きよりも棚が深く見えるように，棚板がわずかに傾いて設置されているという．このように，歴史的建築物の中には，視線や視覚の特性，空間から受ける印象を巧みに利用して設計されたものが数多く存在する．

写真 2.7　[左] ラン大聖堂（天井高 24 m：1160 年）と
　　　　　[右] アミアン大聖堂（天井高 42.3 m：1220 年）

2.4 機能・使いやすさ・快適さ

(1) 動作空間

トイレスペースは最も小さい**単位空間**といえる．立ったり，かがんだりする排泄行為に伴う動作と同時に，身づくろいや手洗いなど，副次的に発生する動作についても十分に考えられた寸法としなければならない．例えば，和式ブースの場合 1200 mm × 1000 mm 程度，洋式ブースの場合 1200 mm × 1100 mm 程度の大きさは確保したい．また，フラッシュバブル式かロータンク式かで壁面と便器の間の寸法が異なってくる．

図 2.15 には，**動作空間**と**物品の寸法**の例を示してある．家庭用の調理台や流し台の高さは，従来までは 800 mm という規格が用いられてきた．これは日

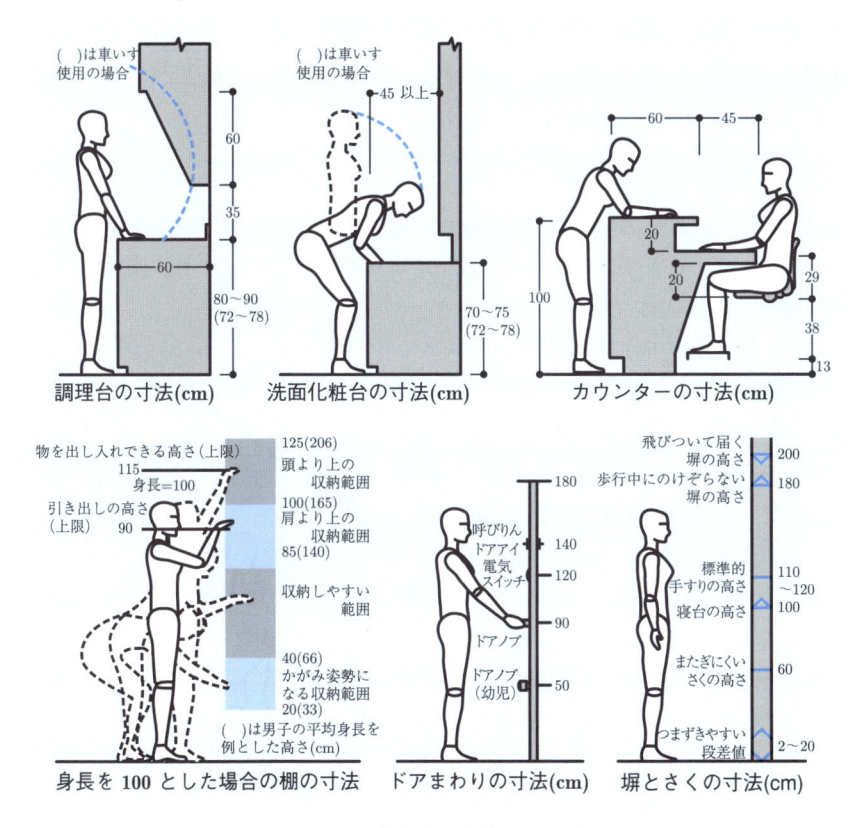

図 2.15　動作空間と物品の寸法

本人女性の平均身長が152 cm当時に生まれた規格であるという．図1.8にも示したように，日本人女性の平均身長は近年大きく伸びていることから，800 mmでは低すぎて，炊事を行う際に腰に負担がかかりやすい．こうした背景から，昨今では，850 mmや900 mmという規格も浸透しつつある．しかし，850 mmでは，逆に，高齢者にとっては高すぎてしまう．そのため，使用者の身体的特徴と使いやすさの観点から，高さを自由に変えることのできる可変式の調理台や流し台も提案されている．一方，洗面台の高さは，うつむきになって洗顔する行為からわかるように，調理台などよりも低く，700〜750 mmが定着している．

　家具の寸法は動作と密接に関係している．例えば，食器棚であれば，出し入れする食器の種類や重さ，大きさに応じて，棚の寸法や奥行きが異なる．さらに，足元にある棚か頭上にある棚かで，手の届く範囲や労力に大きな差異が生じるので，これらを総合的に考慮した寸法としなければならない．家具などの寸法について検討する際には，人体寸法や動作空間との関係について十分検討されなければならない（図1.12，図1.13）．

(2) 快適さ

「快適さ」は建築設計過程で寄せられる最もプリミティブで重要な要請の中の1つであろう．以下では，段差や階段，スロープなどを例にとり，快適さの視点から整理してみよう．

　階段の（進行方向）水平面部分の幅は**踏面**（ふみづら），1段の高さは**蹴上**（けあげ）と呼ばれている（図2.16）．階段の上りやすさ（快適さ）には，蹴上と踏面の寸法，および，蹴上と踏面の組合せから決まる勾配が大きく影響する．踏面寸法が小さすぎては足が段板からはみ出してしまい危険である．逆に大きすぎては，広い（長い）階段スペースが必要となり，歩行距離が長い不経済な階段となってしまう．経験的に上りやすい階段の蹴上と踏面の関係を表すモ

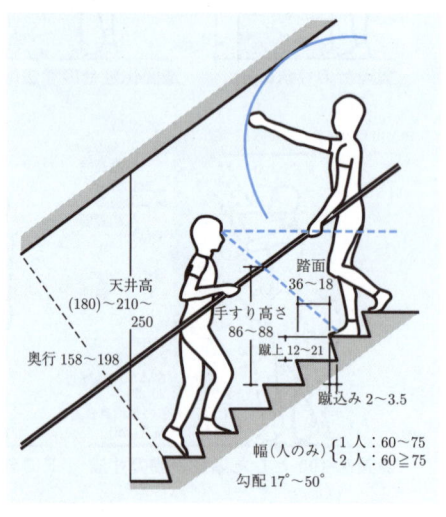

図2.16　階段の各部の名称と寸法

デルとして次式が提案されている[18].

$$T + 2R = 60 \sim 65 (\text{cm}) \tag{2.4}$$

$$T \times R = 450 \sim 485 \tag{2.5}$$

ここで，R は蹴上（Rise）寸法，T は踏面（Tread）寸法をそれぞれ表している．式 (2.4) の $60 \sim 65\,\text{cm}$ は，ゆっくりと歩くときの歩幅に対応しており記憶しやすい数字である．ただし，これらの式は十分な踏面寸法が確保されている範囲内で成立するモデル式と考えなければならない．すなわち，極端に小さな踏面寸法と大きな蹴上寸法の組合せでは，快適な階段とはならない．

一方，屋外階段については，屋内階段よりも踏面寸法を大きく取り，勾配を小さくしなければならない．図 2.17 には，様々な屋外階段について，上るときの快適さの視点から，各階段を評価した結果が示されている．図の青点線で囲まれた範囲に含まれる蹴上と踏面の組合せが好評価されている．この結果をより単純化して理解するために，次のようなモデル式が提案されている[18]．

$$T + 3R = 78\,\text{cm} \tag{2.6}$$

$$T + 4R = 90\,\text{cm} \tag{2.7}$$

階段の蹴上寸法，踏面寸法は，その階段が主にどのような人に利用されるかに依存して決められる場合がある．例えば，子どもから老人，または，杖をもつ人が利用するような百貨店や劇場のような建築物においては，蹴上は $15\,\text{cm}$ 以下，

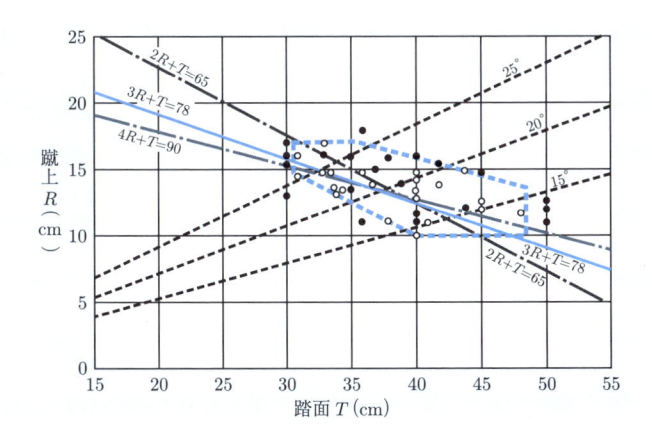

図 2.17 蹴上・踏面の組合せと上りやすさ（白丸：非常によい，黒丸：よい）

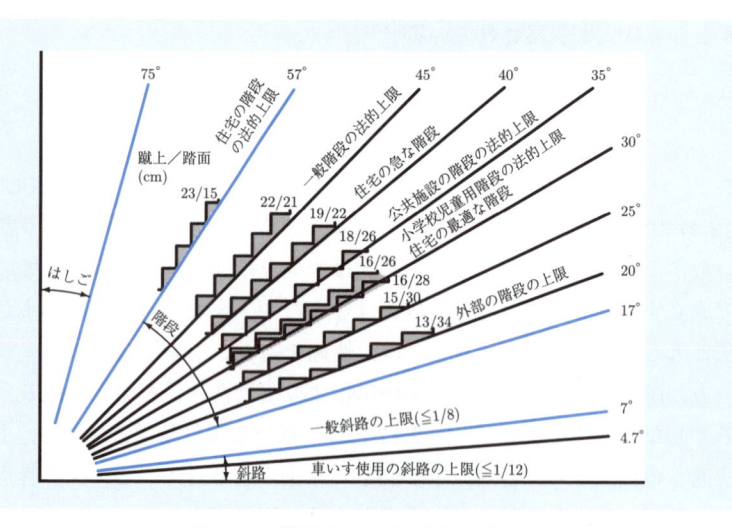

図 2.18　階段などの勾配と角度

　踏面は 30〜35 cm 以上と緩やかなものとすべきである．また，不特定多数の人々が同時に集中利用するような駅や空港などの施設では，さらに緩やかなものとし，蹴上は 14 cm 以下，踏面は 32 cm 以上とすべきであろう．逆に，主として一般成人が利用するオフィスビルなどにおいては，蹴上は 18 cm 以下，踏面は 26 cm 以上と，前者よりも急勾配にしたほうが，コンパクトな移動が可能となり好ましい．図 2.18 には，建物用途と階段などの勾配の関係を例示してある．
　次に，斜路（スロープ）の勾配について整理しよう．スロープは，階段では上り下りすることのできない車いす利用者を想定して設置されることが多い．不特定多数の者，または，高齢者や身障者の利用する施設におけるスロープの勾配については，1/12 以下としなければならないと法令で定められている．また，階段と同様に，外部空間におけるスロープでは，室内よりも緩やかなものとし，1/15 以下の勾配とすることが望ましい．一方，自動車が走行するスロープについては，最大勾配と水平面の間に中間的な緩和勾配を設けて，両者を連続的につなぎ合わせないと，車の底を擦ってしまうことになる．
　次に手すりの高さについて考えよう．一般には，手すりは床面から 800〜850 mm の高さに設置する．また，高齢者や子どものために 650〜850 mm の間にダブルで設置することが望ましい（図 2.19）．写真 2.8 は，玄関入口のドア

2.4 機能・使いやすさ・快適さ

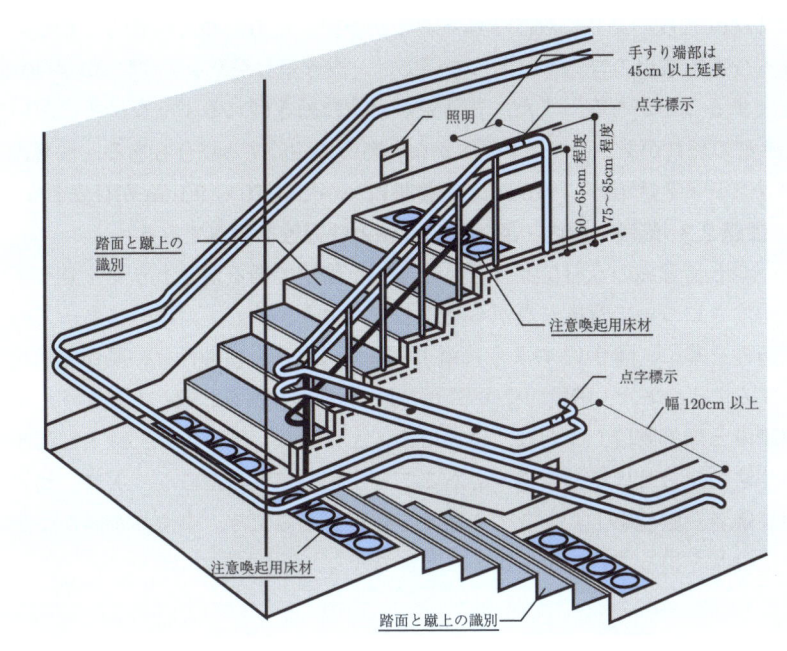

図 2.19 高齢者や子どもを考慮した階段の手すり

ノブが一般成人用と高齢者・子ども用にダブルで設置されている例である．デザイン性と機能性を併せもった優れた事例であるといえる．また，階段・廊下・スロープなどでは，手すりは片側ではなく，両側に設置するべきである．

家具や物品の寸法についても，基本的には使いやすさが優先される．事務机については，670 mm と 700 mm の 2 つの規格が用意されている．一方，いすの高さは，身長の 4 分の 1 が最適であるという説もある．机の高さからいすの高さを差し引いた長さのことを「**差尺**」と呼んでいるが，これが 27～29 cm（女），28～30 cm（男）であると，使いやすい机といすの組合せであるといわれている[19]．

コンセントの設置高さも使いやすさと関係が深い．通常，一般的なコンセントは，その中心が床

写真 2.8 ダブルに設置されているドアノブ（設計：アルヴァ・アアルト）

から 25 cm 程度の高さに設置されることが多い．一方，頻繁に利用されるコンセントや掃除機用のコンセントについては，抜き差しが楽なように 30〜40 cm 程度とすることがある．また，乳幼児が自由に動き回れるような場所においては，感電の恐れがあるので，手の届かない高所に設置する場合もある．洗濯機専用のコンセントは 105〜110 cm，勉強机については 70〜90 cm が目安となる．

課題 2.3 [階段（屋内・屋外）の寸法と快適性を調べてみる]

　いつも無意識のうちに上り下りしている階段であるが，上りやすさや下りやすさについて意識しながら利用してみよう．そして，自分にとっての快適性を基に，図 2.17 のように蹴上・踏面の寸法と快適性との関係を図化してみよう．また，階段の種類ごとに蹴上・踏面寸法を比較してみよう．屋内階段と屋外階段，または，建物用途ごとに比較してみよう．蹴上と踏面の寸法の組合せは意外に様々であることが理解できるだろう．次に，幼児や高齢者が階段を上り下りする様子を観察してみよう．手すりがいかに重要な役割を担っているかを知ることができる．

---

(3) アクティビティ・必要規模

　総合体育館と呼ばれるような比較的規模の大きい体育館では，バスケットボールコート 2 面，バレーボールコート 2 面，バドミントンコート 6 面というタイプが多い．一方，比較的小規模な町営などの体育館については，バスケットボールコート 1 面，バレーボールコート 1 面，バドミントンコート 3 面という規模のものが多い．バレーボールの公式試合を行うためには 12.5 m 以上の天井高が必要である．どのような体育館においても，各種競技に必要となるコートの大きさを基準に決定しなければならない．また，観客席からの視線を確保し，選手と観客との動線を分離すること，吸音材をバランスよく配置するなどの配慮も必要である．その場において行われるアクティビティについて十分精査し，必要規模や空間量について検討しなければならない．

(4) 音・振動・熱・におい

　劇場や音楽ホールでは音響の良し悪しが，建築の良し悪しを大きく左右する．近年の音響技術の進展を背景に，コンピュータによって，音響はある程度コントロールできるようになったが，マイクなどを使わない場合には，空間性状が

2.4 機能・使いやすさ・快適さ

音響に大きく影響することになる．また，反射音が部分的に集中しないように，仕上げ材料や吸音材などの特性について考慮した断面設計とすることが必要となる（図 2.20）．実際の設計においては，理論計算に基づく**コンピュータ・シミュレーション**はいうまでもなく，**模型実験**などで検証を行うことも珍しくない．音の世界は，それほどまでに難しい．また，良質の音響を確保するために

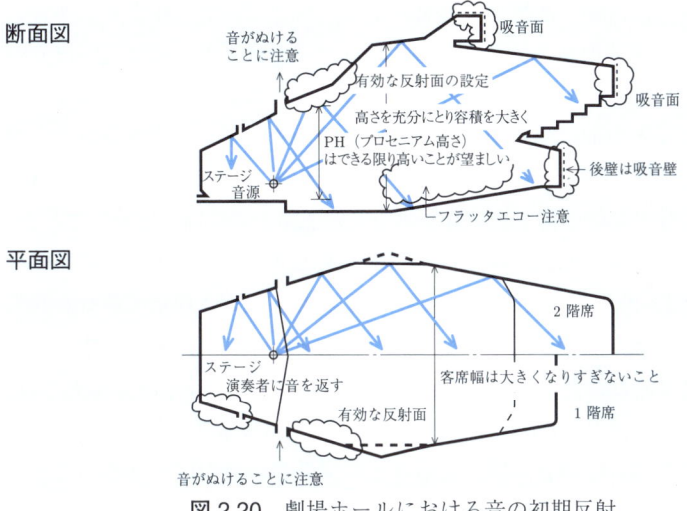

断面図

- 音がぬけることに注意
- 吸音面
- 有効な反射面の設定
- 高さを充分にとり容積を大きく
- PH（プロセニアム高さ）はできる限り高いことが望ましい
- 吸音面
- ステージ音源
- 後壁は吸音壁
- フラッタエコー注意

平面図

- 2階席
- ステージ 演奏者に音を返す
- 客席幅は大きくなりすぎないこと
- 有効な反射面
- 1階席
- 音がぬけることに注意

図 2.20 劇場ホールにおける音の初期反射

断面的要点

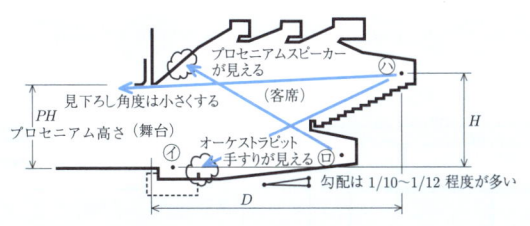

- プロセニアムスピーカーが見える
- 見下ろし角度は小さくする
- （客席）
- PH プロセニアム高さ（舞台）
- オーケストラピット 手すりが見える
- 勾配は 1/10～1/12 程度が多い
- D, H

平面的要点

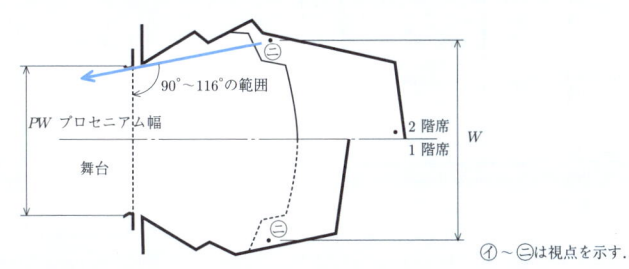

- 90°～116°の範囲
- PW プロセニアム幅
- 舞台
- 2階席
- 1階席
- W

㋑～㋥は視点を示す．

図 2.21 客席からのサイトライン計画

は，外部からの騒音や振動を遮蔽しておく必要がある．振動源や騒音源の近くに設計せざるを得ないような場合には，十分な防振・防音対策を講じる必要がある．また，劇場空間では，舞台上での演技がどの位置からでも鑑賞できるように客席の配置がなされなくてはならない．客席部分の勾配と舞台の高さ，さらには，最前列端の客席からの見え方には十分注意したい（図 2.21）．

音や振動が寸法計画に影響する場合がある．例えば，集合住宅やホテルの場合，建設コストや建物高さに関する法的規制の下では，天井高は低いほうが経済的には有利になる．しかし，天井高を低くしすぎると，快適性を損なうだけでなく，上下階との間に騒音や振動の問題を招いてしまう危険性がある．例えば，上階の床スラブの下を直接天井面とする**直天井**（じかてんじょう）の場合，**スラブ厚**が十分でないと落下物の音や歩行音が上階から下階に伝わってしまい，居室間でのトラブルの原因となり得る．天井裏とスラブ厚は十分に確保すべきである（図 2.22）．また，最上階の場合，夏には屋根面が太陽熱で熱せられることになる．その熱が室内に伝わらないようにするためにも，天井裏寸法を十分に確保して熱せられた空気を外部へ排出し，空気が循環するように工夫したい．

壁についても同様のことがいえる．特に，**乾式壁**（軽量鉄骨とプラスターボードで構成された壁）の場合には，ある特定の周波数の音だけが通過してしまう可能性もある．壁厚と壁材料との組合せが適切であるか否かについては，模型実験などで確認する必要がある．

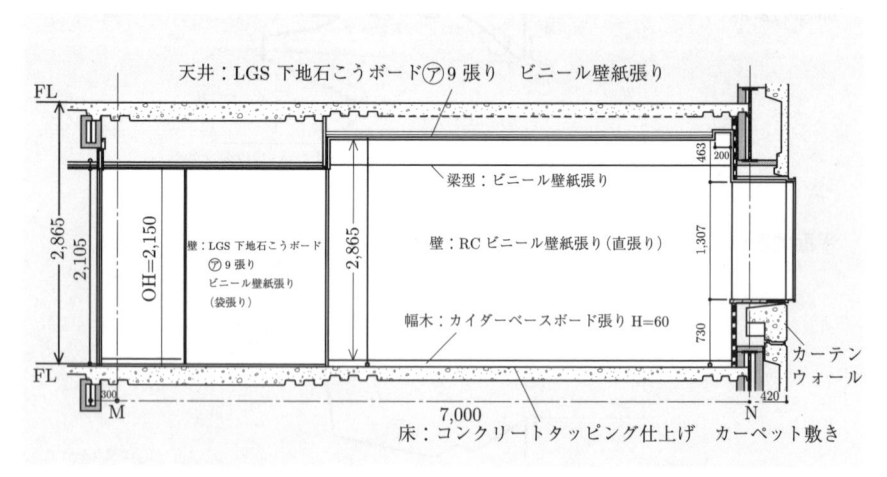

図 2.22 ホテル客室の階高と天井高（ホテルパシフィック東京，坂倉建築研究所，1971 年）

2.5 安全性・高齢者等への配慮

(1) 人体寸法の統計値と安全性

人体寸法の統計的性質（正規分布）を用いれば，建築物の各部の寸法を決める手がかりを得ることができる．ここでは，安全のための寸法計画について考えよう．まず，図 2.23 をご覧いただきたい．3 歳児がバルコニーから転落死したという痛ましい事故の新聞記事である．3 歳前後になると親の目を盗んで思わぬ行動をとり周囲を驚かせる．こうした転落事故は 3～5 歳児に多いことが知られている．

3 歳児の頭の幅は，平均値 141 mm，標準偏差 9 mm といわれている．例えば，非常に小さな頭の幼児を想定して 0.1% 値を求めてみよう．1.3 節の「人体の寸法」に示した方法で統計表から標準化係数を求めると $z = 3.08$ であるので，

$$141 - 9 \times 3.08 \fallingdotseq 113\,\text{mm}$$

となる．すなわち，統計的には，113 mm より頭の幅が小さい幼児は 0.1% 以下ということになる．そのため，バルコニーの**竪子**の間隔は，乳幼児の頭部がすり抜けられないよう，通常 110 mm 以下とされることが多い．より安全な設計

図 2.23　幼児の転落事故
［読売新聞 2000 年 6 月 6 日夕刊］
（この記事は，読売新聞社の許諾を得て転載している）

とするためには 100 mm 以下とすることが好ましいだろう．また，手すりの下端とバルコニー面の隙間については，乳幼児の胴体部がすり抜けて通らない寸法として通常 90 mm 以下とされることが多い．図 2.23 の事故は，手すりの下端とベランダ面との間に 180 mm もの隙間があったために発生したものである．

次に，バルコニーの手すりの高さについて考えてみよう．手すりの高さは，手すりの上を越えて転落しないような高さとする必要がある．すなわち，乳幼児ではなく，成人にとって安全な高さとする必要がある．ここでは，日本人成人男子の値として，図 1.9 に示した数値を採用しよう．平均値よりも 3σ（σ：標準偏差）大きい人の身長を考えると，

$$170.9 + 3 \times 5.81 = 188.33 \,\text{cm}$$

となる．手すりが人間の重心位置の高さ以上あれば，一般には転落しないと考えられる．人間の重心の位置は，臍付近（身長の約 0.55 付近）にあるといわれ

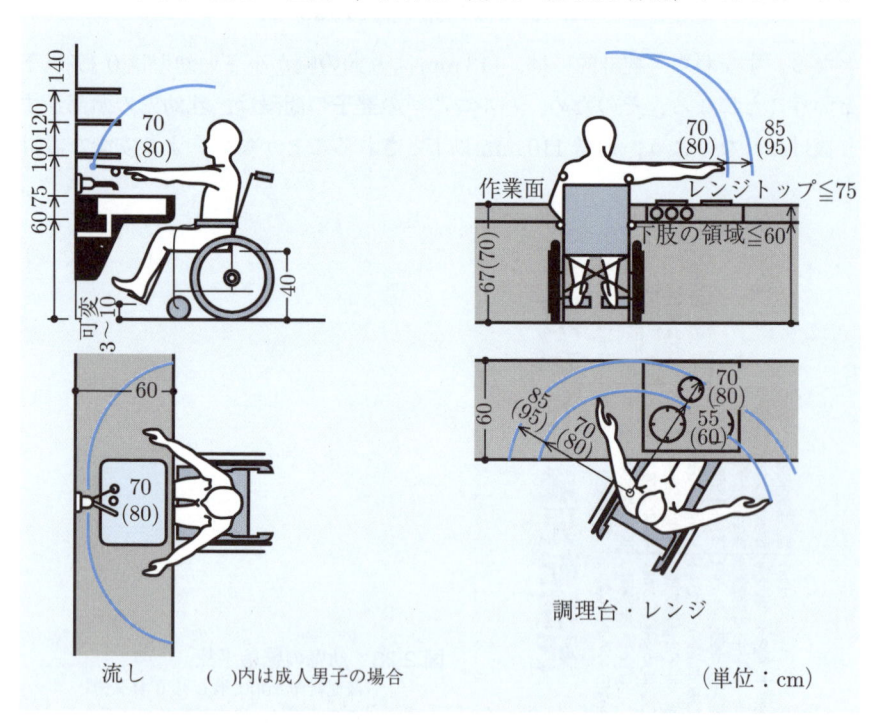

図 2.24　車いすのための設備の寸法

2.5 安全性・高齢者等への配慮

ているので，先の身長にこの値を乗じてみよう．すなわち，

$$188.33 \times 0.55 = 103.6\,\mathrm{cm}$$

となり，110cm 程度あれば，一般には，転落しない高さと考えてよいだろう．法令においても，バルコニーの手すりの高さは 110cm 以上としなければならないと定めている．

(2) 高齢者・身障者等への配慮

トイレや浴室については動作寸法を考慮した設計が重要であることはすでに述べた．特に，高齢者や身障者の利用が想定される場合には，介助者の動作寸法までも同時に考慮しなくてはならない．また，浴槽の縁の高さは，高齢者には大きなバリアとなり，無理な姿勢でまたごうとすると不慮の事故を招く危険性がある．そのため，高齢者用の浴槽の縁の高さは床から 400～450mm 程度，浴槽の深さは 500～550mm 程度がよいとされている．さらに，車いす利用者が利用する調理台や洗面台などは，車いすに座ったまま膝が入るように天板の下を空けておく必要がある（図 2.24）．

次に，廊下の寸法について整理しよう．例えば，心心 910mm の廊下の内法寸法は，最大でも 780mm 程度であり，建具厚さと蝶番の出寸法を考えると，700mm 程度となってしまう．しかし，これでは車いす利用者にとっては狭すぎる．少なくとも有効幅で 800mm 以上，できれば 850mm 以上を確保したい（図 2.25）．そのためには，尺寸のモデュールではなく，メーターモデュールとすることが必要となる．直進だけでなく，方向転換を伴う移動には，さらに広いスペースが必要となる．余裕をもって回転するためには，1500mm 以上の幅が必要である．また，ドアについては 800mm 以上の幅が，すれ違うためには 1500mm 以上の幅が要求される．さらに，ドアは**開き戸**ではなく，開閉の比較的楽な**吊り戸**や**引き戸**とすることが望ましい．引き戸の場合には，レールなどで床に段差ができないように工夫しなければならない．

次に，エレベータ，エレベータホールにおける，高齢者・身障者対応について考えよう．狭いエレベータの籠の中では，車いすの方向を変えることは難しい．そのため，前向きに入って，後ろ向きに出ることになる．このとき，乗り

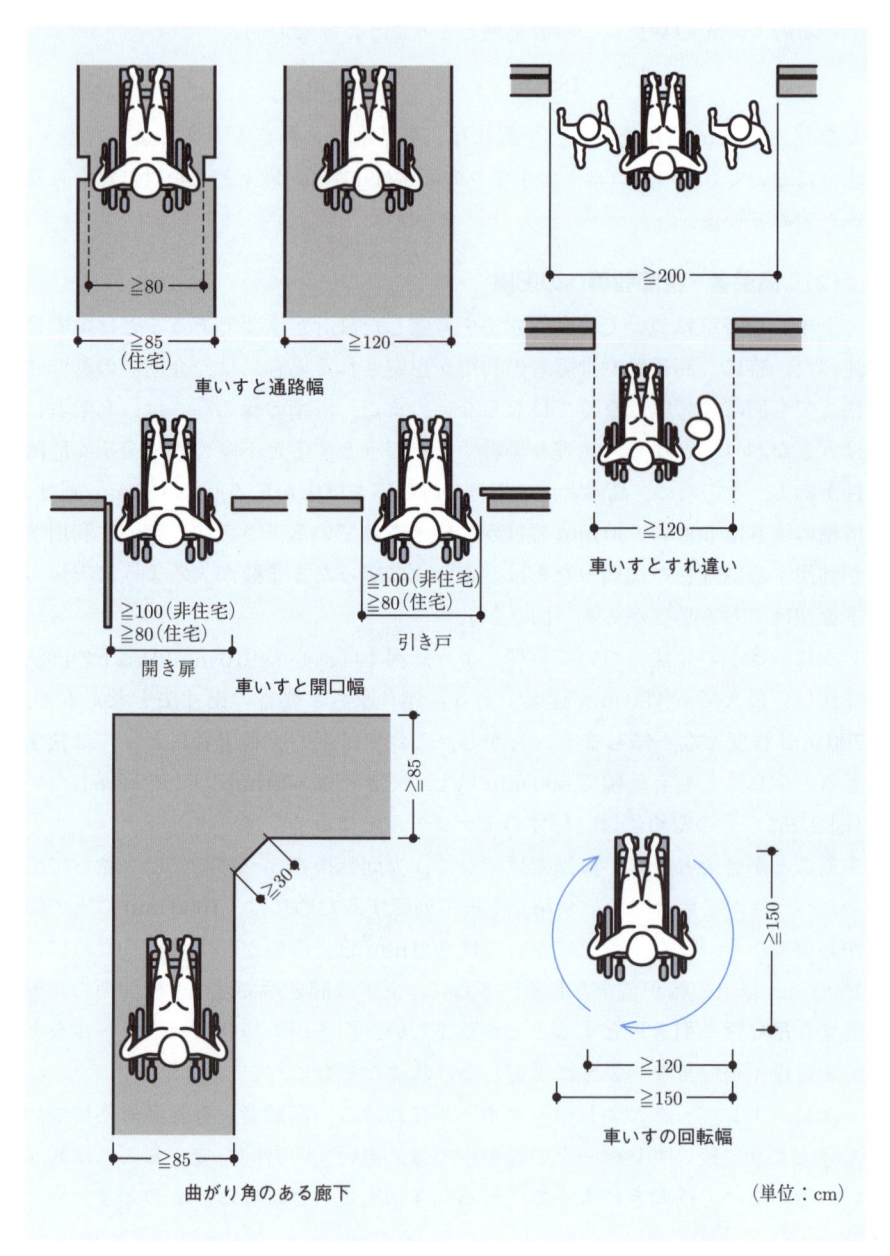

図 2.25　車いす利用者のための通路・開口部の寸法

2.5 安全性・高齢者等への配慮

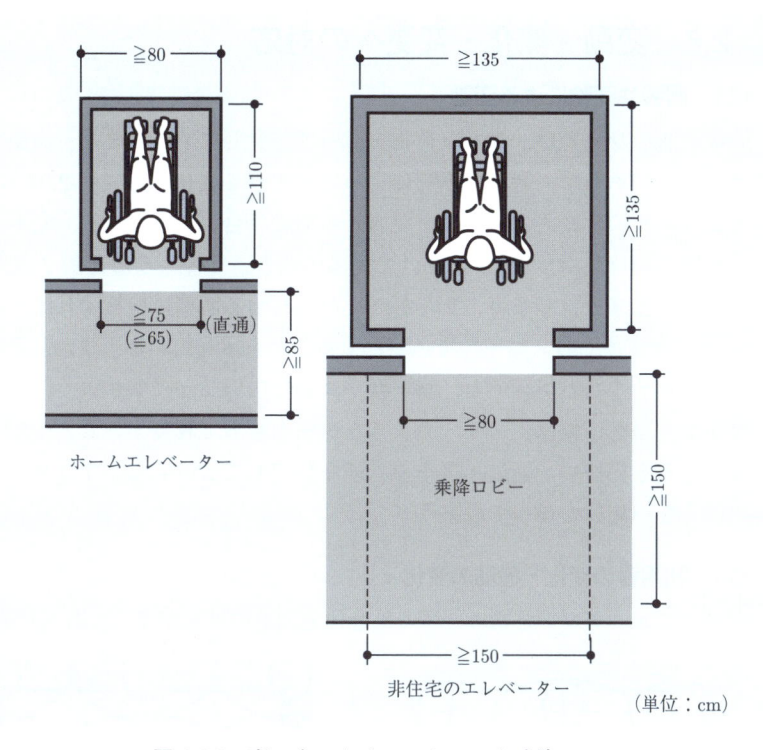

図 2.26　車いすのためのエレベータ寸法

込もうとする人や，ドアの開閉状況が確認できるように，エレベータ籠にはミラーを設置しておく必要がある．また，操作盤の高さは，車いすから手の届く位置とし，700 〜 1200 mm の範囲に納める必要がある（図 2.26）．

　高齢者や身障者にとっての**バリア**は，なんといっても床面の段差にある．わずかな段差であっても，つまずいて転倒し負傷する危険性がある．特に，エントランス付近など，雨水を処理する必要のある場所などでは，こうした段差が生じやすいので注意したい．また，立ち上がったり座ったりする動作も，高齢者や身障者にとっては大きな負担となる．例えば，戸建住宅などの場合，床面と玄関床とのレベル残が 400 mm 以上あるような場合には，**必ず式台**を設け，腰を掛けながら履物の脱ぎ履きを行えるようにしたい．

2.6 変動・変化・変更への対応

(1) 服装や荷物による変動

　人は衣服を身に着け，様々な荷物をもって移動している．また，衣服や手荷物は一定しておらず，時刻や季節によっても大きく変化する．図 2.27 には，1 平方メートルの中に入る人の数を夏服と冬服の場合について比較したものである．夏服の場合には，約 10 人/m^2 であるものが，冬服となると約 7 人/m^2 程度となってしまう．つまり，1 人あたりが占有する面積に換算すれば，冬のほうが 40%程度多くのスペースを必要とすることを示している．また，夏季にスキー場のホテルなどへ行くと，廊下幅が異常に広いことに気がつく．スキー場ホテルなどの廊下幅は，スキーや大きな荷物をもって移動することを想定して設計せざるを得ない．逆に，夏季の状態を想定して設計してしまうと，スキー客の使えない施設となってしまう．

(2) 利用者の変化・機器の変化

　かつてニュータウンを始めとする集合住宅団地の建設が盛んであった頃には，

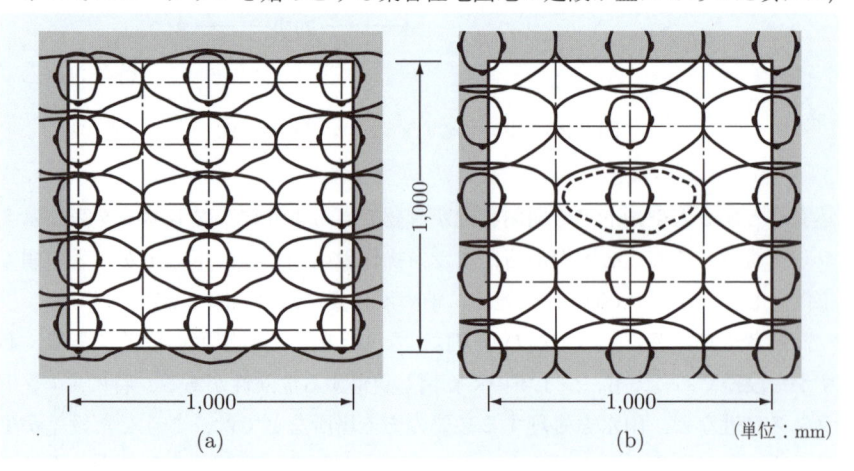

図 2.27　服装による寸法の変化
　　　　(a)　薄い下着の場合（未着衣に近い状態）の外形線
　　　　　　（肩幅 459 mm，胸幅 211 mm）密度 10.3 人/m^2
　　　　(b)　冬着を着た場合の外形線
　　　　　　（肩幅 522 mm，胸幅 266 mm）密度 7.20 人/m^2

2.6 変動・変化・変更への対応

急激な**地域人口**の変動に施設の供給が間に合わないという問題が頻発した．特に，保育園や幼稚園などの子ども関連施設の需給バランスをいかにコントロールするかが大きな課題とされていた．具体的には，ニュータウン建設直後には，幼稚園や保育園の不足が叫ばれ，その数年後には小学校，その数年後には中学校が不足するという具合である．ここで問題が深刻なのは，需要のピークに合わせて施設を供給してしまうと，やがてどの施設にも空きが出てしまうことである．そのため，住戸タイプのバランスや住戸の供給時期をコントロールするなど，需要ピークを小さく抑えるための計画手法が提案されてきた．こうした手法は一定の成果をあげたものの，人口変動をなくすことは不可能であるので，児童数や生徒数の変化を考慮した子ども関連施設の計画が必要となる．建設当時には必要のないスペースであっても，利用者の増加が見込まれるような場合には，将来の変化をみこして予備スペースなどを確保しておく必要がある．

一方，近年の建築設備の技術革新は目覚しいため，設備機器の更新を想定しておく必要がある．また，建築設備が総工費に占める割合もますます高くなってきていることからも，建築設備についての配慮は不可欠である．例えば，医療機器の更新を行う際には，診療行為がストップしてしまわないよう，代替スペースも隣接して設けておくことが望ましい．また，機械室を地下に設置するケースがあるが，機械の搬出入がスムーズに行えるよう，ドライエリアには十分な作業スペースを設ける必要がある．設備の**更新**やメンテナンスを想定していないと，構造的な寿命を迎える前に建築物を取り壊すことになる．

家族の構成メンバーも時間の経過とともに変化する．そのため，住宅を設計する際には，家族構成メンバーの変化についても柔軟に対応できる住宅とすることが望ましい．図 2.28 は，家族の**ライフステージ**に応じて，住宅を増改築してゆくプロセスを示したものである．家族の構成メンバーの年齢や人数に応じて柔軟に対応しており優れた計画例といえる．

建物を構造体と内装・設備に分けて設計・施工する「**スケルトン・インフィル** (Skelton–Infil)」という考え方がある．「**SI**」と略されることも多い．スケルトンは構造体を，インフィルは内装・外装・設備・間取りなどをそれぞれ示している．ライフスタイルの変化に伴う間取りの変更や設備の更新などが容易に行えること，また，配管などを外部に設置することで修繕・更新の手間や費用を軽減することが可能となることなどから，昨今注目を集めている．

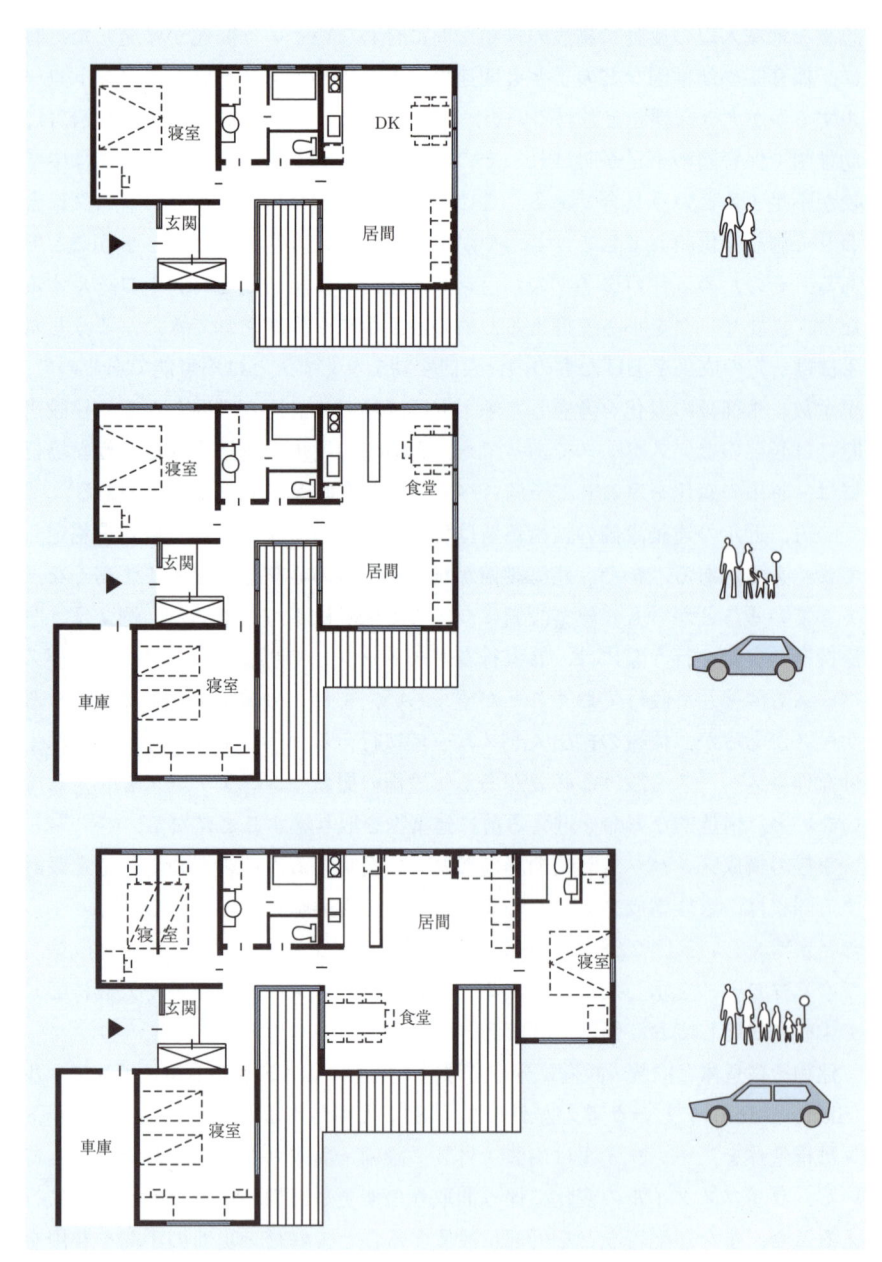

図 2.28　ライフステージと住宅の変化

(3) 増築・改築・用途変更

建築物の用途変更とは，ある用途のために建てられた建物を，部分的に改造・更新して別の用途の建物として用いることを意味する．昨今は，その英語名称を用いて「**コンバージョン**（conversion）」と呼ばれることが多い．一般的には建築物の構造体としての寿命は，それを利用する人々のライフスタイルが変化するタイムスパンよりも長い．人々のライフスタイルが変われば，建物の使われ方も大きく変化し，本来の用途では不十分，あるいは，不要となるのは当然であろう．

ヨーロッパでは古くから建築のコンバージョンが頻繁に行われてきた．例えば，城の廃墟を美術館に再生させたカステルヴェッキオ美術館（写真 2.9），駅舎を美術館として再生させたパリのオルセー美術館（写真 2.10），火力発電所の建造物を美術館に変えたロンドンのテート・モダン（写真 2.11）などは，典型的なコンバージョンの例といえるだろう．また，本国においても，東京駅の一部を美術館に改造したステーションギャラリーなどがある．これらの例はいずれも，元の建築物が十分な天井高を有していたことが，コンバージョンの成功の鍵を握っていたように思われる．

写真 2.9 カステルヴェッキオ美術館（ベローナ）
（設計：カルロ・スカルパ，1964 年）

写真 2.10 オルセー美術館（パリ）
（設計：ヴィクトール・ラルー，1986 年）

写真 2.11 テート・モダン（ロンドン）
（設計：ヘルツォーク&ド・ムーロン，2000 年）

わが国では馴染みの薄かったコンバージョンであるが，近年，スクラップ＆ビルドによる環境負荷が大きな社会問題となっていることから，今後，ますます関心を集めることだろう．現在，主に都心部において，オフィスから住居へのコンバージョンが注目されている．人口減少問題に直面している都心部において，近年過剰に供給されたオフィス空間を活用して，住空間の再生がなされようとしている．ライフスタイルの多様化を背景に，都心で暮らしたいと考える人は増加傾向にあり，都市再生手法の1つとして，行政からも注目されている．

コンバージョン建築の面白さは，本来の用途とは異なる用途との間に存在するギャップや無駄にある．例えば，3メートルの天井高はオフィスにとっては一般的であっても，住宅にとっては，通常では得られない高い付加価値である．また，写真スタジオとして建設された建物を住宅に転換すれば，高天井で室容積（気積）の大きい豊かな住宅に生まれ変わる．すなわち，元の用途では当たり前であったスペックが，新しい用途では優れたスペックとなるようなケースである．空間に担わせる役割を変化させることで，その空間に潜在していたポテンシャルを引き出すことができる．

その他のコンバージョンの例としては，中古オフィスビルの店舗やホテルへの転換，倉庫の住宅への転換，廃校となった校舎の再利用などが知られている．

本来の目的に合致するよう，無駄のない最適な設計を行うことも重要であるが，以上の例が示すように，空間に余裕をもった設計を行うことが，結果的に建築物の寿命を長くする．余裕は建築物だけでなく，将来の増築に備えて，増築用の敷地などを計画しておくことも重要である．

2.7　効率性・経済性・法的規制

(1)　効率性・経済性

　設計過程の中では，効率性や経済性が追求される場面は非常に多い．しかし，効率性や経済性は，以上で述べてきた空間の余裕や快適性とはトレードオフの関係になることが多い．例えば，効率性や経済性の視点からすれば，階高や天井高は低くしたほうが有利である．天井高が低ければ，室容積（気積）がその分だけ小さくなり，冷暖房の空調効率が高まることになる．また，階高を低く抑えれば，その分だけ，必要となる鉄筋やコンクリートの量は少なくなり，建設コストを抑えることができる．

　しかし，一方には，階高や天井高を高くすることへの要請もある．まず，居住空間としては，天井高は一般的には高いほうが開放的な印象を与え好まれる．また，オフィスビルやホテルなどでは，空調ダクトのためのスペースとして，十分な天井裏スペースが要求される（図 2.29）．さらに，オフィスの**インテリジェント化**に伴い，いわゆる**フリーアクセスフロア**が普及しており，100 mm 程度床面が高くなるので，その分だけ階高は高くなる．また，上下階で音や振動の問題を回避するためには，階高や天井高にはある程度の余裕が必要となる．エントランスホールなど，多くの人々が滞留するようなスペースにおいては，天井高を高くすることが望ましい．また，厨房などにおいては，煙やにおいが客席に流れ出さないように，厨房の天井高は十分に取る必要がある．または，火災時には，蓄煙効果が期待できるため，天井は高いほうが安全である．

　次に，**スパン**（柱と柱の間隔）について考えてみよう．スパンが広すぎると，**梁成**（はりせい）が高くなり，その分，階高が高くなるなど経済的でなくなる．また，スパンを小さくしすぎると，柱が林立してしまうことになり，自由に床を使えなくなってしまう．一般的な中層の鉄筋コンクリート建物の場合，約 8 m × 8 m，もしくは，約 8 m × 7 m が，経済的なスパンであると考えられている．

(2)　法的規制

　1 つの敷地内に建れられる建物の大きさを制限する規制として，わが国には**建蔽**（けんぺい）**率**と**容積率**がある．一方，建築物の形態を制限する規制としては，絶対高さの制限，道路斜線制限，隣地斜線制限，北側斜線制限，日影

2.7 効率性・経済性・法的規制

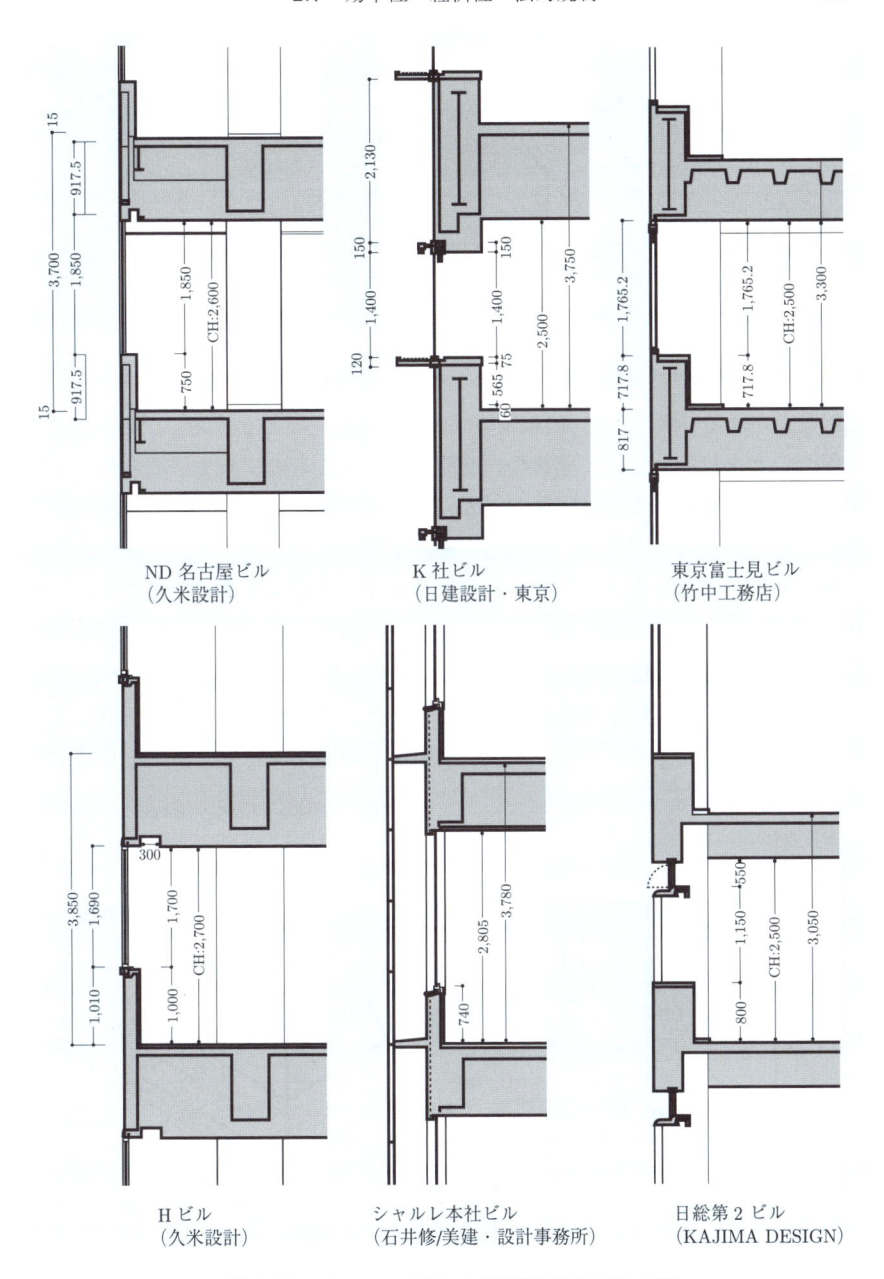

ND 名古屋ビル
（久米設計）

K 社ビル
（日建設計・東京）

東京富士見ビル
（竹中工務店）

H ビル
（久米設計）

シャルレ本社ビル
（石井修/美建・設計事務所）

日総第 2 ビル
（KAJIMA DESIGN）

図 2.29　オフィスビルの基準階断面寸法の例

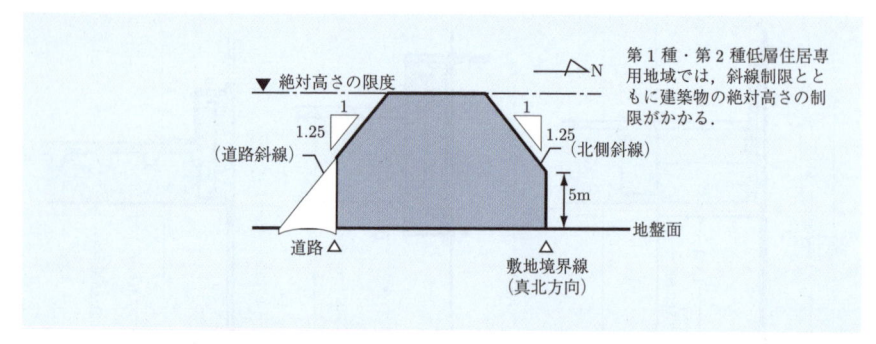

図 2.30 建築物の高さ制限（第 1 種・第 2 種低層住居専用地域の例）

規制などがある（図 2.30）．斜線制限は，通風や採光などを確保し，良好な環境を保つことを目的として，建築物の形態を制限するものである．この概念を説明するのに用いられる図（図 2.31）が，ちょうど建物周りの空間を斜線で切り取ったようになることから，総称して**斜線制限**と呼ばれている．建物上方（道路側）が斜めに切り取られたマンションやオフィスビルを頻繁に目にする．これは斜線制限の範囲内で，可能な限り高さや容積を確保しようとする意識の現れであるが，**都市景観**の視点からすれば，必ずしも好ましいものとはいえない．

市街地に高層建築物が無秩序に建てられると，良好な環境を著しく損なう恐れがある．しかしその一方で，鉄道駅周辺などの商業業務地における空洞化の

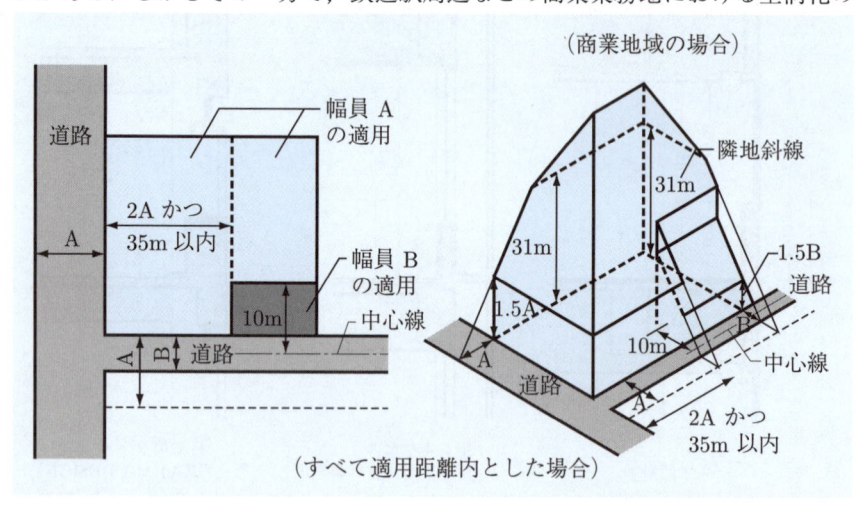

図 2.31 道路斜線制限により制約を受ける建築物の形態

進行に歯止めをかけ，活力ある市街地を形成するためには，ある程度ボリュームのある建物群で街並みを形成することが望ましい．こうした背景から，良好な市街地の環境を維持し，土地利用の増進を図るために，建築物高さの最高限度や最低限度を定める制度として「**高度地区**」がある．以上のような規制は，建築物の形態をコントロールするという意味で「**形態規制**」と呼ばれている．

しかし，法的規制だけに注意が払われ過ぎると，一定のボリューム中にできるだけ広い床面積を確保しようとする経済原理から，階高や天井高が低く抑えられてしまう危険性がある．そのため，法令では居室の天井高の最低限度を 2100 mm 以上とするよう定めている．事務所建築については，特に規定はないが，2600 mm 以上とすることが一般的である．

廊下の幅については，表 2.2 のように定められている．**片廊下**よりも**中廊下**のほうが広い廊下幅が要求されるのは，廊下の両面から人の出入りがあるためである．階段の蹴上や踏面，踊場の寸法は，表 2.3 に示した基準を満足することが求められ，主たる利用者のプロフィールによって寸法の最低基準が異なってくる．また，階段の踊場の寸法や踊場を設置しなければならない階高の基準についても表 2.3 のように規定されている．

しかし，以上で述べた主に**建築基準法**に基づく寸法の限界は，劣悪な建築物

表 2.2 廊下幅の寸法に関する法的規制

廊下の用途	廊下の配置	両側に居室がある廊下の場合	その他の廊下における場合
小学校，中学校，高等学校または中等教育学校における児童用または生徒用のもの		2.3 m 以上	1.8 m 以上
病院における患者用のもの 共同住宅の住戸もしくは住室の床面積の合計が 100 m² を超える階における共用のもの 居室の床面積の合計が 200 m²（地階にあっては 100 m²）を超える階におけるもの（3 室以下の専用のものを除く）		1.6 m 以上	1.2 m 以上
廊下の幅は有効幅とし，廊下に柱型等がある場合はその内法で測る			

表 2.3　階段の寸法に関する法的規制

	階段の種類	階段および踊場の幅 (cm)	蹴上 (cm)	踏面 (cm)	踊場位置
1	小学校の児童用	140 以上	16 以下	26 以上	高さ 3 m 以内ごと
2	中学校, 高等学校, 中等教育学校の生徒用	140 以上	18 以下	26 以上	高さ 3 m 以内ごと
	劇場, 映画館, 公会堂, 集会場等の客用				
	物販店舗 (物品加工修理業を含む) で床面積の合計が 1,500 m² を超える客用				
3	直上階の居室の床面積の合計が 200 m² を超える地上階のもの	120 以上	20 以下	24 以上	高さ 4 m 以内ごと
	居室の床面積の合計が 100 m² を超える地階, 地下工作物内のもの				
4	1 〜 3 以外および住宅以外の階段	75 以上	22 以下	21 以上	
5	住宅 (共同住宅の共用階段を除く)	75 以上	23 以下	15 以上	

を建設させないための最低限の寸法であり，決して好ましい寸法ではないことに十分注意しなければならない．これから設計しようとする建築物が利用者すべてにとって安全で快適であり，また，周辺の環境とも調和して良好に共存するものであれば，各種の規制など本来不要である．換言すれば，自由で創造性豊かな設計行為は，本来，法的な規制などによって制限されるべきではない．

課題 2.4 [自宅付近の地域地区図を眺めてみる]

　自宅付近の地域地区図を入手して，**用途地域**，**建蔽率**，**容積率**などを確認してみよう．地域地区図は役所などで有償で入手できるが，最近では，インターネットを通じて閲覧できるサービスも提供されている．その地図を眺めながら散策し，建物の用途，建蔽率，容積率の指定のされ方が異なる地域で，どのように建物が異なっているのか観察してみよう．

第2部
空間と人間の移動

第 3 章　空間移動と安全性
第 4 章　施設利用における空間移動

第3章

空間移動と安全性

　人間の行動特性は，群集密度によって大きな影響を受ける．そのため，平常時であっても人々が群れることで予期せぬ事故が発生する．ここでは，まず，人々が群れることの危険性や群集行動の法則性について概説し，群集を制御する方法について整理する．次に，火災や地震などの非常時における建築物内外での安全性と平常時における安全性について考察し，安全性確保のための方法や留意点について整理する．

3.1　群集の危険性
3.2　群集行動の法則性と制御
3.3　安全計画・安全設計

3.1 群集の危険性

(1) 群集の脅威

　空間的に移動している，あるいは1カ所に滞留している状態にあり，凝集して存在する多数の人々による集団を，ここでは「群集」と呼ぶことにする．**群集密度**（群集内における人口密度）が非常に高い状況下で発生する事故が**群集事故**である．群集事故のほとんどでは，何らかのきっかけで少人数が転倒し，それがトリガーとなって将棋倒しとなり，いわゆる「群集雪崩」が発生する．その

(a) メッカ郊外（サウジアラビア，2006年1月12日）
　　［日本経済新聞 2006年1月13日 朝刊］
　　（この記事は，日本経済新聞社の許諾を得て転載している）

図 3.1(1)　近年発生した群集事故

3.1 群集の危険性

結果,下敷きになった人が圧死または窒息死することで,大きな人的被害となる.現象としては比較的単純でありながらも,毎年のように世界各地で大きな事故が発生していることから,十分な対策や検討がなされているとはいえない.

群集事故の危険性を低減させるためには,群集密度が高い状況を作らないことが基本であるが,群集密度が高くなってしまう場合には,転倒のきっかけとなる要因を除去することを心がけなくてはならない.各人が自由意思に基づき行動するのではなく,集団として行動する際の行動特性,すなわち,群集流動の基本特性を把握しておくことは,特に,大勢の人々が集団化して利用するよ

(b) バクダッド
　　(イラク,2005 年 8 月 31 日)
　　[読売新聞 2005 年 9 月 1 日夕刊]
　　(この記事は,読売新聞社の許諾を得て
　　転載している)

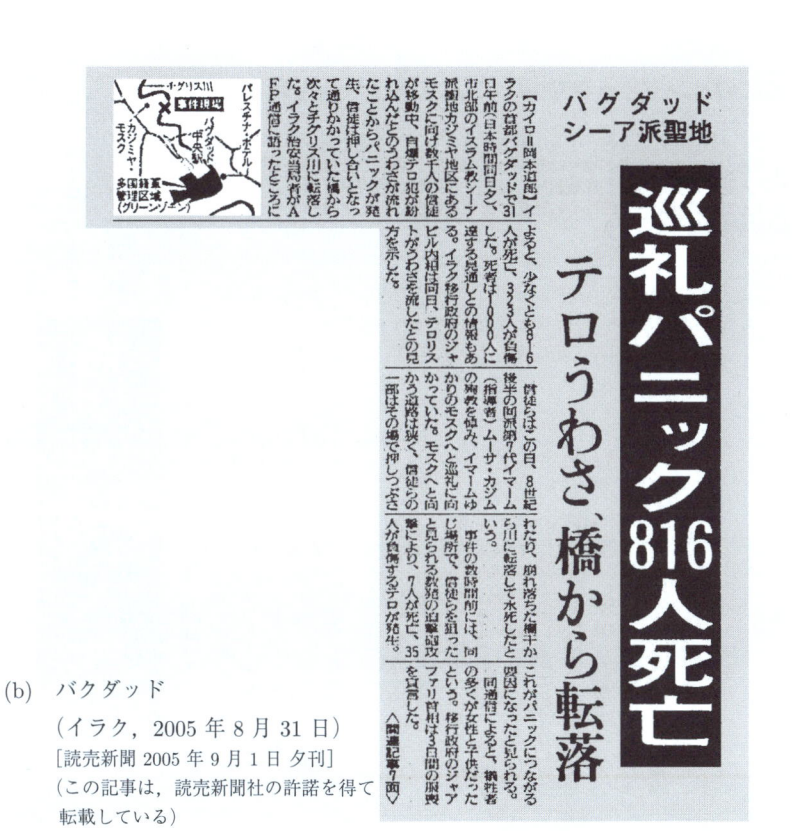

図 3.1(2)　近年発生した群集事故

うな施設を設計する際には非常に重要である．

(2) 群集事故

70～73ページには，近年発生した群集事故についての新聞記事を掲載してある（図3.1 [70～73ページ]）．過去の群集事故の例を見ると，原因はさまざまであるが，群集密度が高い状況下で些細な要因が引きがねとなって発生するという点で共通している．また，人間の自重や圧力で多くの犠牲者を出してしまう点も共通している．

巡礼のヒンドゥー教徒押しつぶされ300人死亡　インド

ロイター通信によると，インド西部マハラシュトラ州のヒンドゥー教寺院で25日，大勢の巡礼者が次々に転倒して押しつぶされ，女性や子どもを含む300人近くが死亡した．事故当時，寺院では祭典が催されており，15万人以上の人出があった．寺院近くの売店で火事が発生，巡礼者はパニックになり，狭い道に殺到したという．

(c) マハラシュトラ州（インド，2005年1月25日）
[asahi.com 2005年1月26日0時54分]
（この記事は，朝日新聞社の許諾を得て転載している）

(d) ヨハネスブルグ
（南アフリカ共和国，2001年4月11日）
[読売新聞2001年4月12日夕刊]
（この記事は，読売新聞社の許諾を得て転載している）

サッカー観戦中　将棋倒し43人死亡　南ア

【ヨハネスブルク11日＝森太】南アフリカ・ヨハネスブルク中心部のサッカースタジアムで十一日夜，人気チーム同士の試合を観戦中だった観衆が将棋倒しになり，子ども二人を含む少なくとも四十三人が死に，百人以上が負傷した．地元警察によると，観客六万人で満員だったスタジアムに，さらに約三万人が入場しようと詰めかけ，ゴールが決まった瞬間に多数の人々が入場を争ったことから，観客席最前列のフェンスが倒れ，周辺の観客が押しつぶされた．

図3.1(3)　近年発生した群集事故

3.1 群集の危険性

　典型的な群集事故は次のようにして起きる．通路部分に自由な歩行を阻害する障害物が存在するとき，または，通路幅員が狭く，いわゆるボトルネックが存在するとき，局所的に歩行速度が低下することで歩行者密度が高くなる．こうした状況下で，ある出来事（火災などの発生，有名人の到来，出入口の開閉など）が勃発的・偶発的に発生すると，高密度の群集が急激に移動しようとする．このとき群集事故は発生しやすい．突発的に発生する強い刺激でなくとも，長時間にわたり高密度下におかれると精神的なストレスが高まり，ちょっとしたきっかけでも大きな事故に至るケースもある．

　高密度で集中利用される可能性の高い建築物を設計する際には，群集事故の危険性を十分に意識した計画が必要となる．また，群集事故を未然に防ぐために，群集流動モデルを用いてコンピュータ・シミュレーション実験を試み，突発的な出来事（人の転倒や喧嘩の発生など）が，群集流動全体にどのような影響を及ぼし，群集事故に進展し得るかを検証する研究も試みられている．

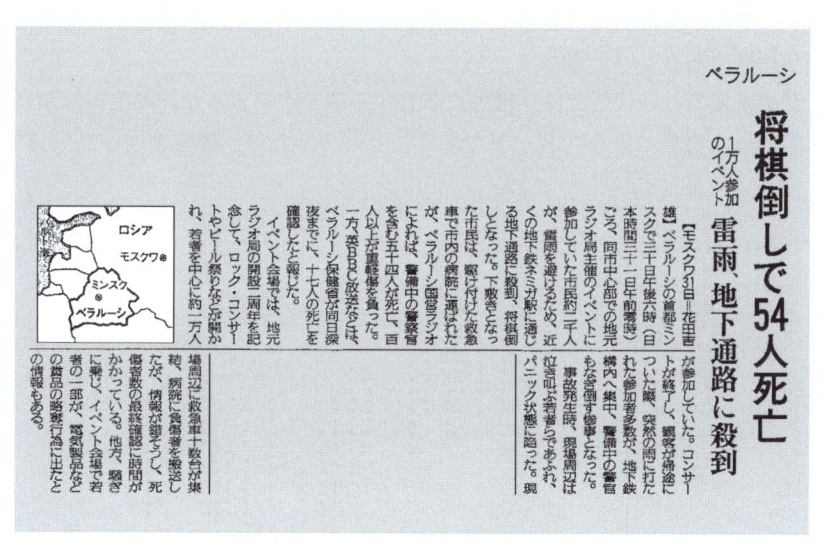

(e)　ミンスク（ベラルーシ，1999 年 5 月 30 日）
　　［読売新聞 1999 年 5 月 31 日 夕刊］
　　（この記事は，読売新聞社の許諾を得て転載している）

図 3.1(4)　近年発生した群集事故

3.2 群集行動の法則性と制御

(1) 群集密度と歩行速度

群集の特性を表現する重要な指標の1つに**群集密度**があり，以下のように定義される．このとき，柱や壁など人が立つことのできない部分の面積を入れた場合と，除外した場合について，それぞれ定義することができる．

$$群集密度 = \frac{群集の人数}{群集が占める床面積} \tag{3.1}$$

ダイナミックに状態を変化させながら移動している群集を，1つの指標で的確に表現することは難しいが，上記の指標は第1次近似的な指標としては有効であろう．ただし，群集密度はその定義からもわかるように，あるエリア内の平均的な密度を表していることから，部分的にはより高密度な所も，逆に，低密度な所もあることに注意しなければならない．すなわち，群集の危険性について吟味する際には，高密度に塊集している部分の密度をもって定義すべきである．また，高密度な状態にある群集がどれほど連なって存在しているかも重要な指標であるといえる．

群集密度の低い状態では，自由に歩行することができるが，群集密度が高い状態では，自分の思うスピードで歩くことができない．群集密度が高いほど，

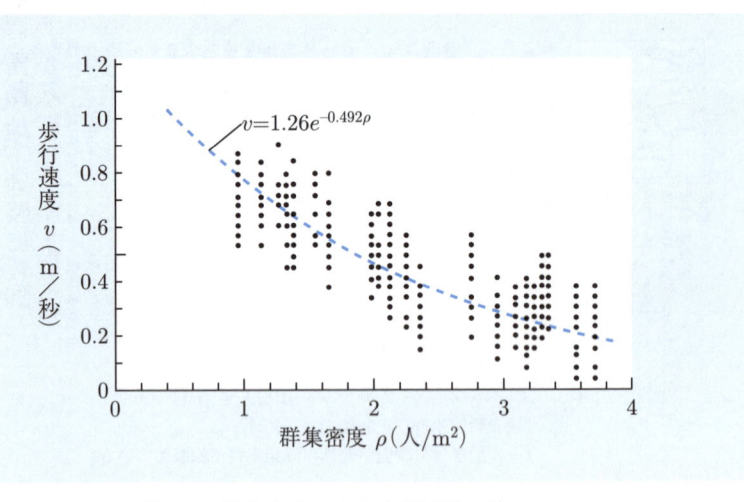

図 3.2 群集密度による歩行速度の違い（$v = 1.26e^{-0.492\rho}$）

3.2 群集行動の法則性と制御

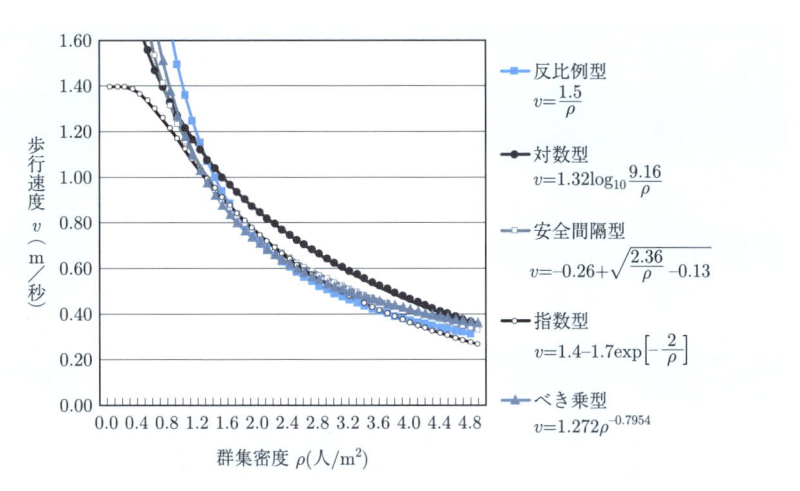

図 3.3 歩行速度を記述するモデル式

グラフ凡例:
- 反比例型 $v = \dfrac{1.5}{\rho}$
- 対数型 $v = 1.32 \log_{10} \dfrac{9.16}{\rho}$
- 安全間隔型 $v = -0.26 + \sqrt{\dfrac{2.36}{\rho} - 0.13}$
- 指数型 $v = 1.4 - 1.7 \exp\left[-\dfrac{2}{\rho}\right]$
- べき乗型 $v = 1.272 \rho^{-0.7954}$

縦軸：歩行速度 v（m/秒）、横軸：群集密度 ρ（人/m^2）

歩行速度は遅くなる．早朝・夕刻の通勤・通学ラッシュの体験から容易に想像できるだろう．群集密度と歩行速度との関係については，古くから世界中の研究者が観測と分析を試みてきた．図 3.2 には，ある繁華街で観測された群集密度と歩行速度の関係が示されており，両者には密接な関係が存在することがわかる．こうした観測値を根拠として，群集密度と歩行速度の関係を記述するモデル式が数多く提案されている．それらは，直線型，べき乗型，指数型，対数型，反比例型のモデルに大別することができる（図 3.3）．これらのモデルは，数学的には大きく異なる性質を有するが，「観測値への当てはまりのよさ」という視点からすれば大差はなく，それぞれ良好なフィッティングを示すことが知られている[20]．ただし，モデルの良好な適合性はデータが観測されている範囲内に限られており，観測レンジの外側では各モデル式の値はそれぞれ大きく異なる．すなわち，群集密度が極端に高い，または，低い状況下においては，これらのモデル式による予測値には大きな違いがでる．

ある一定の群集密度 ρ_c になるまでは自由な歩行が可能であり，群集密度は歩行速度に影響を与えないこと，また，群集密度がある一定値 ρ_m 以上になると，歩行速度はほぼ 0 となってしまうこと，これらを勘案すると，群集密度と歩行速度には図 3.4 のような関係が成立しているものと考えられる[21]．

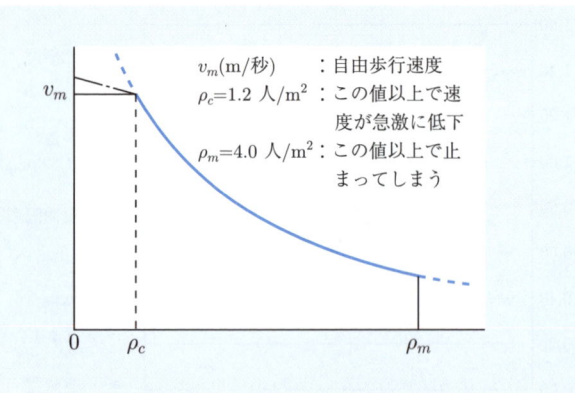

図 3.4　歩行速度の図式

課題 3.1 [群集密度を計測してみる]

朝夕のラッシュ時における駅構内の群集密度はどの程度であろうか．密度の異なる時間帯や場所を選んで計測してみよう．エレベータ内，階段，改札口前，電車の出入口付近など，設定したエリア内に滞留している人の数をカウントすることで密度を知ることができる．また，電車内の利用者数を車両の有効面積で除せば，車両内の人口密度を容易に知ることができる．ラッシュ時，$1\,\mathrm{m}^2$ あたりにどれほど多くの人が詰まっているかに驚くことだろう．

---

(2) 左側通行

われわれは幼少時から「車両は左側を走行し，歩行者は右側を歩行する」と教わってきた．しかし，駅舎などの滞留者が非常に多い空間では「**左側通行**」が推奨されることが多い（写真 3.1）．道路交通法に合わせて統一したほうが混乱しないように思われるが，ここにはある理由が潜んでいる．商店街や地下街など，群集密度が高くなる空間においては，どういう訳か群集は自然に左側通行になる．歩行者密度が $0.3\,\text{人}/\mathrm{m}^2$ を超えると，自然発生的に左側通行になるといわれている[22]．しかし，なぜ左側通行となるのかについては，諸説はあるものの明らかにされていない．

写真 3.1　左側通行を示す標識
　　　　　（地下鉄駅の通路）

(3)　近道行動

横断歩道や歩道橋が設置されている道路であっても，それらを使わずに道路を横断する人は多い．こうした**近道行動**は交通事故の原因ともなっており深刻である．図 3.5 は，屋外通路における歩行者の軌跡をプロットしたものである．芝生の有無にかかわらず近道行動をとる人が非常に多いことが理解できるだろう．写真 3.2 は，大学キャンパス内の歩行者通路の様子を撮影したものである．校門から教室までの全歩行距離に対する割合からすれば無視できる距離であるが，ごくわずかな距離であっても多くの人が近道行動をとっていることがわかる．外構の設計に際しては，こうした人間行動特性を理解しておかないと，せっかくの芝生や植栽も近道行動をとる人々で踏みつけられてしまうことになる．

課題 3.2 [近道行動の例を観察する]

道路を横断する人々の歩行軌跡を観察してみよう．たとえ横断歩道が設置されていても，横断歩道に沿って道路を直角に横断する人がいかに少ないかがわかるだろう．歩行者は目的地へ向けて少しでも短い経路を歩行しようとするためと考えられる．ガードレールや植栽などの有無によって歩行軌跡は大きく異なる．条件の異なるいくつかの横断歩道で観察を繰り返し，図 3.5 のような図を作図してみよう．

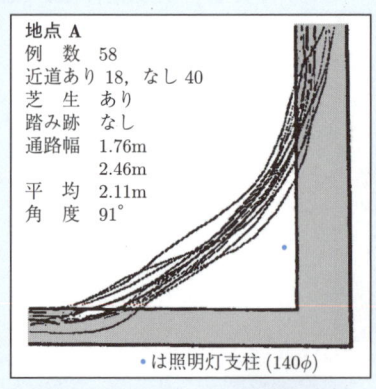

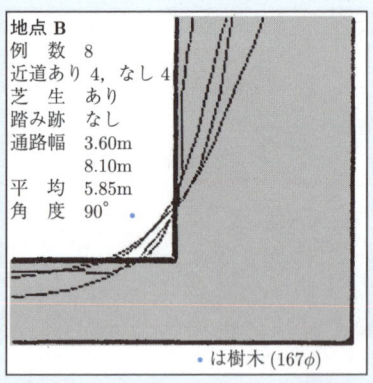

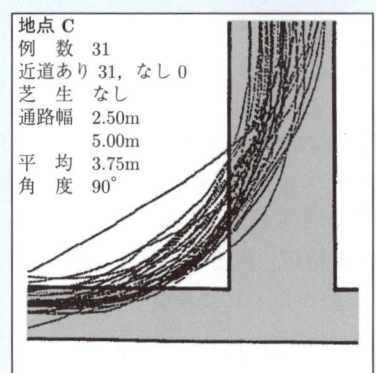

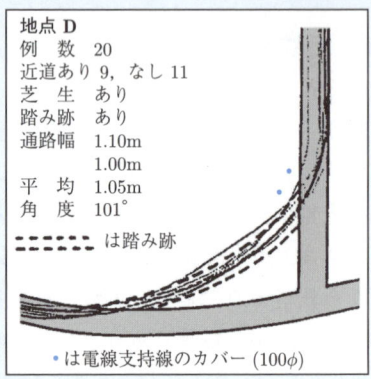

地点 A
例　数　58
近道あり 18, なし 40
芝　生　あり
踏み跡　なし
通路幅　1.76m
　　　　2.46m
平　均　2.11m
角　度　91°

・は照明灯支柱 (140φ)

地点 B
例　数　8
近道あり 4, なし 4
芝　生　あり
踏み跡　なし
通路幅　3.60m
　　　　8.10m
平　均　5.85m
角　度　90°

・は樹木 (167φ)

地点 C
例　数　31
近道あり 31, なし 0
芝　生　なし
通路幅　2.50m
　　　　5.00m
平　均　3.75m
角　度　90°

地点 D
例　数　20
近道あり 9, なし 11
芝　生　あり
踏み跡　あり
通路幅　1.10m
　　　　1.00m
平　均　1.05m
角　度　101°

- - - - は踏み跡

・は電線支持線のカバー (100φ)

図 3.5　屋外通路における近道行動

写真 3.2　近道行動によって剥ぎ取られた芝生

(4) 群集の制御方法

通常，人間は自らの自由意思に従い行動しているが，高密度の群集の中にあっては，もはや自らの意思の下で自由に行動することができない．場合によっては，自らの安全を図ろうとする行動までもが脅かされることになる．極度の緊張状態におかれた群集は，些細なことが大惨事のトリガーともなり得る．群集が制御不能な状態に陥る前に群集行動を制御し，危険な状態を回避することが重要である．群集制御の方法として以下に示す方法が知られている[23]．

①群集動線を分離する

一般に，群集はある目的地へ向かって移動していることが多い．目的方向が同一であれば，密度が高い場合でも危険性はそれほど高くない．目的方向を異にする群集の**動線**が交錯すると，後ろから追随している群集により局所的に圧力が高まり危険な状態となる．こうした状態を回避するためには，目的方向ごとに動線を明確に分離することが必要となる．乗降客数の多い鉄道駅の階段付近では，乗車客と降車客の動線は柵やロープなどを利用して物理的に分離する方法がとられる（図 3.6）．このとき，電車から一斉に下車する降車客のほうが

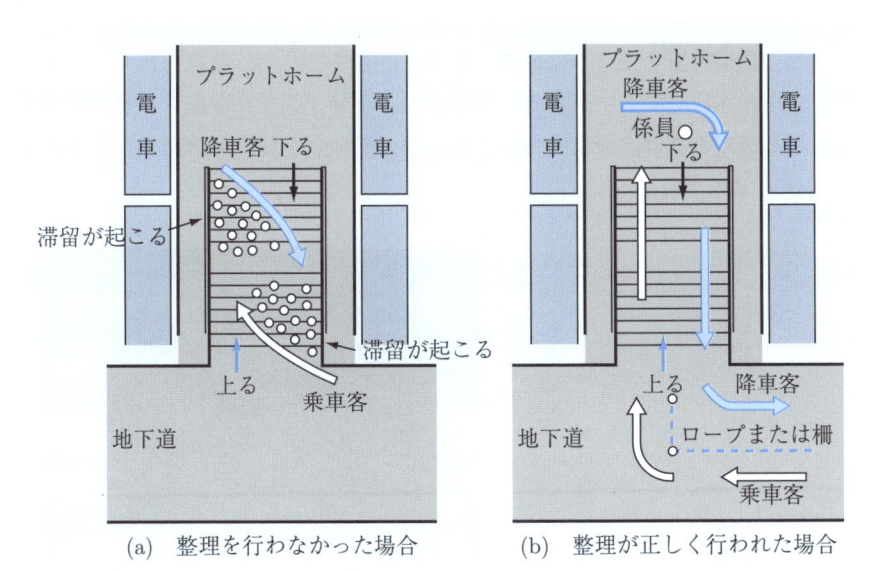

(a) 整理を行わなかった場合　　(b) 整理が正しく行われた場合

図 3.6　鉄道駅プラットホーム周辺における群集の整理方法

写真 3.3　群集の局部集中や交錯を防ぐための案内柵

集中度は高いので，降車客の動線のほうを広くすることが一般的である．また，写真 3.3 に示した装置は，階段やエスカレータ付近で発生する近道行動が群集流動の方向性を乱す原因とならないように，群集流動を整流化させるためのシンプルで優れた装置である．

②歩行動線や待ち行列の位置を足元に記す

柵やロープは機能的には優れていても，低密度下での歩行時には障害ともなり得る．群集動線を柔らかに分離・整理する方法として，動線や待ち行列の位置を床や天井に記す方法がある（写真 3.4）．デザイン性にも優れた動線案内を施すことができれば，群集心理をも和らげ，やわらかな群集制御を行うことができる．

写真 3.4　動線（左側通行）を示す駅構内のサイン

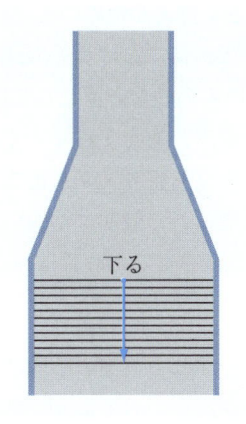

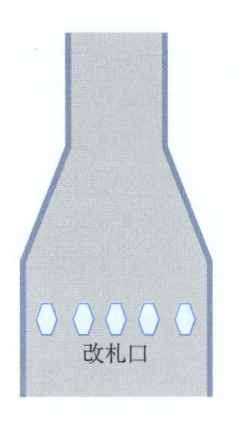

3.2 群集行動の法則性と制御   81

図3.7 階段・改札口における通路幅

③ネックとなる場所を作らない

　一定方向に移動している群集であっても，歩行通路の幅が狭くなるとその部分で群集密度が高まり，歩行速度が急激に低下する．さらに，後続する群集がそこに流入すれば，密度は一層高まることになる．また，通路幅が狭くなくても，建築物の出入口や階段，改札口などでは歩行速度が低下するため，同様の現象が発生しやすい．こうした場所では，通路幅を広げることで密度が高まることを抑制する必要がある（図3.7）．さらに，建築物の出入口においては，普段は閉鎖されている扉も，非常時には全面解放できようにするなど，出入口がボトルネックとならないよう工夫することが必要である．

④階段よりも斜路を用いる

　階段や段差がある場所では，どうしても歩行速度は低下し，群集密度が局所的に高くなってしまう．特に，1〜2段の段差は，つまずき・転倒を誘発する恐れがあることから極力避けるべきである．群集密度が高くなる場所においては，わずかな段差であればスロープを用いて吸収することが望ましい．

⑤動線を長くする/集中のピークを減ずる

　群集密度が低い状態では群集事故は発生しにくい．そのため，いかにして群集密度を低い状態に保つかが課題となる．スタジアムやコンサートホールなど，大勢の観客が集まる施設の出入口では，観客の到着時よりも解散時に大きな集中

ピークが発生する．そのため，ピークを小さく抑えるための工夫が必要となる．プロ野球終了後のヒーローインタビューや大相撲における弓取式などは，観客が一斉に出口に殺到することを緩和するための巧妙な方策として機能している．

また，施設からバス停や鉄道駅までの距離も，あえて長くすることが必要となる．動線を長くすれば，歩行速度の違いや立ち寄り・立ち止まり行動などにより，群集密度を低く抑えることが可能となる．一般的には短いほうがよいとされる動線であるが，群集密度のピークを低減させるためには長いほうがよい．

⑥現在の状況を伝達する

過去に発生した群集事故の例を見ると，いずれも群集の心理的な側面が強く関わっていることがわかる．単に群集密度が高いだけでなく，精神的に極度な高ストレス状態にあるときに大惨事となっている．そのため，群集を精神面で穏やかにすることで，事故の発生率をある程度低く抑えることができると考えられる．例えば，駅のプラットホームに設置されている，列車の到着案内やアナウンス，また，テーマパークのアトラクション施設における待ち時間案内などの効果は大きい．待ち時間そのものは不変であるが，待ち時間を知ることで精神的な安心感や納得感が得られるため，群集をリラックスさせることができる．

⑦人員によって整理する

群集の制御方法には様々な装置や仕組みが考案されているが，直接，係員が出向いて行う群集の整理に勝るものはない．群集の状態を逐次確認しながら適切な整理を行うことで危険性を低減させることができる．ただし，指示の内容を突然変更するなど，不適切な整理を行うと，かえって群集を危険な状態へ誘導してしまう恐れがあるので注意しなければならない．

3.3 安全計画・安全設計

(1) 住宅で発生する事故の特徴

図 3.8 には，住宅で発生する不慮の**救急事故**の特徴を示してある．高齢者（65歳以上）が救急事故に遭遇している率が非常に高いことがわかる．また，事故の発生する具体的な場所について見ると（図 3.9），居室内が多く，廊下・通路・階段など，移動空間でも多く発生している．また，居室内での事故の特徴については（図 3.10），転倒によるものが一番多い．また，階段における事故について見ると，乳幼児を除けば，基本的に年齢が高くなるにつれて事故は多くなっていることがわかる（図 3.11）．住宅といえども，高齢者にとっては多くの危険が潜んでいることを示唆している．

> **課題 3.3 [自宅内における危険箇所を探す]**
>
> 図 3.8～図 3.11 に示したように，高齢者が遭遇する救急事故のほとんどは転倒によるものである．敷居などのちょっとした段差，絨毯（じゅうたん）の淵，床材のすべり具合のわずかな変化だけでも転倒を誘発する危険性がある．ひとたびバランスを崩すと体勢を立て直すことができず転倒し，思わぬ大怪我を負うことになる．高齢者の視点から住宅内に潜む危険性について確認してみよう．日ごろ何の不自由もなく生活している住空間にも，多くの危険性が潜んでいる．

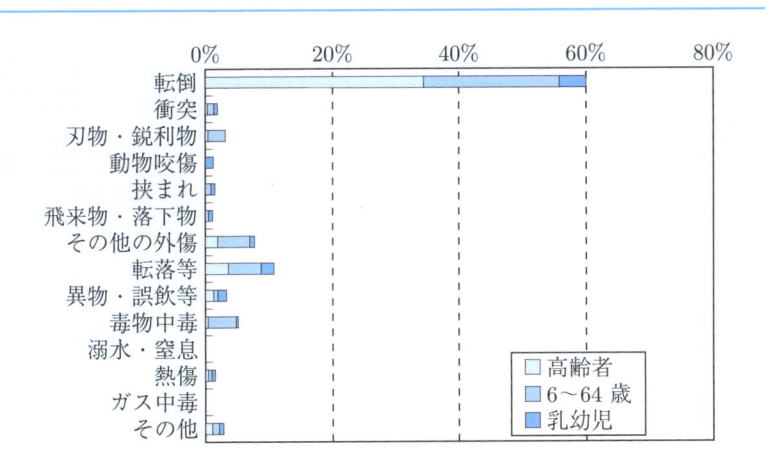

図 3.8 住宅で発生する不慮の救急事故

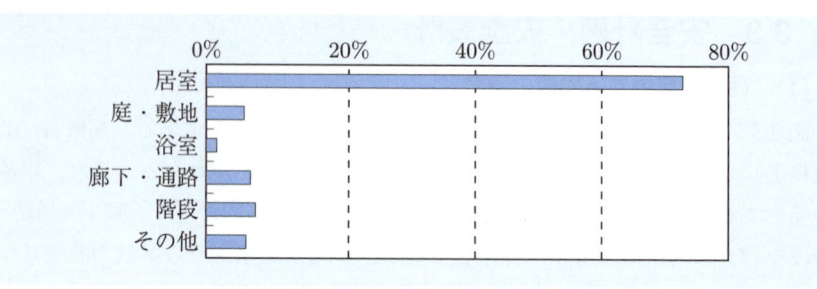

図 3.9　事故の発生場所

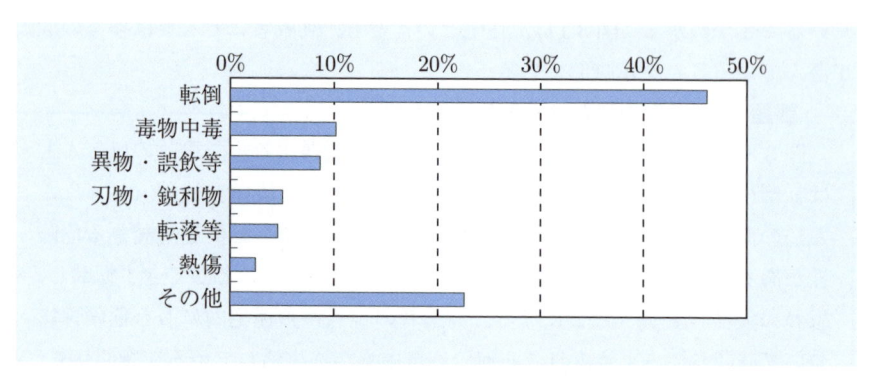

図 3.10　居室における事故の特徴

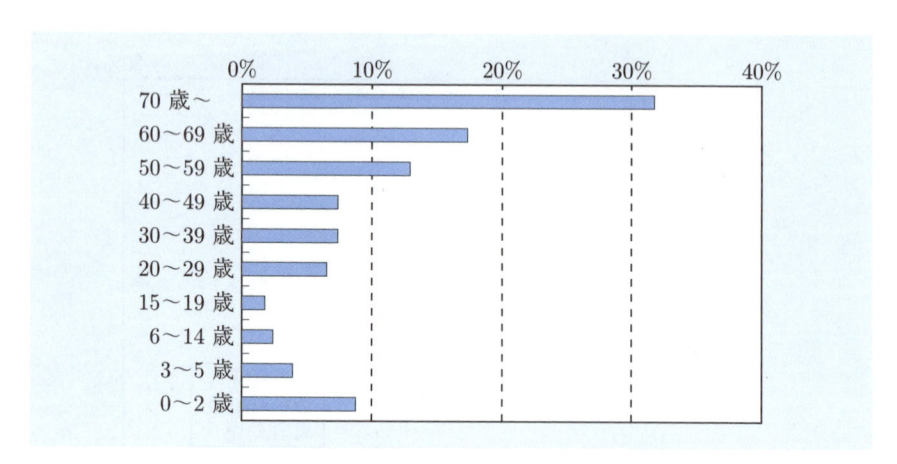

図 3.11　階段における事故（年齢別）

(2) 出入口・開口部の設計

　建築物の出入口はすべての来訪者が利用する空間である．「玄関は住宅の顔」といわれるが，建物全体のイメージや住み手の考え方が現れる空間としても重要である．住宅などでは，客を住宅内部に招き入れるという考えから，**内開き**が好ましいとされてきた．また，玄関ドアの**蝶番**（ちょうつがい）が住宅内部に納まるため防犯上も好ましいと考えられてきた．しかし，昨今の住宅では，主に面積的な制約から十分広い玄関スペースを確保することができず，**外開き**のドアとする例が非常に多い．

　一方，幼児が利用することの多い建築物では，突風や風圧によるドアの突然の開閉で指を詰めてしまうなどの事故が多発している．そのため，安全性を考えれば，指詰め防止機能を有した引き戸のほうが好ましい．昨今では，防犯性とデザイン性に優れた引戸製品も多く開発されている．

　出入口付近は雨天時には傘についた雫などで部分的に床が濡れる可能性が高い．局部的に摩擦力を失った床は予期せぬ転倒事故の原因ともなり，たいへん危険である．出入口周りの床材は，デザインだけでなく，濡れても滑りにくい材料を選定して使用しなければならない．

　一方，大きなガラスを多用して開放的なエントランス空間とする施設が増えているが，クリアなガラス面は場合によっては凶器ともなり得る．例えば，幼児などはガラスの存在に気づかずに走り回ってガラスに衝突し，場合によっては，破損したガラスで大怪我を負うことがある．基本的には，ガラスの存在を意識させるような工夫やデザインが必要であるが，ガラス面へ向かって直進することのないよう仕向けることでも事故は回避できる．例えば，プランターボックスやソファーなどを設置することで，通過できない場所であることを利用者に認知させればよい．

　また，車いすやストレッチャー，台車などが利用される空間では，これらが衝突してガラスを破損する危険性がある．こうした場所では，ガラスが足元部分まで達しているドアや開口部とはしないほうがよい．

(3) 移動空間の安全設計
①階段・スロープ・エスカレータ

　人は無意識のうちにあるリズムを刻みながら歩行している．歩行空間に備わ

写真 3.5　色彩を用いてスロープ勾配の変化を知らせる

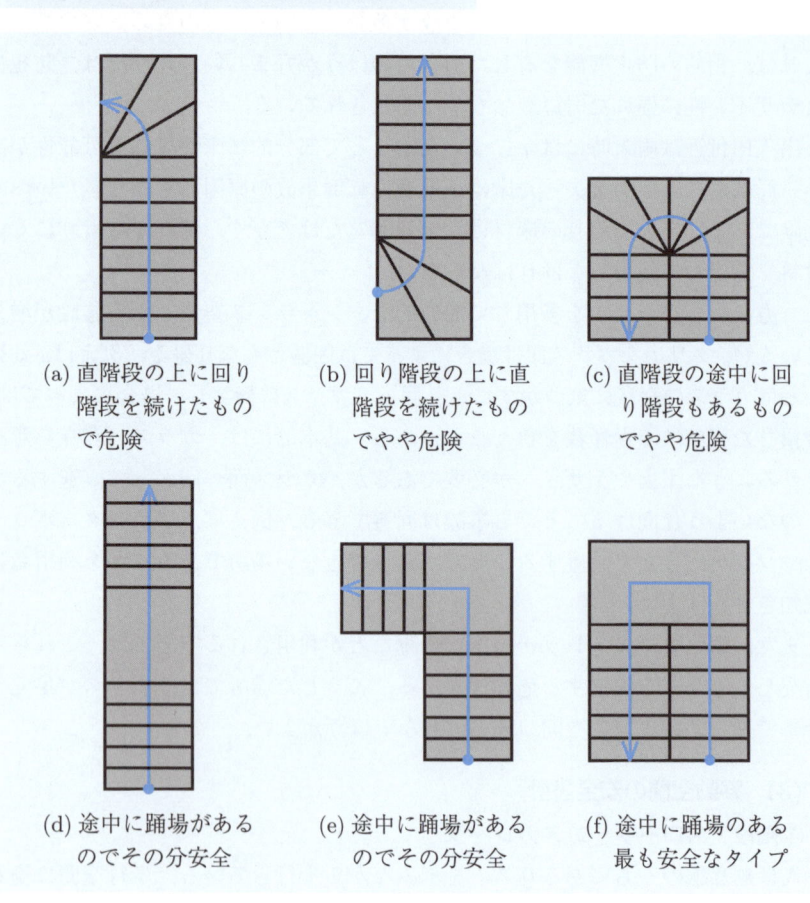

(a) 直階段の上に回り階段を続けたもので危険

(b) 回り階段の上に直階段を続けたものでやや危険

(c) 直階段の途中に回り階段もあるものでやや危険

(d) 途中に踊場があるのでその分安全

(e) 途中に踊場があるのでその分安全

(f) 途中に踊場のある最も安全なタイプ

図 3.12　階段の踏み板と安全性

る特徴は視覚情報を下に判断されるが，わずかな段差やレベル差は視覚的に把握することが困難であるため，結果的に，歩行のリズムを乱してしまい，転倒などの原因となり得る．特に，視認性の低い小さな段差ほど危険である．また，車いすではわずかな高低差であっても通過することができない．わずかなレベル差であれば，緩やかなスロープで吸収するほうが望ましい．ただし，その場合でも，レベル差が存在していることを意識させるような仕組みがないと脚を引っ掛けて転倒してしまう危険性がある（写真 3.5）．また，階段などにおいては，踏面や蹴上寸法が不揃いであると，視覚的にはわからなくとも，上り下りするときに違和感を感ずる．特に，**避難階段**などでは，1 人の転倒が大きな事故につながる可能性もあるので，避難階段は上階から避難階まで一定のリズムで降りられるように設計すべきである．また，**踊場**などにステップを設けることは極力避けるべきである．図 3.12 は階段の踏板や踊場と，安全性との関係を示したものである．図の (a)～(c) は，本来であれば踊場とすべきところにステップを設けたものであり，安全面からすれば好ましくなく，避けるべきデザインである．

階段・スロープ・エスカレータを上りきったところ，または，下りきったところでは，これから進もうとする方向について考えたり，確認したりするため，立ち止まりや歩行速度の低下が発生する．また，こうした場所では，歩行者の目線は自然に下方へ向き，前方への注意が疎かになることもある．そのため，階段・スロープの上り口や下り口，エスカレータの乗り口や降り口では，十分なスペースを確保しておかないと，衝突などの事故が発生する（図 3.13, 図 3.14）．まして，

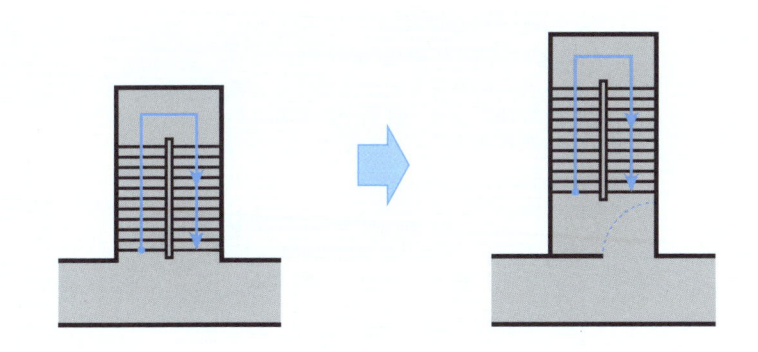

図 3.13　階段の上り口・下り口

乗り継ぎ型の配列

$L > 10\text{m}$

乗り継ぎ型では L を十分にとる

案内柵

乗降口をずらす

折り返し型の配列

エスカレータの例

側道

事故の場合の逃げ場にもなる側道を設ける

乗り口と降り口が近接すると乗り場だまりの群集が降りる人の動線をふさぐので危険

乗り場と降り場を分離する

動く歩道の例

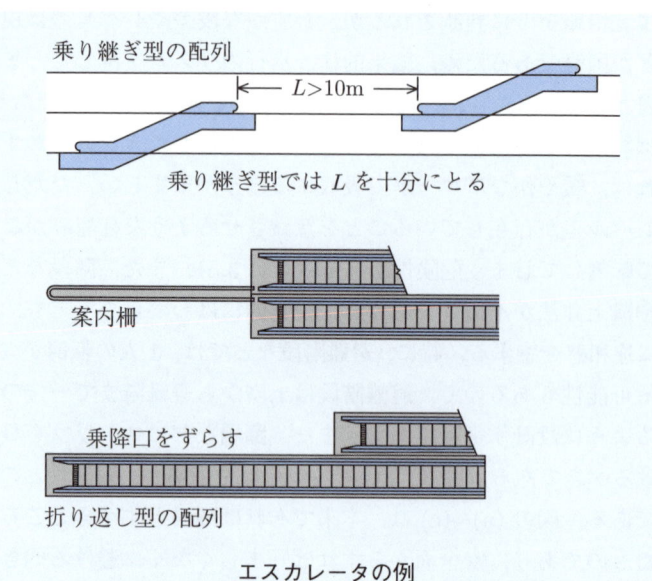

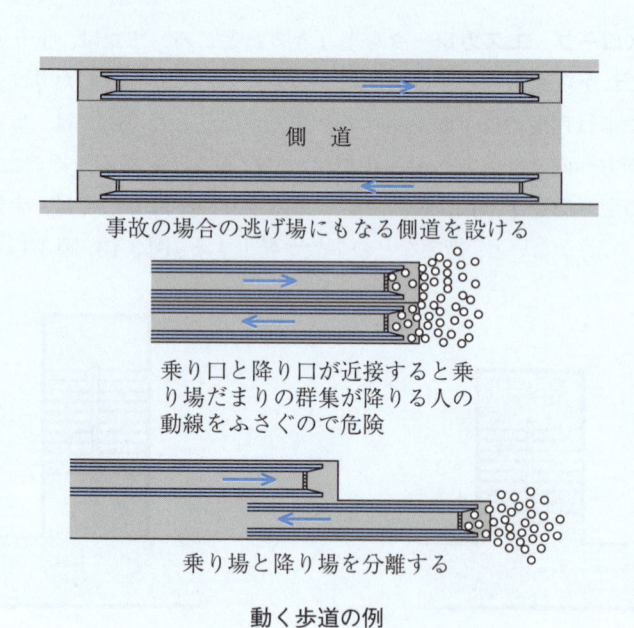

図 3.14　エスカレータ・動く歩道の乗り口・降り口

こうした空間に向かって開閉する扉は設置してはいけない．扉の存在に気がつかず衝突してしまう危険性がある．階段・スロープ・エスカレータでは，密度が極端に高くならないよう十分スペースを確保する必要がある．

②廊下

見通しのきかない廊下の曲がり角では，歩行者同士が衝突する危険性がある．十分な幅員が取れないような場合，また，視認性を高めるためには，廊下の曲がり角は**隅切り**とすることが望ましい．対向歩行者の存在を早めに確認できれば，衝突を回避することができる．

また，廊下などの歩行空間には，できるだけ歩行の障害となるような物が出ないように工夫する．例えば，柱は廊下に突き出さず室内で吸収し，廊下には柱型が出ないようにしたほうが意匠的にも美しく，また，安全な歩行空間となる．移動空間に突起物があると，身体だけでなく，物品を衝突させてしまう可能性も高まる．体育館などの施設では，柱型は運動室内部には出さず外側で吸収することが望ましい．もし，柱型が出てしまったときには，面取りを行い，クッション材を設けるなどして，衝撃を和らげるための工夫が必要となる．

廊下などの通路空間に絨毯（じゅうたん）やカーペットを設置する場合には，毛足の長いものは避けるべきである．車いす利用者にとって毛足の長い絨毯は移動しづらく，また，健常者であっても足をとられて転倒する危険性がある．

点字ブロックや手すりが途中で途切れてしまうことは危険である．また，点字ブロックの上に物品が置かれたり，駐輪されたりしないような空間設計としなければならない．物品のあふれ出しについては，あふれ出す当事者に非があることはいうまでもないが，設計者の立場からすれば，そうしたあふれ出し行為の発生を予期した空間設計を行わなければならない．

(4) 住宅内部の安全設計

浴室など，水が直接ドアにかかってしまう場所では，浴室側に開くドアのほうが水の処理がしやすい．しかし，狭い浴室などの場合，内部で倒れた人を救出することが困難となる．浴室に限らず，トイレなどの狭い空間に設置する開き扉については，外開きとするほうが好ましい．また，高齢者にとっては，浴室出入口の段差が大きな障害となる．水で濡れることで滑りやすく，住宅内では最も危険な場所の1つといえる（図3.15）．水周りでの段差吸収には，**簀**（す

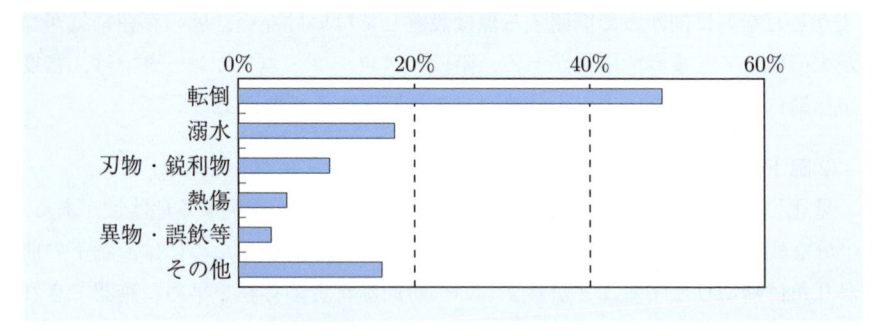

図3.15　浴室における事故

のこ）や**グレーチング**を利用する方法がある．

　幼児が自由に動き回る空間においては，コンセントの位置にも注意したい．「おもちゃ代わりに与えた鍵の束を，子どもがコンセントの穴に差込んで感電した」という事故が報告されている．コンセントカバーを使用するか，幼児の手の届かない高さ(110 cm 程度)に設置することが望ましい．

　冷蔵庫など，一度設置したら頻繁には抜き差ししないコンセントについては，蓄積した塵や埃が発火し，火災の原因ともなり得るので，目視で確認できる位置に設置したい．スイッチと同様に，ドアや家具などで隠れてしまわない位置に設置することが基本である．また，水滴が飛び散るような場所では，コンセントは水のかからないよう，電気機器とは少し離れた位置に設置する必要がある．

(5) 外部空間の安全設計

　ベランダなどの高所より落下した物で大怪我を負うことがある．たとえ小さな落下物でも大事故につながる場合があるので注意しなければならない．特に，高層集合住宅では物干し用の**バルコニー**が必要であるが，窓や手すりなどに布団などを干すことは非常に危険である．布団のような柔らかいものでも，落下した際には，首を骨折するなど重大事に至ることがある．そのため，エントランス付近に設置した**キャノピー**や**庇**は，雨避けだけでなく，落下物事故防止にも役立つ．また，落下物が想定される場所には植え込みなどを配して，近づくことができないようにすることも，事故防止に役立つ．

　車と歩行者が共存せざるを得ない空間では，可能な限り車と歩行者の**動線**

分離に努め，車の動線上を歩行させないための工夫が必要である．例えば，駐車場であれば，歩行者が車の動線を何度も横切らないような平面構成とし，できれば歩道を設けることが望ましい．また，敷地内の車道はなるべく短くしたい．そうすれば，敷地面積の有効利用が図られるだけでなく，車と歩行者が交錯する可能性も低くなる．さらに，駐車場の出入口は，幅員の広い道路は避け，交通量の比較的少ない道路に設けるほうがよい．駐車場の出入口付近では車の速度が遅くなるため，後方から追突される危険性が高まるからである．また，交差点付近では信号待ちの車が出入口をふさいでしまう可能性があり，スムーズに出入りできない場合があるので，交差点付近に出入口を設けることも避けたほうがよい．

(6) 防災計画の基礎

ここでは特に建物内の火災を想定した**防災計画**について概説する．建築初学生が設計製図などを行う際に押さえておくべき基礎的事項に焦点をしぼっている．火炎や煙の物理的特性や防災設備などを含めた詳細については，専門書を参照してほしい[24]．

①二方向避難の原則

火災はいつどこで発生するかわからないが，地震などによらない一般の火災の場合には，火元はたいていの場合1カ所である．つまり，**二方向避難**の原則とは，「建物のどこで火災が発生しても，安全な場所まで避難できるようにするためには，少なくとも異なる二方向への避難経路を確保するべきである」という考え方である．また，人が大勢集まるような広い空間においては，出入口は1カ所とせず，二方向避難の原則に従い複数の出入口を確保する必要がある．また，扉の開閉方向は，避難する方向へ開くようにしなければならない．内側に開く扉では，後ろから殺到する避難者に押されて扉が開けられないという事態が発生するためである．

火災時に避難者のとる行動には，以下の傾向があるといわれている[25]．すなわち，

(i) 出火地点から離れようとする傾向
(ii) 明るい方向・広い方向へ避難しようとする傾向

(iii) 自分のよく知っている方向へ避難しようとする傾向
(iv) 日常の体験を通して学習した空間イメージにしたがって避難する傾向

などである．避難経路について考える際には，(ii) や (iii) を意識した設計が必要となる．また，複雑な空間構成の建築物は空間的には面白いが，(iv) の視点からすれば，単純明快で誰にでもわかりやすい避難経路を確保しておかなければならない．

②避難に要する階段

　高層建物では**避難階段**が必要となるが，この避難階段は避難階まで直通させなければならない．避難時に途中の階で水平方向に移動し，さらに，下階へ向かうというような避難経路は避けなければならない．また，避難階段の入口扉幅は階段幅よりも狭くすることが必要である（図 3.13）．これは単位時間当たりに移動できる避難者の数は階段幅に依存するため，階段幅より広い入口幅であると，後続する避難者が階段付近の滞留者を後から押すなどして危険なためである（図 3.16）．前項でも述べたように，急激にスピードが減速する場所では通路幅を広くする必要があり，通路幅を広くできないところでは避難者の流入量を制限することが必要となる．さらに，階段室に設ける防火扉は避難方向に開くように設置しなければならない．すなわち，基準階では階段室の内側へ開くようにし，（安全な避難階が地上である場合には）地上階においては階段室の外側へ開くように設置しなければならない．

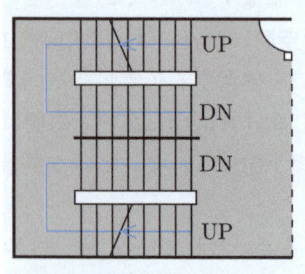

広すぎる階段入口幅の例
（階段幅＜入口幅）
物販店舗などではよくこういう階段を見かける

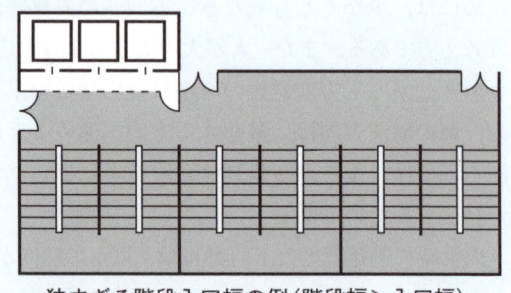

狭すぎる階段入口幅の例（階段幅＞入口幅）

図 3.16　階段の出入口の幅

写真 3.6 防煙のための垂れ壁

③防煙区画

建物火災によって命を落とす人の大部分は煙が原因であるといわれている．そのため火災発生時には火炎の拡大を抑えるだけでなく，煙が**避難経路**を汚染しないようにする工夫が必要となる．例えば，エレベータには扉がついているが煙を完全に閉じ込めることはできないので，エレベータロビーについても区画し，避難経路とは分離させる．また，火災場所から煙が拡散するのを一時的に食い止め，安全な避難のために時間を稼ぐ方法として**垂れ壁**も利用される（写真 3.6）．さらに，進入した煙を排出する方法として，煙の浮力を利用して屋外へ排出する**自然排煙**と，機械（ファン）とダクトを利用して強制的に排出する**機械排煙**がある．

④防火区画

一般的には火災は下階から上階へ向けて拡大する．そのため上階への火災の拡大を防ぐために区画（**層間区画**）を行うことが必要となる．例えば，外壁面をつたって火炎が上階へ燃え移らないように，庇や**腰壁**（**スパンドレル**）を設けることがある．また，建物内部には，火煙の伝播経路となる竪につながる空間（階段室やエレベータ，エスカレータなど）が存在することから，これらも区画することで火煙を閉じ込める（**竪穴区画**）．さらに，デパートのように平面的に広くつながっている建物では，水平方向に火煙が拡大することも防がなくてはならない．建物の用途などに応じて，区画しなければならない面積規模が定められている（**面積区画**と呼ばれることがある）．

課題 3.4 [デパートや雑居ビルにおける防火区画を確認する]

　規模の大きなデパートでは**防火シャッター**などを用いて平面的に区画がなされているはずである．また，上下階を結ぶエスカレータの周りには防火シャッターが設置されているだろう．デザイン的には決して美しいものではないので，目立たないように工夫されているものもある．注意深く観察してみよう．また，**防火戸**や防火シャッターで区画されたときの様子を想像して，どのように避難することが想定されているのか（**避難経路**）について考えてみよう．

---

⑤あふれ出し

　防火区画が完全であり，また，避難経路も適切に計画されている建物であっても，廊下や防火扉近くに物品の**あふれ出し**がなされると，それが大きな事故の原因となることがある（写真 3.7）．規定に反してあふれ出しを行った人が悪いのは事実であるにしても，建築を設計するときには，平常時の建物の使われ方をイメージし，どこにどのようなあふれ出し行為がなされるのかを予見し，場合によっては，あふれ出しを行ってもよいスペースを計画することで，こうした問題を回避することが必要であろう．

写真 3.7　避難通路へのあふれ出し

第4章

施設利用における空間移動

　施設や設備の規模をどの程度にすべきかという規模計画や施設の配置計画を行う際には，利用者数や利用圏についての情報が必要となる．本章では，まず，利用圏を把握することの重要性について述べ，また，利用者数や利用圏を規定している要因や利用者数の変動に関わる要因について整理する．さらに，単純な数理モデルを用いて利用者の施設選択行動や施設配置の考え方について述べる．

4.1	利用圏把握の必要性
4.2	移動手段と移動距離
4.3	施設利用の変化と変動
4.4	単純な利用圏モデル
4.5	施設選択モデル
4.6	施設配置モデル

4.1 利用圏把握の必要性

(1) 規模計画・配置計画と利用圏

建築設計過程を構成する様々なプロセスの1つに**規模計画**と呼ばれるものがある．施設や設備の規模や容量，個数などを客観的・合理的に決定するプロセスである．歴史的には，吉武[26]が病院において必要となる便器の数を算定する方法としてα法，β法と呼ばれる方法を提案したことが始まりであるといわれている．それまで経験的にしか決定することのできなかった規模計画を，科学的方法によって達成してみせた吉武の試みは，建築界に衝撃を与え，以後，建築計画学という研究分野が確立される契機となったと考えられている[27]．

規模計画を行う際に最も重要で基礎的な情報は**利用者数**である．例えば，利用者数に対して，施設が大きすぎては無駄が生じ，小さすぎては用をなさない．すなわち，ある施設の適正規模について考えようとするとき，何人の利用者が当該施設を利用するのかが想定できない限り，規模計画を行うことはできない．さらに，税金によって建設される施設にあっては，納税者である地域住民に対して可能な限り公平にサービスを行う必要がある．そのため，どの利用者にとってもアクセスしやすい距離に施設を立地させるための**配置計画**が必要となる．すなわち，利用者側からすれば，利用する施設の立地する空間的範囲（**利用圏**），逆に，施設側からすれば，サービスを提供する空間的範囲（**サービス圏**）の問題は，施設の規模計画や配置計画を立案する上で不可欠な情報である．

以下では，規模計画や配置計画を行う際の基本情報として重要な「施設の利用圏/サービス圏」がどのような要因に依存しているのか，また，その利用圏/サービス圏を求める方法論やモデルについて論述する．ただし，利用圏とサービス圏は，利用者側か，施設側かの視点の違いであって，本質的には同じなので，以下では，利用圏という用語に統一して説明することにする．

(2) 施設種類と利用圏

施設の種類と利用圏の関係について考えてみよう．公立の小学校や中学校，市役所や区役所，保健所や警察署などは，居住する地域ごとに，利用者はどの施設を利用するか，あるいは，どの施設がどの利用者に対してサービスを行うかがあらかじめ行政的に指定されている．一方，商業施設や医療施設，郵便局や

図書館などは，利用者は自らの意思に従って自由に選択する．そこで，ここでは前者のような施設を「**利用施設指定型**」，後者を「**自由選択型**」と呼ぶことにしよう[28]．

ここで，施設の規模計画・配置計画に必要となる利用圏の広がりと利用者数について考えてみよう．利用施設指定型と自由選択型のどちらの施設種類のほうが容易に想定できるであろうか．地域人口が変化すれば利用者数も変動すること，また，理想的にはすべての住民に対して公平にサービスを行う必要のあることなど，実際には難しい問題を孕んではいるが，総利用者数を知るだけであれば，自由選択型よりも利用施設指定型のほうが難易度は低い．利用施設指定型の場合には，サービス対象となる地域の人口や世帯数の情報を用いれば，比較的容易に利用数を見積もることができる．一方，自由選択型の施設の場合には，利用者の施設選択行動は様々な要因により大きく変動するため，利用者数を見積もることは難しい．

(3) 利用圏を規定する要因

自由選択型の施設においては，次のような諸要因が複雑に絡み合って，利用圏構造が規定されていると考えられる．

①利用施設の魅力（サービス内容）

自由選択型施設の利用圏を規定する要因として，まず，利用**施設の魅力**があげられる．例えば，品揃えの豊富なデパートとそうでないデパートでは，明らかに前者のほうがより遠くからの顧客を誘引するであろう．同様に，図書館であれば蔵書数が多い図書館のほうが魅力度は高い．病院であれば，単科の診療所よりも様々な診療科を含む大規模病院のほうが利用圏は大きくなる．このように，一般に施設の魅力は**施設の規模**と関係することが多く，そのため，商業施設であれば売り場面積，図書館であれば蔵書数などが，施設の魅力を説明する変量として使われることが多い．

しかし，昨今においては，必ずしも施設規模だけが施設の魅力を説明しているとはいえない場合も散見される．例えば，図書館の場合には，CDやDVDを貸し出すといったサービスは若年層の人気を集め，利用圏を拡大する要因となっている．また，病院でも，専門医の存在や評判，特殊な医療機器を有している

か否かが，利用圏の大きさを規定する要因ともなっている．

②交通ネットワーク

同じ距離に立地する施設であっても，電車やバスなどによって容易に到達できれば利用圏はその分だけ広くなる．すなわち，**交通ネットワーク**の整備状況は利用圏を規定する重要な要因の1つとなっている．

③地理的特性

地理的特性も利用圏を規定する大きな要因となり得る．例えば，立地場所が起伏に富み坂道の多い地形であれば，徒歩や自転車によるアクセスの負担が増すため，特に，近距離での利用圏に強く影響する．また，施設の直ぐ近くであっても，広幅員の道路や河川，鉄軌道などによって分断され，大きく迂回してアクセスしなければならないような場合には，その方向については利用圏は小さくなる．交通ネットワークや地理的特性などが複雑に影響して定まる施設までのアクセスの容易さは**近接性（アクセシビリティ）**と呼ばれており，利用圏の形成と強く関連している[29]．

④日常行動特性

日常生活における空間的な移動行動について考えてみよう．通勤者や通学者は，自宅から徒歩あるいは自転車などで最寄りの駅を経由して，そこから勤務先，通学先へ向かうことが多い．このとき，図4.1に示すように，自宅と駅の間に施設が立地している場合（図のAの場合）には，通勤・通学途中で施設に立ち寄ることができる．一方，施設と駅の間に自宅が立地している場合（図のBの場合）には，施設の利用機会は前者と比較して少なく，そのため利用率は相対的に低くなる．すなわち，施設を中心とした利用率について考えると，利用率が等しい場所を結んで作成した**コンター（等高線）**は，最寄駅とは反対方向へ大きく，最寄駅側へは小さく歪んだ形となる．

この歪んだ利用圏の形態が卵の形に似ていることから，利用圏の**卵形理論**と呼ばれている．この卵形理論は，公共図書館の利用圏について調査していた栗原ら[30]が発見した法則として有名である．また，この卵形理論は，施設と最寄駅付近のローカルな空間範囲にとどまらず，より大きな都市的スケールで成立していることが，同様に公共図書館の利用者データを用いて実証されている．

4.1 利用圏把握の必要性

図 4.2 には横浜市立図書館の分館（保土ケ谷図書館）の利用圏の広がりを示したものである[31]．図における色の濃淡は，図書館までの移動コスト（交通費や移動労力などを総合したコスト）の大きさを示している．職場・学校・各種施設が多く立地する都心方向（横浜駅方向）への移動は，逆方向への移動よりも移動抵抗が小さく，そのため利用圏は，保土ケ谷図書館から見て都心部とは反対方向に，鉄道路線に沿って大きく拡張していることが見て取れる．

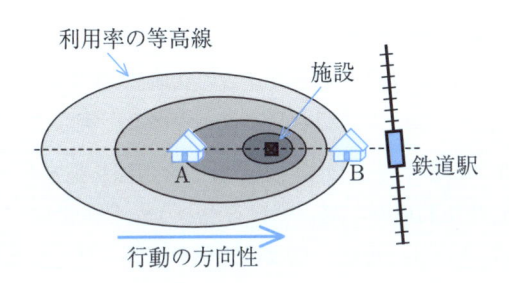

図 4.1 生活行動の方向性と利用圏の形（卵形理論）

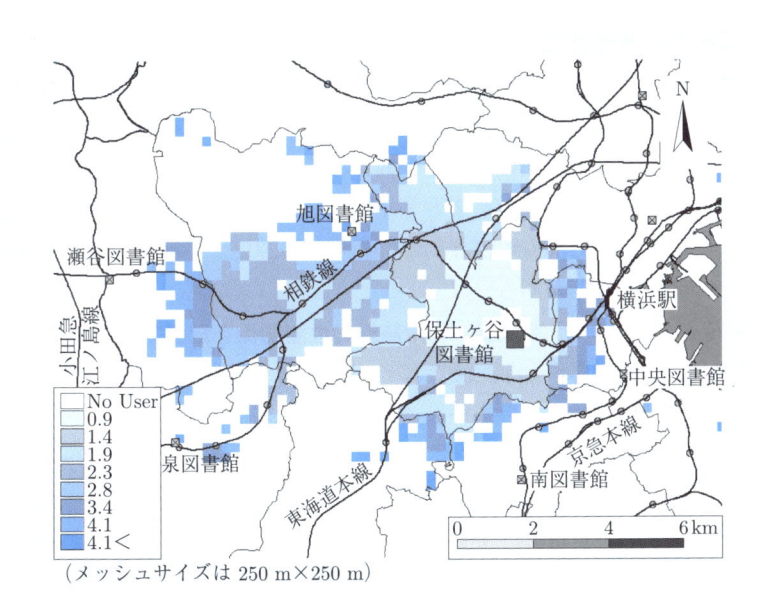

図 4.2 公共図書館の利用圏の例

⑤土地利用

施設周辺の土地利用や立地している施設の種類，規模などによっても利用圏は大きく変化する．例えば，周辺に商業施設が集積している場合には，商業施設への来客者が新たな施設利用者となり，いわゆる「**ついで利用**」によって施設の利用機会が増大する．そのため利用圏は拡大し，利用者数は増大することになる．

⑥人口分布

1つの施設が負担できるサービスの量には限界があるので，人口密度の高い都心部においては一般に**施設密度**は高くなり，逆に，郊外部などでは低くならざるをえない．そのため，人口分布の状態が施設の立地密度に影響を与え，結果的に利用圏の大きさの違いとなって観測されることがある．実際の計画においては，

(i) 施設の規模と配置を想定して利用者数と利用圏を推定し
(ii) その利用者数や利用圏が適正であるかどうかを検証し
(iii) 不十分な場合には，再度，施設の規模や配置の見直しを図る

というプロセス (i)～(iii) を何度も繰り返して行う必要がある．

⑦需要特性（地域特性）

他の条件は同じでも，地域ごとに大きく利用圏の大きさが異なる場合がある．例えば，地域によって疾病の発生率が異なることがあり，その結果，同じ診療科でもカバーすべき利用圏の大きさが異なることがある．また，地域によるライフスタイルの違いにより，必要とされるサービスが大きく異なるケースもある．すなわち，地域に固有の潜在的な需要構造の違いが，利用圏の広がりの違いとなって現れることがある．

課題 4.1 [自宅・最寄り駅・利用施設の位置関係を地図で確認する]

自宅付近の地図を用意し，そこに自宅の位置と最寄り駅，そして，普段利用する店舗や施設の位置を印してみよう．例えば，コンビニエンス・ストアのように，品揃えやサービス内容にほとんど差異のない施設の場合には，自宅から最も近い店舗を必ずしも利用しているわけではなく，むしろ，自宅と最寄り駅の位置との関係から，施設を選び分けていることが明快に理解できるだろう．

4.2 移動手段と移動距離

(1) 空間距離と時間距離

2地点間の距離について考える際には，地図上での**空間距離**を基に議論することが多い．空間距離は直観的にも理解しやすく，日常生活に欠かせない重要な概念となっている．しかし，施設利用における利用圏の広がりについて検討する際には，空間距離のみならず，移動に要する時間（**時間距離**）についても考慮する必要がある．例えば，徒歩のみでアプローチしなければならない場合

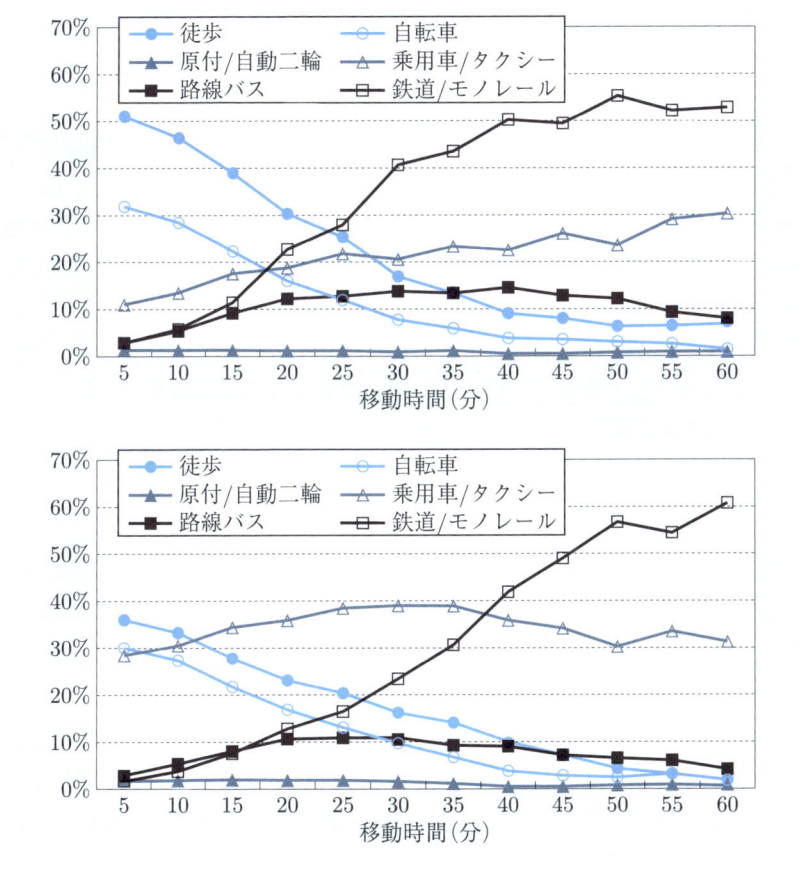

図4.3 地域施設利用時の移動手段と移動時間（東京都区部（上）と都下（下））

と，バスや電車が使える場合とでは，仮に空間距離が同じであっても時間距離は大きく異なり，このことが結果的に利用圏の広がりの違いとなって現れるからである．

(2) 移動手段と移動時間

図 4.3 には，移動時間別に求めた**移動手段**の割合を示してある．移動時間が大きくなるにつれて，移動手段は，徒歩，自転車，バス，乗用車，鉄道へと変化することがわかる．ただし，都心と郊外を比較すると，公共交通手段の整備状況の違いから，移動時間が同じでも移動手段が大きく異なることがわかる．移動に伴う労力や費用も無視することはできないが，基本的には，様々な移動手段や移動経路の中から，移動時間が最小となる手段が選択されているものと考えられる．

課題 4.2 [自宅からの移動距離・移動時間・移動手段の関係を整理する]

自らの外出行動について思い出してみよう．コンビニエンス・ストア，クリーニング店，スーパーマーケット，図書館，病院など，施設までの移動時間と移動距離，そして，利用する移動手段を整理してみよう．できれば，そのときの天候や時刻，手荷物の有無についても思い出して整理してみよう．移動手段が複数ある場合には，なぜ自分がその移動手段を選んだのかについて説明してみよう．自分の行動を説明することが他者の行動について考える際の出発点となる．

---

(3) 移動距離の評価

図 4.4 は，歩行者にとっての距離と距離感の関係についての調査結果である．例えば，最寄駅までの距離感については，200 m 以内であれば高評価されるものの，それ以遠では急速に評価は下がり，500 m になるとどちらともいえない評価となっている．また，駐車場までの距離感については，荷物をもっている場合か否かで評価が大きく異なる．荷物をもっている状態では，100 m 離れるだけでも評価は非常に悪い．駐車場までの距離に対する評価は非常に厳しく，荷物をもたない場合であっても最寄駅までの距離に対する評価よりも相対的に低い．不動産業界では，自宅から 300 m 以遠の賃貸駐車場には借り手がつかないともいわれている．

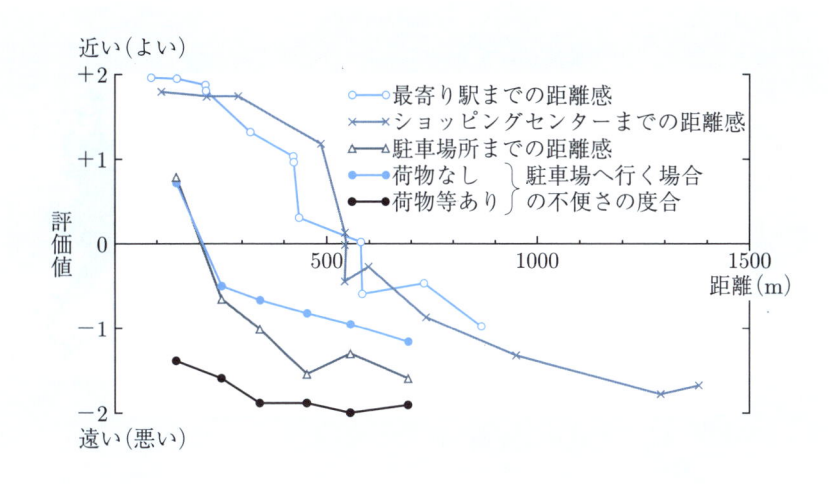

図 4.4　歩行距離に対する歩行者の評価

(4) 空間マップと時間マップ

時間距離は空間距離と同様に，人々の空間的移動と密接な関係をもっている．そのため，時間距離を基にした地図を描こうとする試みがなされている．図 4.5 最上段は，空間距離を基にして描かれた日本地図の一部である．これに対して，図 4.5 の下 3 点は主たる 2 地点間の鉄道による移動時間距離を基に，ある統計的な手法を用いて描かれた地図である [32]．この種の地図は，**カルトグラム**（Cartogram）と呼ばれている．地域間を移動する時間距離は，経済活動だけでなく人々の**ライフスタイル**にまで影響する可能性があり，こうした地図の果たす役割も大きい．図 4.6 には，同様に，ヨーロッパにおける 2 地点間の移動時間距離を基にした地図を示してある．2002 年 1 月に EU の通貨統合が完了し，ユーロ貨幣の流通が開始された．社会的なバリアも小さくなりつつある現在，時間距離の短縮とともに，社会経済活動の相互作用が一層活発になることが予想される．

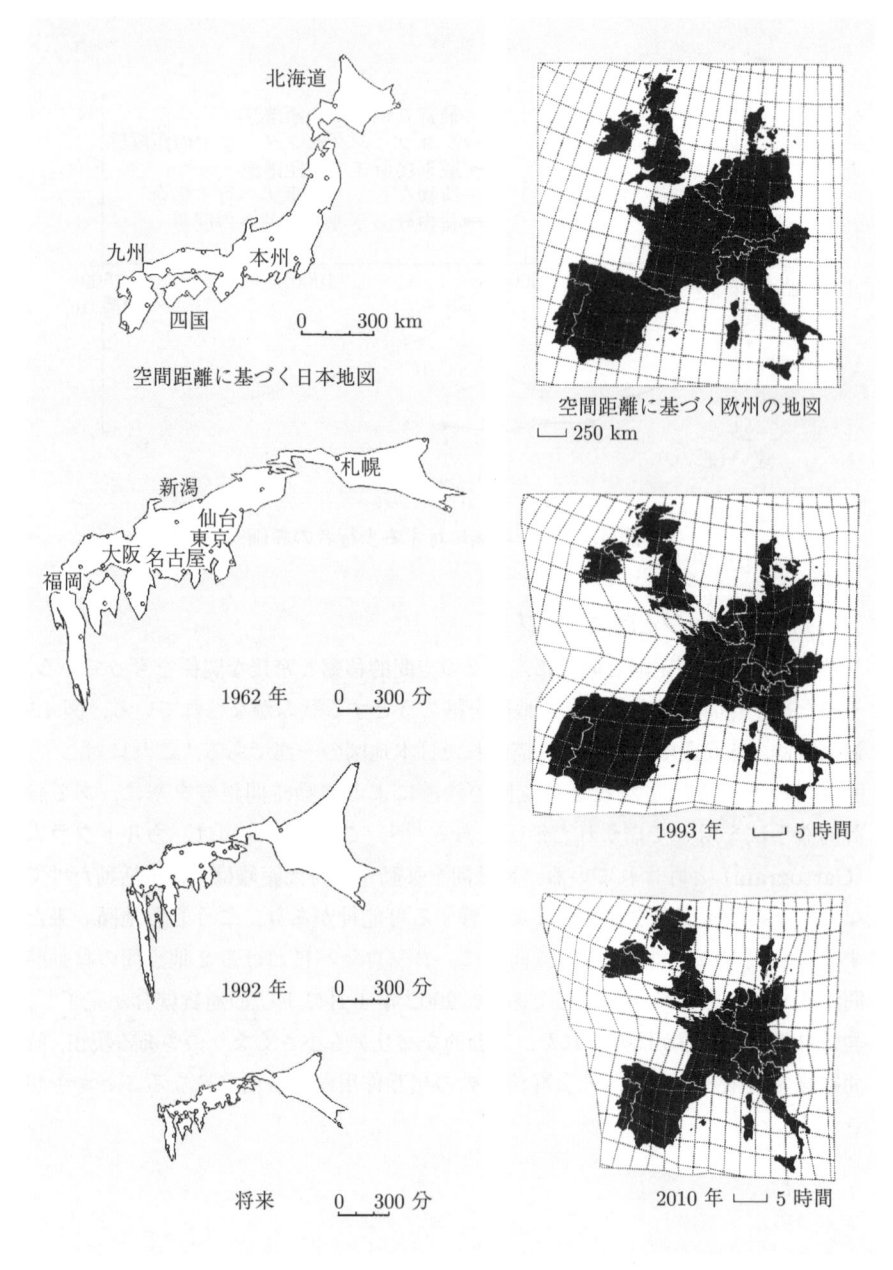

104　第4章　施設利用における空間移動

空間距離に基づく日本地図

1962 年

1992 年

将来

図 4.5　時間距離で描いた日本地図

空間距離に基づく欧州の地図

1993 年

2010 年

図 4.6　時間距離で描いた欧州の地図

4.3 施設利用の変化と変動

(1) 時刻による変動

　建築物の規模計画を行う際には，利用者総数のみを把握するだけでは不十分な場合もある．図4.7は，ある事務所建築（専用ビル）と市庁舎への到着者の時刻変動を示したものである．事務所建築や市庁舎などにおいては，建物全体で始業時刻が決まっており，一斉に業務が開始されることが多い．そのため，始業時刻直前における**集中率**（単位時間における到着人数の全利用者数に占める割合）が非常に高くなる．専用ビルなどでは，10分間集中率が20％以上となる場合もある．高層建築物の場合には，特に，出勤時のエレベータが非常に混雑するため，集中率はエレベータの必要設置台数を算定するための重要な情報となる．

　一方，図4.8は**貸しビル**の集中率を示したものである．到着者の朝の集中率は**専用ビル**の場合よりも小さい．図4.8左をよくみると，到着者のピークが分散しており，始業時刻の異なるテナントが複数同居していると考えられる．図4.9は，同一の貸しビルにおける単位時間当たりの建物への到着人数と建物からの退出人数の時刻ごとの推移を示したものである．この例のように，朝の始業開始時刻の直前のピークは小さくても，昼食時に退出する人が多い場合には，昼間時のピークを考慮した規模計画（エレベータ台数などの算定）が必要となる．

(2) 曜日による変動

　図4.10にはある公共図書館における来館者数の**曜日変動**を示してある．休館日の翌日となる火曜日に来館者が多く，週末にかけて低減し，土曜日・日曜日に来館者が増えるという1週間の周期が現れている．

　図4.11には，同じ公共図書館における来館者数の時刻変動を示してある．火曜日から金曜日の分布はほぼ同様であり13時頃に最も多い．週末には時間当たりの来館者数は1.5倍程度であるものの，同様に13時頃にピークを示している．図4.12には，退館者数の時刻変動を示してある．土曜日・日曜日は開館時間が短いため閉館時刻まで滞在してる利用者が多く，閉館間際に退館者数がピークを示すことがわかる．

　来館者数の時刻累計値から退館者数の時刻累計値を差し引けば，容易に

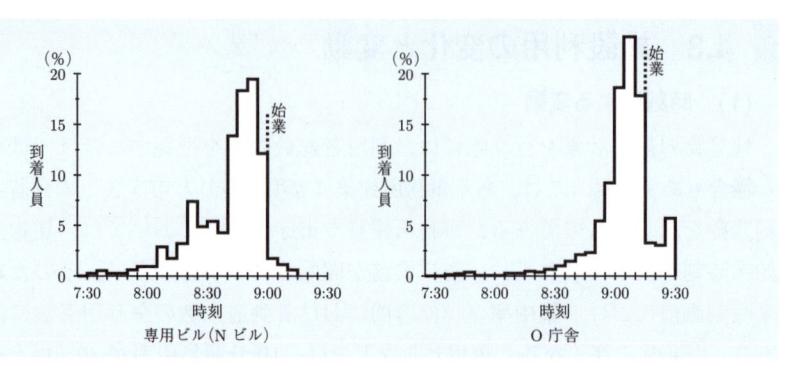

図 4.7　専用ビル・庁舎における出勤時の時間的集中

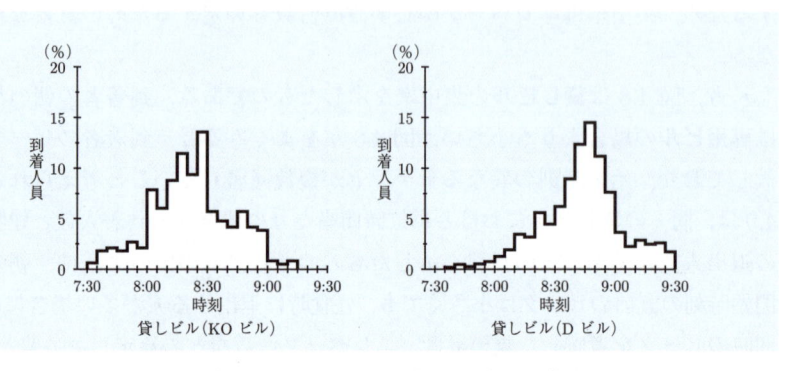

図 4.8　貸しビルにおける出勤時の時間的集中

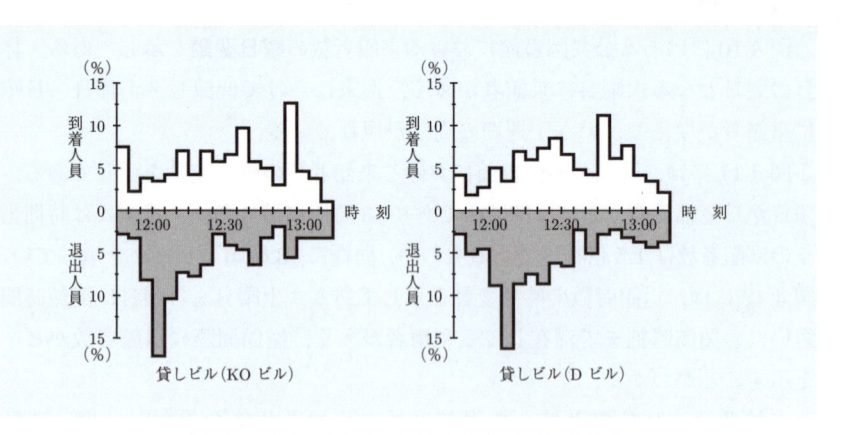

図 4.9　貸しビルにおける昼食時の時間的集中

4.3 施設利用の変化と変動

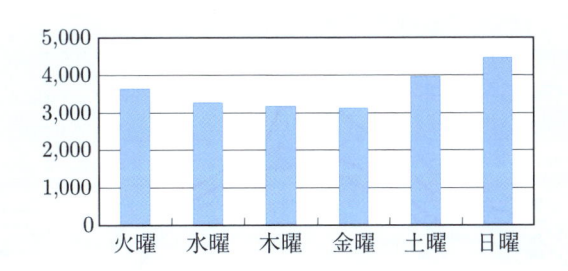

図 4.10 公共図書館における来館者数の曜日変動（年間平均）

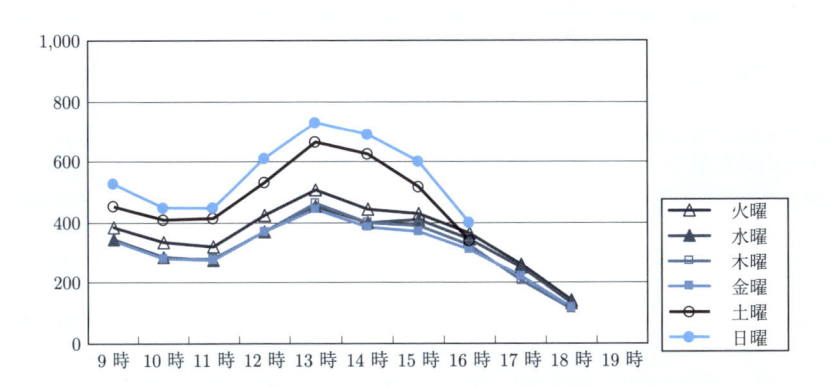

図 4.11 公共図書館における来館者数の時刻変動

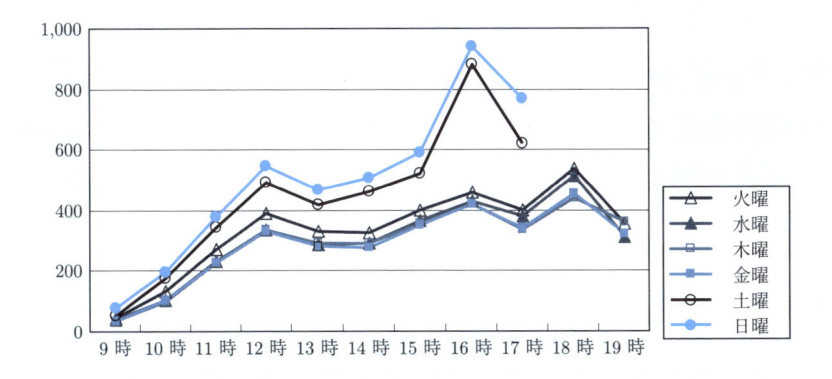

図 4.12 公共図書館における退館者数の時刻変動

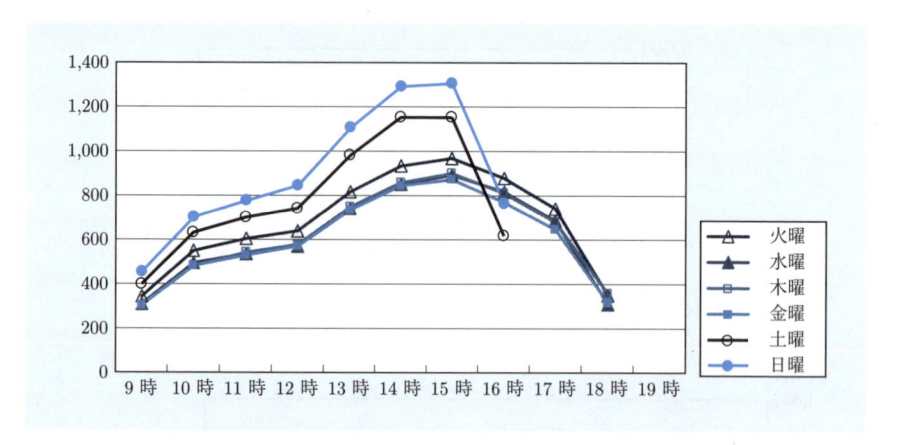

図 4.13 公共図書館における滞留者数の時刻変動

施設内滞留数を求めることができる．その結果を図 4.13 に示してある．平日には 15 時頃，週末は 14 時～15 時頃に滞留者数が最大となることがわかる．

(3) 天候による変動

図 4.14 には，同じ公共図書館における雨天時と晴天時の利用者数の違いを示してある．屋外におけるレジャー活動ほど大きな影響は受けないものの，雨天時には外出しようとする意識が弱くなるため，晴天時と比較すると利用者数は少なくなる．この例では，雨天時には 1～2 割程度の利用者減となることがわかる．しかし，雨天時には自動車利用者が増加することから，駐車場の需要については雨天時のほうがむしろ多くなることもある．

(4) 季節・月による変動

図 4.15 には，同じ公共図書館における利用者の**季節変動**を示してある．受験シーズンとなる 1 月，夏休みの 8 月に利用者数が多く，1 年間に 2 度のピークが存在する．ただし，8 月の土曜日・日曜日の利用者数は少なく，平日とほぼ同程度である．一方，年度始めの 4 月は利用者数は最も少なく，ピーク時の半数程度にとどまっている．このように施設利用者数の**月変動**は大きく，図書館の場合には，主に生徒や学生の年間活動の周期特性と連動して大きく変動する．

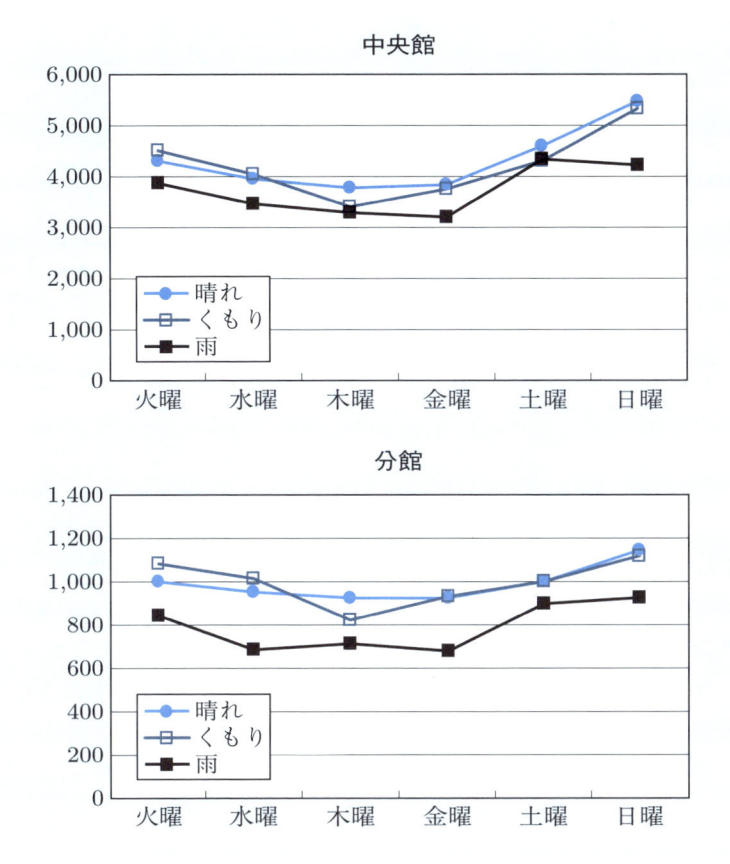

図 4.14　公共図書館における天候による利用者数の変動

(5) 慣習による変動

わが国には，お歳暮やお中元といった贈答の慣習がある．デパートの年間売り上げの推移には，この2つのイベントが非常に大きく影響する．また，冠婚葬祭についてみると，仏滅の結婚式は避けられ，友引の葬儀も避けられることが多い．このように慣習によっても利用者数は大きく変動する．

(6) 経年変化

ニュータウンの建設や工場跡地の面的開発などにより集合住宅団地が大量に供給された時期があった．同規模で類似した住戸プランが大量に供給され，特

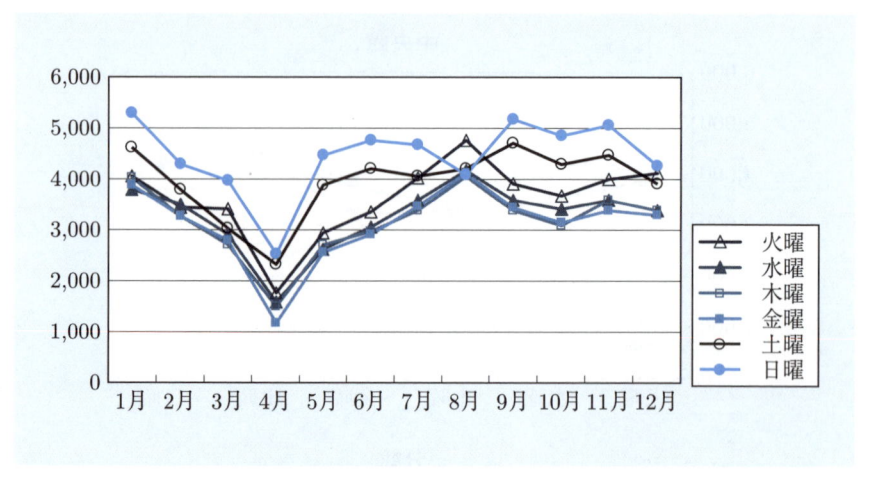

図 4.15 公共図書館における利用者の季節変動

に，結婚後間もない成長期の世帯が入居したことで，保育園や幼稚園の不足，また，その数年後には小学校の不足が叫ばれるという問題が発生した．すなわち，社会属性の類似する世帯が集中居住することで，当該地域における地域施設の需給バランスが崩れたのである．さらに，施設に対する需要量は長続きせず，直ぐに減衰してしまう．そのため，一時的な需要に合わせて施設を供給してしまうと，数年後には施設の過剰供給状態に陥ってしまう．短期・集中的に発生する施設需要のピークをいかにして小さく抑えるかは，建築計画に求められる大きな課題である．

(7) 地域特性による差異

図 4.16 には，3 つの異なる地域の**年齢階級別人口**を示してある．主に住宅用地の供給時期の違いによって，地域人口の年齢構成には大きな違いが生じている．比較的短い期間に形成されたこうした地域的な特性のほかにも，それぞれの地域には長い年月を経て形成された様々な特性がある．その結果，施設利用に対する根本的な考え方，さらには，需要量そのものに大きな違いが生じることがある．このように施設に対する需要量は**地域特性**に大きく依存しており，そのため，この種の施設のことを「**地域施設**」と呼んでいる[33],[34].

4.3 施設利用の変化と変動

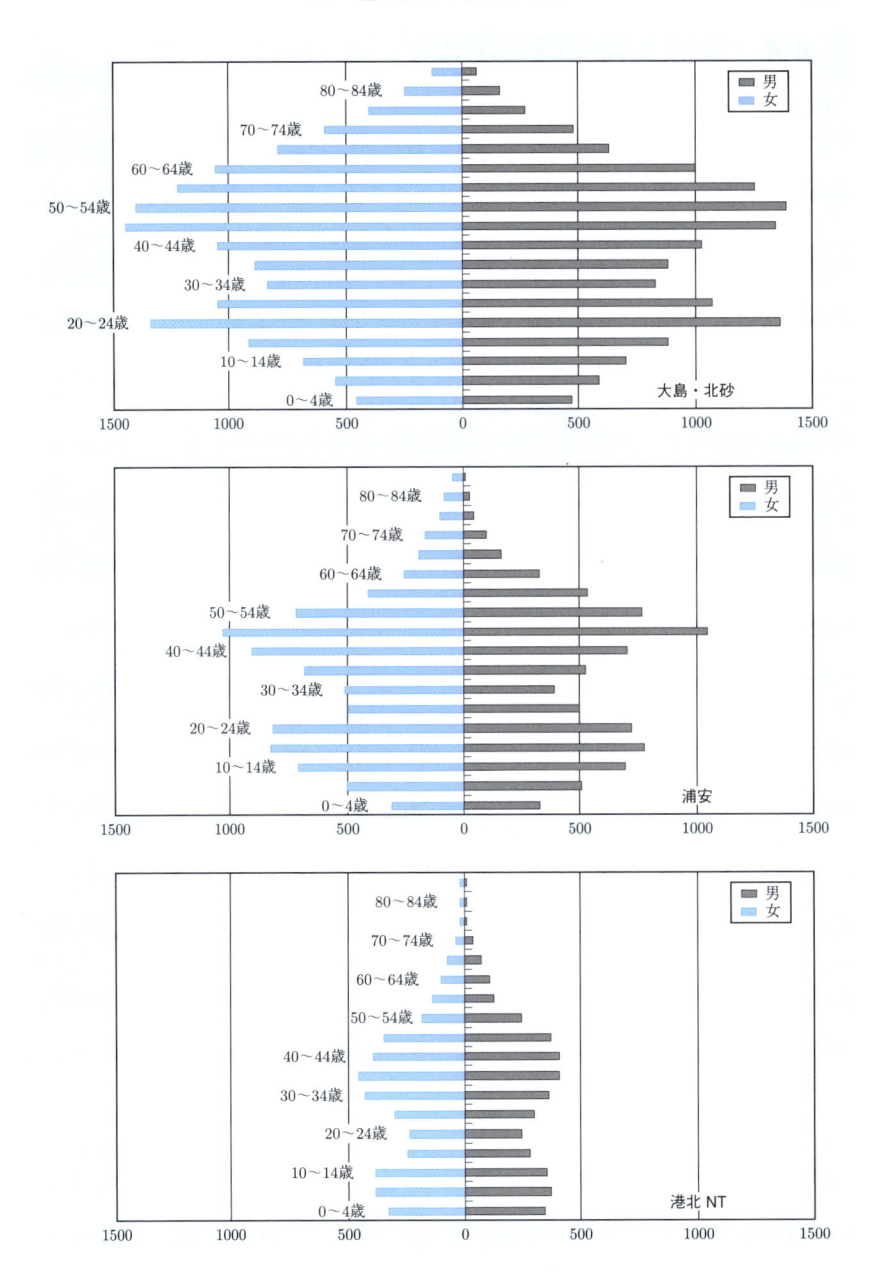

図 4.16 年齢階級別人口の例（1995 年当時）

4.4 単純な利用圏モデル

(1) モデルの有用性

われわれは多かれ少なかれ現実の世界を抽象化し，記号化して認識している．そうすることで，実際には複雑な現象であっても「理解できた」と感じることができる．この認識のプロセスで重要な役割を果たすのが「**モデル**」である．例えば，力いっぱいボールを投げ上げても，やがてボールは落下し，地面に転がってしまうが，なぜ落下するのかを説明することは，それほど容易ではない．このとき，「万有引力の法則」というモデルを用いて説明されると，わかったような気になる．この「わかったような気になる」ことが重要なのである．複雑怪奇な現象であっても，そこに存在する法則性をモデル化できれば，その現象についての理解が深まるだけでなく，他の現象の理解にも応用でき，また，他者と理解を共有することも可能となる．以下では，単純なモデルを用いて，利用者の施設選択行動，すなわち，利用圏の決まり方について考えてみよう．

(2) 単一施設の場合

最も単純な例として，単一施設の利用圏の決まり方について考えてみよう．まず，最初に当該施設を利用することの魅力（経済学用語では「**効用**」と呼ぶ）は利用者ごとに異なり，また，厳密には，同じ利用者でも利用時の状況に応じて変化する．しかし，ここでは簡略化して，これを定数 U_0 で表現することにする．次に，施設までの移動に要する労力（負の魅力）について考える．図 4.17 は横軸に 1 次元都市空間の位置座標を，縦軸には施設を利用することの魅力をとって示してある．負の魅力も様々な要因に依存すると考えられるが，ここでも単純化して施設までの直線距離に比例すると考え，$-\alpha AP$（α は正の定数，AP は地点 A–P 間の直線距離）で表現する．すなわち，地点 P における居住者が施設を利用することで得られる魅力（効用）$U(P)$ は，

$$U(P) = U_0 - \alpha AP$$

と表現することができる．図 4.17 から明らかなように，魅力が正である範囲は $AP < U_0/\alpha$ となり，正の魅力を享受できる場合に利用が発生するものと考えると，**利用圏**は $V_1 \sim V_2$ の間となる．また，2 次元空間の場合には，施設を中心とした半径 U_0/α の円が利用圏の範囲を示す境界となる．

(3) 2施設の場合

上記の1施設のモデルを2施設の場合に拡張してみよう．まず，魅力が同じで立地点の異なる2施設 A, B について考える（図4.18）．任意の地点 P において施設 A を利用することで得られる魅力は $U_A(P) = U_0 - \alpha AP$，また，施設 B を利用することで得られる魅力 $U_B(P)$ は $U_0 - \alpha BP$ で表現される．すなわち，$U_A(P) = U_B(P)$ となる地点 P を改めて V と書くと，$AV = BV = AB/2$ となる地点，すなわち，両施設から等距離にある地点が両施設の**利用圏境界**となる．2次元平面で考えれば，施設 A, B の立地点を結ぶ線分の垂直二等分線が境界となる（図4.21(a)）．

次に，魅力が異なる2施設 A, B について考える（図4.19）．任意の地点 P の施設 A, B を利用することで得られる魅力は，それぞれ $U_A(P) = U_A - \alpha AP$，$U_B(P) = U_B - \alpha BP$ である．ここで，$U_A(P) = U_B(P)$ となる地点 P を V と

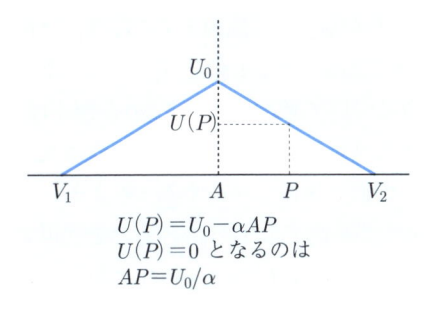

$U(P) = U_0 - \alpha AP$
$U(P) = 0$ となるのは
$AP = U_0/\alpha$

図4.17 利用圏の形成のされ方（1施設の場合）

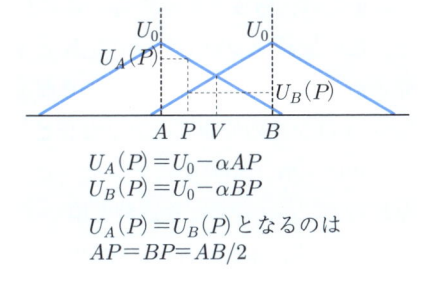

$U_A(P) = U_0 - \alpha AP$
$U_B(P) = U_0 - \alpha BP$
$U_A(P) = U_B(P)$ となるのは
$AP = BP = AB/2$

図4.18 利用圏の形成のされ方（2施設の場合）

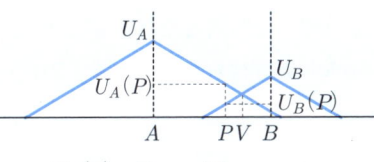

$U_A(P) = U_A - \alpha AP$
$U_B(P) = U_B - \alpha BP$
$U_A(P) = U_B(P)$ を変形すると
$AP - BP = (U_A - U_B)/\alpha$

図4.19 利用圏の形成のされ方（2施設/施設の魅力が異なる場合）

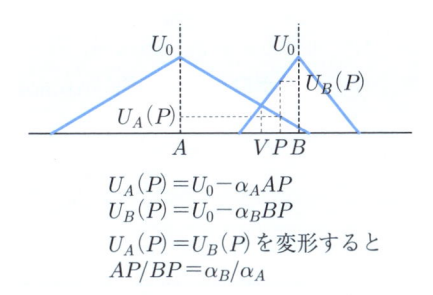

$U_A(P) = U_0 - \alpha_A AP$
$U_B(P) = U_0 - \alpha_B BP$
$U_A(P) = U_B(P)$ を変形すると
$AP/BP = \alpha_B/\alpha_A$

図4.20 利用圏の形成のされ方（2施設/距離抵抗が異なる場合）

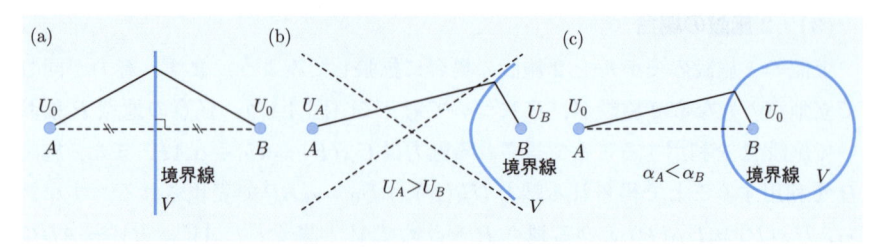

図 4.21 2 施設間の利用圏境界の形態

すると，関係式を得る（ただし，$U_A > U_B$）．

$$AB - BV = \frac{U_A - U_B}{\alpha}$$

すなわち，$(U_A - U_B)/\alpha$ は定数であるので，2 次元平面で考えれば，施設 A，B の利用圏の境界は双曲線となる（図 4.21(b)）．

以上では，施設までの移動に要する労力（負の魅力）は施設までの距離に比例し，どの施設についても同じ定数 α を用いて表現できると仮定していた．以下では，この定数が施設によって異なる場合について考える（図 4.20）．例えば，施設 A は交通の便がよく**アクセシビリティ**の高い場所に立地し，施設 B は交通手段が限られ，相対的にアクセシビリティの低い場所に立地すると考える．すなわち，$\alpha_A < \alpha_B$ なる定数を用いて，同様に地点 P における各施設を利用することで得られる魅力を定式化する．すなわち，$U_A(P) = U_B(P)$ となる地点 P を V とすると，次の関係式を得る．

$$\frac{AV}{BV} = \frac{\alpha_B}{\alpha_A}$$

2 次元平面で考えれば，施設 A，B の利用圏の境界は円周となり，施設 B を含むこの円は**アポロニウスの円**（Apolonius circle）と呼ばれている（図 4.21(c)）．

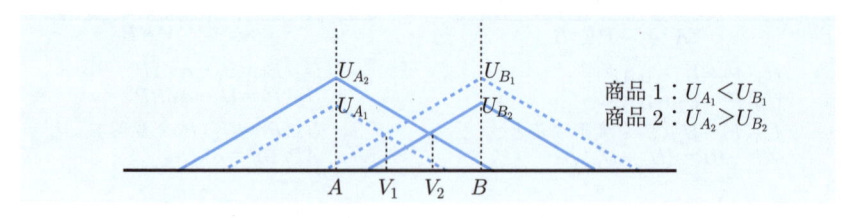

図 4.22 利用圏の形成のされ方（利用圏の重複が生じる例）

(4) 利用圏の重複

図 4.22 を参照しながら店舗の利用圏を例に考えよう（**マーケティング**の研究分野ではこの圏域を「**商圏**」と呼んでいる）．ここでは，商品 1 の値段は施設 A よりも施設 B のほうが安く，商品 2 の値段は施設 B よりも施設 A のほうが安いと考えよう．すなわち，$U_{A_1} < U_{B_1}$, $U_{A_2} > U_{B_2}$ であると仮定する．このとき，上記のモデルを基に考えれば，商品 1 を購入する場合の利用圏境界は V_1，商品 2 を購入する場合の利用圏境界は V_2 となる．すなわち，施設 A と施設 B の利用圏が V_1 と V_2 の間で重複することになる．実際の店舗の利用圏（商圏）は，様々な商品が異なる価格で販売されており，また，距離に対する抵抗 α の値も異なることから，複雑に重複しながら存在していると考えられる．

(5) 複数施設の場合（ボロノイ図）

ここでは複数施設の場合について考えよう．まず，最も単純なケースとして，

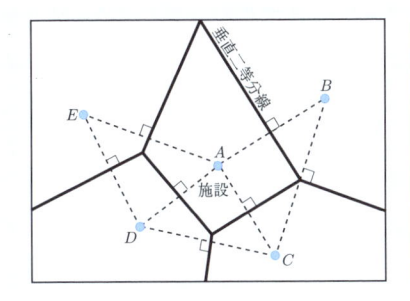

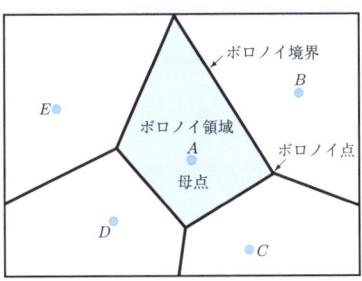

図 4.23 複数施設の利用圏境界（ボロノイ図）

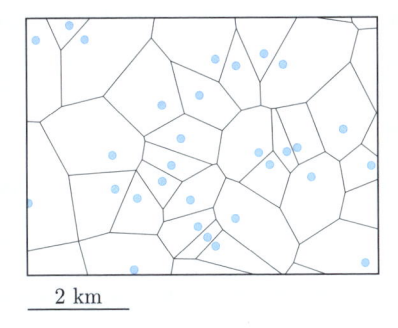

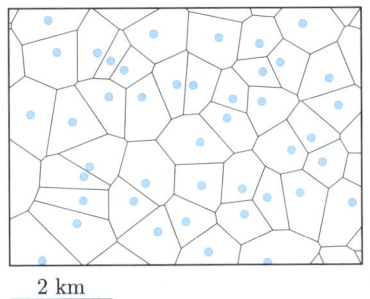

図 4.24 病院（左）と小学校（右）の位置を母点としたボロノイ分割

魅力 U_0 が同じで，距離抵抗 α も共通の施設が 2 次元平面に複数（$A \sim E$）立地している場合について考える（図 4.23（左））．まず，施設 A に着目すると施設 B との利用圏境界は，両立地点を結ぶ線分の垂直二等分線である．また，施設 A と施設 C の利用圏境界も同様に両立地点を結ぶ線分の垂直二等分線である．近傍の施設すべてについて同様に考えると，利用圏境界は，図 4.23（右）に示したようになる．一般に 3 つの最寄りの施設間で形成される 3 つの利用圏境界線は 1 点で交わる．平面上に点が配置されているとき，その平面内の点がどの点に最も近いかによって分割してできる図を**ボロノイ図**（Voronoi Diagram），その分割のことを**ボロノイ分割**という．施設に相当する点は母点，利用圏境界はボロノイ境界，利用圏はボロノイ領域に相当する（図 4.23（右））．

図 4.24（左）には，ある既成市街地（グロスの人口密度約 140 人/ha）に立地する病院の立地場所を母点としたボロノイ図を示してある．2 次元空間における病院の空間的な分布の様子を理解するには便利な図であるが，この図から，直ちに実際の病院の利用者数を推計することは困難である．ここでは，魅力が同じで距離抵抗 α も共通と仮定しているが，病院の規模や専門医療の内容によって魅力は大きく異なり，また，距離抵抗も交通ネットワークの状況や生活動線の方向に影響を受けて大きく変形するからである．しかし，救急患者の搬送先としての最近隣施設を探索するような場合には，活用できるかもしれない．

一方，図 4.24（右）には，同地域に立地する小学校の位置を母点としたボロノイ図を示してある．公立小学校の場合，居住する住所に応じて通学先となる学校が指定されているため（学校区制），実際の利用圏はボロノイ図と必ずしも一致しない．しかし，公立小学校はその性質からアクセシビリティに大きな差異が生じないように配置計画がなされているため，各ボロノイ領域の大きさに，病院ほど大きな差異はないことがわかる．

課題 4.3 [自宅付近の施設を母点としてボロノイ図を描いてみる]

自宅付近の地図を基に様々な施設種類ごとにボロノイ図を描いてみよう．例えば，（いまでは少なくなったが）コインランドリーや銭湯などの位置を母点としてボロノイ図を描いてみよう．これらの施設の利用圏は，ボロノイ領域と比較的よく一致するといわれている．このことを土地勘のある自宅付近の施設の分布を基に確認してみよう．

4.5 施設選択モデル

(1) ライリー・コンバースの重力モデル

いままでに提案されている様々な施設利用行動モデルの原点は重力モデルにあるといえる．そこで，まず，重力モデルについて概観することから始めよう．

ライリー（W.J. Reilly）とコンバース（P.D. Converse）は2都市の市場地域の境界に関する法則性を見いだし，ライリー・コンバースの重力モデルを提案した．このモデルは，都市を対象としたものであるが，施設の利用圏の定まり方について考える際にも応用することができる．まず，2都市を a, b として，それぞれの人口を P_a, P_b とする．これら2都市間に働く力 F を，ニュートン（Isac Newton）の万有引力の法則とのアナロジーから，

$$F = G\frac{P_a P_b}{D^2} \tag{4.1}$$

と表す．ただし，G は万有引力定数に相当する定数であり，それゆえ，この種のモデルは**重力モデル**（gravity model）と呼ばれている．ここで，2都市の間に人口 P_c の第3の都市 c を考えると，この都市 c と都市 a 間に働く力 F_{ac}, 都市 c と都市 b 間に働く力 F_{bc} はそれぞれ以下のようになる．

$$F_{ac} = G\frac{P_a P_c}{D_{ac}^2} \tag{4.2}$$

$$F_{bc} = G\frac{P_b P_c}{D_{bc}^2} \tag{4.3}$$

これら2つの力 F_{ac}, F_{bc} の比が，都市 a から都市 c への小売販売額 S_{ac} と，都市 b から都市 c への小売販売額 S_{bc} の比に等しいと考えると次式を得る．

$$\frac{S_{ac}}{S_{bc}} = \frac{P_a}{P_b}\left(\frac{D_{bc}}{D_{ac}}\right)^2 \tag{4.4}$$

ここで，小売販売額の比が1となる地点は，$S_{ac}/S_{bc} = 1$ であるので，結局，2都市 a, b の市場境界は次式を満足する地点の集合となる．

$$\frac{P_b}{P_a} = \left(\frac{D_{bc}}{D_{ac}}\right)^2 \tag{4.5}$$

(2) ハフの確率モデル

ハフ（M.H. Huff）はライリー，コンバースと同様に，重力モデルを基礎と

して，ショッピングセンターの商圏を求めるためのモデルを提案した．地区を i ($i = 1, 2, \cdots, m$)，また，ショッピングセンターを j ($j = 1, 2, \cdots, n$)，それぞれの店舗床面積を S_j で表す．さらに，地区 i とショッピングセンター j との間の距離を T_{ij} とする．このとき，地区 i がショッピングセンター j から受ける力 F_{ij} は，重力モデルを用いて，以下のように記述される．

$$F_{ij} = G \left(\frac{S_j}{T_{ij}^{\lambda}} \right) \tag{4.6}$$

ただし，G，λ は定数である．次に，地区 i がすべてのショッピングセンターから受ける力の合計 F_i は，

$$F_i = \sum_j F_{ij} = G \left(\sum_j \frac{S_j}{T_{ij}^{\lambda}} \right) \tag{4.7}$$

となる．この式を用いて，式 (4.6) から定数 G を消去すると，次のハフモデルを得る．

$$\frac{F_{ij}}{F_i} = \frac{\dfrac{S_j}{T_{ij}^{\lambda}}}{\displaystyle\sum_j \left(\frac{S_j}{T_{ij}^{\lambda}} \right)} \tag{4.8}$$

このとき，F_{ij}/F_i は地区 i の人が複数のショッピングセンターの中で，ショッピングセンター j を利用する確率とみなせる．

次に，第 k，第 h ショッピングセンター間の商圏境界について考える．この商圏境界上の地点を x とすると，x は，

$$\frac{T_{xk}}{T_{xh}} = \left(\frac{S_k}{S_h} \right)^{1/\lambda} \tag{4.9}$$

を満足する地点の集合となり，$S_k/S_h = 1$ の場合（店舗床面積が同一である場合）には直線，また，$S_k/S_h \neq 1$ の場合には円周となる．

(3) ロジットモデル

ハフモデルでは施設利用者を一人ひとり区別せず，集計された量として扱っている．このとき，集計する空間単位の大きさによって推定されるパラメータの値が異なったり，モデルの適合性が異なったりする場合がある．上記のハフ

4.5 施設選択モデル

モデルの例でいえば，地区 i を行政単位とするのか，経緯度を基に設定したメッシュとするのかで，パラメータ λ の推定値が異なる場合がある．そのため，集計単位の影響を受けない方法として，個人の施設選択行動そのもの（非集計データ）をモデル化する方法が提案されている．この種のモデルは**非集計モデル**と呼ばれている．以下では，非集計モデルの中でも，最もプリミティブな**ロジットモデル**について概説しよう．

まず，個人 i $(i = 1, 2, \cdots, m)$ が施設 j $(j = 1, 2, \cdots, n)$ を利用することで得られる魅力（効用）を U_{ij} と表す．ここで，U_{ij} は確定的な量ではなく，個人や施設の状況に応じて変動する確率変量であると考え，確定項 V_{ij} と確率項 e_{ij} を用いて以下のように記述する．

$$U_{ij} = V_{ij} + e_{ij} \tag{4.10}$$

ここで，e_{ij} が**ガンベル分布**と呼ばれる確率分布に従うと仮定すると，個人 i が施設 j を利用する確率 P_{ij} は以下のように記述することができる．

$$P_{ij} = \frac{\exp[V_{ij}]}{\sum_k \exp[V_{ik}]} \tag{4.11}$$

上記のモデルの具体的な導出方法はやや煩雑であるので本書では扱わない．関心のある読者は他の専門書を参照してほしい[35]．

課題 4.4 [ロジットモデルを用いて考えてみる]

式 (4.10) にある誤差項 e_{ij} は個人の違いによる確率項と説明されることが多い．しかし，同一人物にとっても時と場合に応じて効用は揺らいでおり，そのため判断はいつも同一であるとは限らない．昼食にどの定食を注文するかを考えても容易に理解できる．そこで，自分にとって2つの選択肢があり，時に応じて選び分けているものについて考えよう．それらの選択確率の比が例えば 3：1 であるとき，自分が両者について抱いている効用（魅力）の比率はいくらになるか，ロジットモデルを用いて求めてみよう．式 (4.11) を基にすれば，容易に求めることができる．

4.6 施設配置モデル

(1) 施設配置の考え方

施設へのアクセシビリティは利用者にとって最も重要な施設評価指標の1つといえる．本来，すべての利用者にとってアクセシビリティの良好な場所に施設を建設することが望ましい．しかし，人々は地域に広く分布し居住しているので，実際には施設の近くに居住する人の利便性は高く，遠い人は不便になる．

施設の立地場所について考える際には，次の2つの視点から整理するとわかりやすい．1つは，施設利用における「**効率性**」の視点であり，もう1つは「**公平性**」の視点である．多額の費用を投じて施設を建設するのであるから，より多くの人々に利用されるべきである．すなわち，効率性の観点からすれば，利用者の施設までの移動距離の総和は小さいほうが望ましい．一方，特に公共施設などについては，税金を基に建設されることが一般的であるから，納税者への公平性の観点からすれば，どの利用者にとってもアクセシビリティは等しいことが望ましい．以下では，効率性と公平性の視点から施設配置の問題について整理する．

(2) 効率性を重視した施設配置

ここでは，議論を単純化するため，どの施設も規模やサービスに違いはなく施設の魅力は同等であり，施設までのアクセシビリティは直線距離だけに依存していると考えることにする．また，居住者は複数ある施設のうち最も近い施設を利用するものと考える．住民の居住地点を i $(i=1,2,\cdots,m)$，施設の立地場所を j $(j=1,2,\cdots,n)$ で表現し，地点 i の居住者数を P_i，居住地点 i から施設 j までの距離を d_{ij} で表現する．このとき，居住者全員の施設までの総移動距離 D は以下のように記述される．

$$D = \sum_i \sum_j P_i d_{ij} \delta_{ij} \qquad (4.12)$$

ただし，δ_{ij} は地点 i の居住者にとって施設 j が最も近い場合に1，それ以外で0となる変数である（この δ_{ij} をクロネッカーのデルタと呼ぶ）．効率性の観点からすれば，この総移動距離 D が最小となるとき，最適な施設配置であるといえる．この総移動距離 D を最小化する m 個の施設の立地点を求めるためのア

ルゴリズムについては古くから議論されている[36]．図4.25にはその概略を示してある．

以上，効率性を重視する場合には，基本的には居住者が密集する地点に施設を立地させると評価の高い（総移動距離 D の小さい）施設配置となる．その結果，人口密度の低い郊外部の居住者にとっては，不便な施設配置となってしまうという問題がある．

(3) 公平性を重視した施設配置

消防署を例に考えよう．消防署の配置計画では，消防車が火災現場に到達するまでの時間が極めて重要な意味を担うことになる．どの地域にもある一定の時間内に到着できるように消防署は配置する必要がある．すなわち，この種の施設の場合，効率性のみを優先して施設を配置することはできない．また，公共図書館を例に考えると，居住者の視点からすれば，図書館はできるだけ自宅の近くにあったほうが便利である．しかし，実際には建設可能な図書館の数は限られているので，ある居住者には近く，ある居住者には遠い位置に建設せざるを得ない．ただし，両者の間の不平等さはできるだけ小さいほうが好ましい．

以上の例のように，施設までの距離が遠い居住者の数ができるだけ少なくなるように，また，施設までの距離のばらつきが小さくなるように施設を配置する方法が必要となる．すなわち，ここでの最小化すべき目的関数は以下のように定式化することができる．

$$D = \sum_j \max_i \{d_{ij} \delta_{ij}\} \tag{4.13}$$

この評価関数 D を最小化する m 個の施設の立地点を求めるためのアルゴリズムについても議論されている[37]．その概略は図4.26に示す通りである．この種の問題は，最大となる値（ここでは施設まで最も遠い居住者の施設までの距離）の最小化を図る問題であるので，**ミニマックス問題**（minimax problem）と呼ばれている．

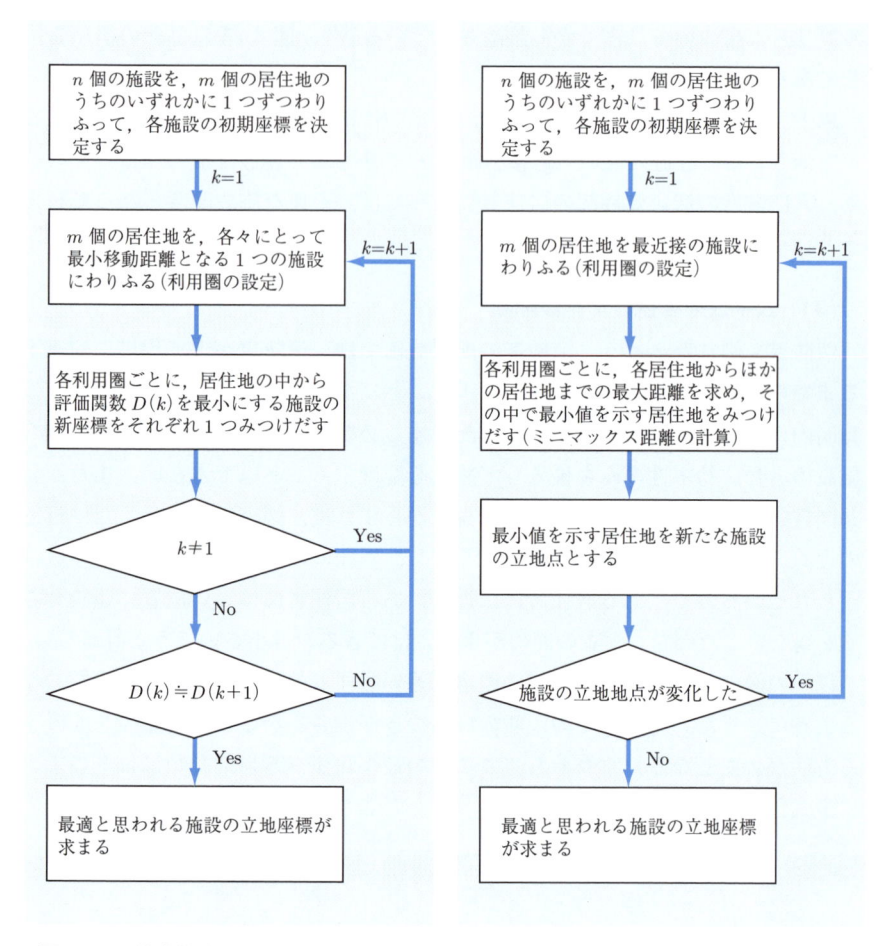

図 4.25 効率性を重視した施設配置のアルゴリズム

図 4.26 公平性を重視した施設配置のアルゴリズム

第3部
空間と人間の心理

第 5 章　空間と人間の知覚
第 6 章　空間と人間のイメージ
第 7 章　周辺の空間と人間の心理

第5章

空間と人間の知覚

　心理学の歴史を通して社会科学の在り方の一端を学ぶ．建築学にとって視覚は重要な要素であることから，心理学の中で中心的話題の1つである知覚理論について言及しながら，建築計画や設計との関連について触れる．

5.1	空間とは何か
5.2	空間に関わる心理学
5.3	空間と知覚
5.4	ゲシュタルト心理学における知覚
5.5	錯視と知覚の恒常性
5.6	生態学的視覚論とアフォーダンス

5.1 空間とは何か

(1) 建築と空間

建築について学んだ者は，建築について何かを考えるとき，語るとき，説明するとき，話し合うとき，様々な場面において空間という言葉をごく自然に使う．しかし，空間という言葉は，国語辞典（広辞苑）によると，日常的に使う説明として「物体が存在しない，相当に広がりのある部分．あいている所」であると記述されている．この説明は，一般的な意味であり，建築の分野においてわれわれが使用する空間の意味とは異なる．一方で，「**空間**」という用語は，言葉に着目して表面的に見ると，例えば，数学，物理学，地理学，社会学，文化人類学，哲学，心理学など様々な学問分野で用いられている．もちろん，数学のように厳密に定義されている分野から，明確な定義が困難で抽象的な表現を許容せざるを得ない社会科学の分野まで，広範にわたっている．建築の分野における空間はむしろ後者に近いといえる．

われわれが，建築の分野において「空間」という用語を使うとき，明らかに一般の人達と異なる意味を込めて使用している．建築を学ぶということは，ある意味では，空間という言葉との出会いであり，やがて自然に空間という言葉を使うようになる．空間という言葉は，曖昧さや個人により微妙な相違があるため，建築を学んだ者，建築の仕事に携わっている者，建築を対象に研究を行っている者にとっても一層魅力を感じる．これに関連して，ゲシュタルト心理学を学び，芸術心理学の分野で活動を続け，「建築形態のダイナミックス」[38] を書いたアルンハイム（Rudolf Arnheim）は「空間とは何だろう．… 心理学者か芸術家か建築家でないかぎり，空間についての考え方を探求する必要にせまられることはありそうもない」と述べている．

(2) 空間の概念

空間概念については，何冊かの建築史，地理学，哲学における著作で言及されている．ここでは，これらの著者の基本的立場や時代背景に触れることはできないが，空間の意味を探ってみたい．

①建築学における空間概念

近代建築の発展に先導的な役割を果たしたギーディオン（Sigfried Giedion）

の著書のタイトルは,「時間,空間,建築」[39] であった.空間が建築にとって重要で,かつ本質的であることを反映したものである.ゼヴィ (Bruno Zevi) は,「空間としての建築」[40] の中で「建築だけが諸芸術の中で,空間にその完全な価値を与えることができる.建築はわれわれを3次元の虚空によって取り込み,そこからわれわれが味わうことのできる喜びや感動を与えてくれる」と述べている.そこでは,空間に価値を与えるものとして建築が位置づけられている.一方,同じ建築史家でもシュルツ (Christian Norberg–Schulz) は異なる.シュルツは,「実存・空間・建築」[41] において,心理学者であるピアジェ (Jean Piaget) の空間の概念に基づいて「建築的空間とは,実存的空間の「具体化」であると定義してよい.「実存的空間」は,一つの心理学的概念であって,それは,人間が,環境と相互に作用しあいながら満足に生活してゆけるために発達させるシェマなのである」と述べている.

②地理学における空間概念

地理学では,対象が広いこともあり,空間を3次元というよりも,2次元的広がりとして捉えている.地理学の立場からは,トゥアン (Yi–Fu Tuan) とレルフ (Edward Relph) の文献があり,空間を場所との関連から説明している.トゥアン著の「空間の経験」[42] は,原著のタイトルをそのまま訳すと「空間と場所」であり,また,レルフ著の「場所の現象学」[43] は,原題が「場所と没場所性」であることから,空間を場所との関連から捉えているといえる.

建築空間に関して,トゥアンは独自の見解を示しており,「建築空間は,…,社会の秩序をはっきりと表している.… 建築は,人間の感覚と感情に直接の影響をあたえ続けていて,身体は,囲繞と露出,垂直性と水平性,塊り,量感,内部の広大さ,光といった設計の基本的特徴に反応する」と述べている.そして,建築家の役割について,「建築家は…,新しい形態を創出することによって,もしくは旧来の形態をそれまで試みられることのなかった規模でつくり直すことによって,空間に対する人間の意識を拡大し続けているのである」と記している.

③哲学における空間概念

ボルノウ (Otto Friedrich Bollnow) 著の「人間と空間」[44] では,空間 (Raum) を言語として説明することから始まり,題目通り人間との関わりについて丁寧

に説明している．ボルノウは，人間と空間との関係について次のように端的に述べている．「自分自身の空間を生き生きと占有する仕方」をより一般的な意義をもたせて「住まう」という概念により表し，「住まう」ことの 3 つの領域により，人間の空間性の本質にせまることが期待できる．この 3 つの領域とは，自分の身体という空間，自分の家屋という空間，取り囲んでいる空間一般である．

> **図書館や大きな書店で心理学の本の背表紙を見よう．
> インターネットで心理学会の種類を調べてみよう．**
>
> 　はじめて，心理学を勉強する人は，大きな書店，あるいは，大きな図書館で，心理学の書籍の背表紙を眺めてほしい．どんな本があるか見るだけでも十分に勉強になるものである．建築学科の学生が，建築や都市計画に役立てるために心理学を独学で勉強しようとするときに，おそらくどの本を選んでよいのかわからなくなると思う．
> 　最初に，心理学における専門分野の広さを知るのがよいと思われる．それには，インターネットで日本心理学会のホームページを閲覧して，心理学関係の諸学会名や日本心理学諸学会連合の加盟学会名を一度見てもらいたい．おそらく，どこかで名前を聞いた専門分野もかなりあると思われる．
> 　以前は，大学で心理学を専門に学ぼうとするとき，文学部では心理学を，そして，教育学部では教育心理学を，医学部では精神療法や臨床心理学を学ぶことができた．近年，学際領域で様々な分野が集まり新し名称の学部ができている．文学部や教育学部は，元々多くの専門分野から成る学問領域であったので，一部組織を補強して，名称を変更したところも増えている．いまでは，以前のように学部の名称だけで心理学の大まかな分野を推測することが困難になっている．また，多くの建築学科が属している工学部でも，人工知能や計算心理学を勉強することができる．

5.2 空間に関わる心理学

(1) 心理学と建築計画・設計

　建築空間や都市空間などにおいて人間は個人ごとに異なる様々な行動をしながら生活している．例えば，日常生活を考えるだけでも，都市空間を移動しながら，様々な種類の建物の利用者として，実に様々なことを意識的に，また，無意識のうちに感じ，考え，判断しながら，行動し，生活している．

　このように，建築空間や都市空間において生活する人間を考えると，そこには人間の心が介在しているはずで，複雑な多くの行動を注意深く見たり，観察したり，分析したりすると，何らかの傾向や規則性を捉えることが可能となる．そこで，建築空間や都市空間の計画，設計には心理学が役立つはずであると考えることになる．

　しかし，大きな書店，あるいは，大きな図書館で，心理学の書籍の背表紙を眺めてみると，読み物風のものから，教科書，研究書まで膨大な種類と数がある．本の中身を覗いてみても，書いている内容は直接，建築や都市計画に関係するとは思われないものがほとんどである．これは，後述する心理学の変遷を見ると，科学としての長い歴史の中で，心理学は学術的に広範な領域を包含しており，地道に研究が蓄積されてきた分野であることによる．そして，建築や都市計画分野を対象に含む心理学は，従来の人間そのものに焦点を当てていた心理学よりも一層複雑で，対象も広く，これから本格的に研究が始まるものと考えてよい．心理学者たちが築き上げた成果を基にして，建築や都市を対象とする心理学に若い学生諸君に取り組んでもらいたい．

　「心理学は建築の計画や設計に役立つか？」というような短絡的な質問を超えて，心理学を勉強しながら，人の心や行動を考えることは建築の計画や設計をする上で重要であると考えられる．心理学には物事の見方を示す概念が豊富にあるし，物事を分析していく方法も豊富に蓄積してきた，掴みどころのない人間の意識や行動などをきちんと観察し，整理しながら分析して，本質を捉えるのに役立つ．また，心理学で生まれた概念を基に，建築論が展開されてきた歴史もある．

(2) 心理学の変遷とパラダイム

　前節で心理学の分野の広さを見ていただいた．科学としての心理学は，100年

以上の歴史をもつ学問であり，その間大きな変遷もあった．ここでは，パラダイムという用語を紹介することにより，科学として心理学における考え方がどのように変わってきたかに注目しながら，心理学の長い歴史を簡単に説明したい．

①心理学におけるパラダイム

パラダイム（paradigm）という言葉を知っているだろうか．日本でも一時期，様々な本のタイトルに使われた．この言葉の意味は，「科学者たちがある時代において共有する考え方の枠組み」である．元々，科学哲学の分野においてクーン（Thomas Samuel Kuhn）が使った．時代が変革するときに新しい考え方の正当性を訴えるのに好都合であったため，この用語は，「パラダイムの変革」というように，一般化されて使われるようになった．パラダイムを共有する科学者は同志であり，異なるパラダイムが現れると，学問上の激しい論争が起こることになる．新しいパラダイムへの変革を革命になぞらえることもある．

しかし，心理学のような社会科学の分野では，実際は，急激にパラダイムが変革するというよりは，緩やかに変革することのほうが多い．「パラダイムの変革」は近年では，心理学において，後述する行動主義から認知主義に変わる時代に用いられ，建築の分野においても建築の様式が近代建築からポストモダンの時代に移行する時代に使われた．パラダイムという概念は，時代が大きく変わる動きを表す中で，ある時代を支配し，客観的で絶対的であると信じられている科学や思想や理論の本質についての一端を示している．

②心理学の変遷

● ヴントの心理学

心理学の始まりをいつにするかという議論は常にある．19世紀後半までには心理学の研究が進んでいたが，ヴント（Wilhelm Wundt）が哲学や生理学から心理学をはじめて学問として独立させたといわれている．ヴントが実験心理学研究室を開いた1879年は記憶されるべき記念となる年であり，近代心理学が独立した年とする説がある．

ヴントの心理学の特色は，個人が直接経験を通して，意識することを研究対象としたことであり，意識を自分で観察する内観法と呼ばれる方法により実験を行った．そして，意識を要素の結合として考え，その後の構成主義と呼ばれる心理学に受け継がれた．

5.2 空間に関わる心理学

● **ゲシュタルト心理学**

ゲシュタルト心理学は，ドイツを中心に1920年代から1930年代に栄えた．この心理学派の特色は，要素に還元する構成主義に対して，心理現象の全体性を強調したことである．その後，ナチスの台頭に伴い，研究者がアメリカに移住したこともあり，学派として消滅したといわれている．移住後に，ゲシュタルト心理学者はアメリカにおいても研究を続け，後進の研究者を育て，後世の心理学に影響を及ぼした．

● **行動主義心理学**

1930年代に始まり，「行動主義革命」といわれるように一時代を席巻した考え方である．行動主義の特色は，内観法が扱った意識や心理過程を研究対象とすることを排斥し，科学的な研究として客観的に捉えることができる行動の観察と測定を重視したことである．この**行動主義**は，心理学だけではなく，行動科学といわれる広い分野にわたり強い影響力をもった．

● **認知心理学**

1950年代半ばに行動主義の大きな流れに反駁するかのように，**認知主義**が始まった．**認知科学**とは，情報科学の理論とコンピュータ技術の発展を背景に，知覚，思考，意識，感情，記憶，言語，学習などの心理現象を研究の対象とする学問である．これは，人間の意識や心理過程を研究対象から除外する行動主義と相対する．認知科学は，学際的研究であり，哲学，認知心理学，人工知能，言語学，人類学，神経科学など多岐にわたり，今日に至る．認知主義の流れの中で，1960年代後半に認知心理学が登場した．日本において認知主義が拡がり始めたのは1980年代になってからであるが，いまや広く浸透している．

(3) 環境と場面の心理学

①環境心理学と空間

建築分野における空間研究について，**環境心理学**に関する本が出版される以前は，知覚心理学などに基づく研究が主に行われていた．しかし，環境心理学が広まるに従い，従来から行われてきた建築空間のシークエンスや物理的構成の記述に関する研究も含め，研究が広がりをもち始めた．アメリカやイギリスで行われている環境心理学の研究範囲は広く，**建築計画**分野で意識や行動を扱う研究はすべて含めることができると思われる．しかし，建築計画分野で環境

心理学の研究を行っていることを表明する者は，建築人間工学，知覚，認知，行動，パーソナルスペースなどの研究者で，決して人数が多いとはいえない．環境心理学，環境知覚，環境認知における「環境」という用語は，かつては，空間心理学，空間知覚，空間認知というように「空間」という言葉で置き換えられることもあり，環境と空間は意味としてほぼ同義語のように扱われることもあった．

カンター（David Canter）と乾正雄は，英語の論文を集めて翻訳した「環境心理とは何か」[45]を出版した．この本は，日本で最初に環境心理学の存在を紹介した本である．その後，カンター著の「建築心理講義」[46]が翻訳され，当時のイギリスの環境心理学についての一面が紹介された．この本では，知覚が中心となっているが，知覚に限らず当時の心理学分野の成果を環境心理学に適用している様子をうかがい知ることができる．

イッテルソン（William H. Ittelson）とプロシャンスキー（Harold M. Proshansky）らが編集した論文集「環境心理学」[47]，入門書である「環境心理の基礎，環境心理の応用」[48]が，相次いで日本で出版された．著者らは，当時，アメリカにおける環境心理学の中心であったニューヨーク市立大学の研究者であった．これらの本は，翻訳者が心理学者であったこともあり，内容も含めて環境心理学という分野があることを日本において広く知らしめるのに貢献した．

②場面の心理学（生態学的心理学）

バーカー（Roger Barker）らの**生態学的心理学**は，環境心理学よりも歴史が長く，環境心理学の一部として扱われることもある．日本の建築計画では**行動場面**という概念が魅力的であったためか，比較的早い時期に紹介されている．学校の教室や教会の礼拝堂などが行動場面の典型例である．すなわち，学校の教室では授業時間に教師と生徒が参加して授業が行われ，教会の礼拝堂では日曜日の朝，司祭と信者が参加してミサが行われる．その後，ウイッカー（Alan W. Wicker）の「生態学的心理学入門」[49]が出版され，日本でも行動場面の概念がより明らかになり，生態学的心理学の全容が理解できるようになったと思われる．

5.3 空間と知覚

(1) 感覚

普段，人間は何気なくものを見て，感じ取り行動をしている．しかし，そこには，人間の知覚あるいは感覚という心理学で扱う問題が介在している．

感覚については，視覚，聴覚，嗅覚，味覚，触覚をさす五感（官）という言葉が古くからある．この中で，建築に関わりの深いものは視覚，聴覚，触覚である．視覚と聴覚は，目で見たり，耳で聞いたりするものなので，遠く離れた状況から近くのものまで感じることができる．また，触覚は身体で触れて感じるものであるため身体回りの近いものをだけを感じることができる．五感はいずれも生活していく中で不可欠であり重要なものであるが，建築分野では特に視覚に注目が集まる．

(2) 感覚と知覚

一般に，知覚と感覚は，似ている言葉である．日常的には同じように使っても大きな問題が生じない場合もある．しかし，言葉が存在することからも，感覚と知覚の区別がある．**感覚**は目，耳，鼻などの受容器官を通じて得る情報という側面を重視したものをさすこと多い．一方，**知覚**は，受容器官を通して入る様々な情報に，その選択などの処理が加わり，さらに過去の記憶も加わり，行動と関連するので地理的広がり，都市空間や建築空間においても，意味をもつ．そのため，知覚は，心理学において重要な研究対象であることは当然であるが，建築学をはじめ多くの学問分野において深い関わりをもっている．

ここでは，一応，現在的な見方に立って，感覚と知覚を区別して記述した．しかし，これらの区別や定義づけは，時代を支配する考え方や異なる学問分野，異なる学派により違う可能性もあり，それほど単純なものではない．

5.4 ゲシュタルト心理学における知覚

(1) ゲシュタルト心理学の考え方

この心理学は 1920 年代にドイツにおいてヴェルトハイマー（Max Wertheimer）らが中心となり生まれ，1920 年代から 1930 年代にドイツを中心に栄えた学派である．**ゲシュタルト**（gestalt）は，ドイツ語で "形態" を意味する．この学派は心理的現象の全体性を重視する立場をとり，代表的な考え方を示すものとして，「全体は部分の総和以上のものである」という言葉がしばしば引用される．**ゲシュタルト心理学**以前の構成主義心理学では，感覚は心的要素であり，知覚は感覚や感情などの心的要素から成るとしていた．これに対して，この学派の心理学では心理的現象を要素に分解することにより，全体でしか捉えることができない重要なものが失われると考え，感覚は知覚の簡単なものであるとした．

(2) 図と地

この心理学に貢献した研究者の 1 人にルビン（Edgar Rubin）がいる．図 5.1 は，ルビンの壺あるいは盃と呼ばれる有名な絵である．これは白と黒の 2 色に塗り分けられた絵であるが，白色の部分を注視すると壺あるいは盃が浮かび上がって見え，黒色の部分は背景となる．このとき，壺あるいは盃として浮かび上がる白色の部分を「図」と呼び，背景となる黒色の部分を「地」と呼ぶ．反対に，黒色の部分を注視すると，向かい合う 2 人の人の横顔が浮かび上がって見え，「図」となる．このとき，先ほど見えていた壺（盃）が消えて，白色の部

図 5.1　ルビンの壺（盃）

分は背景となる．この現象は「図」と「地」の反転といわれる．

これは単なる遊びのための絵ではない．視野においてある対象の形を知覚するためには，あるまとまりを図として取り出す必要があり，背景になる部分が地になる．これを図と地の分化という．ルビンの壺（盃）の絵は，図と地の分化を示し，形の知覚を説明する1つの例である．

(3) プレグナンツの法則

視界に複数の対象があるときに，これらをまとまりとして知覚することを体制化という．ゲシュタルト心理学では，全体を簡潔でよい形としてまとまりを捉える傾向があると考えた．これを，**プレグナンツ**(prägnanz) の法則という．

ヴェルトハイマーをはじめゲシュタルト心理学者たちは，図5.2に示すように知覚の体制化をもたらす要因を明らかにした．これは，体制化の法則あるいは**ゲシュタルトの法則**と呼ばれる．ここで示したものがすべてではないが，比較的単純であり，一般にはこれらの要因が複数関係している．

近接の要因　　　類同の要因　　　閉合の要因

よい連続の要因　　　よい形の要因

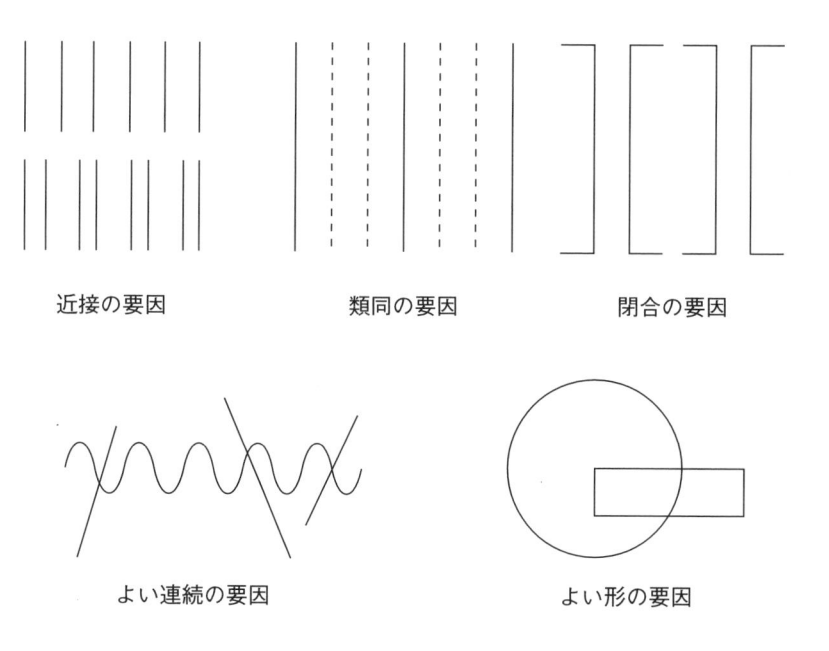

図 5.2　体制化の法則（ゲシュタルトの法則）

①近接の要因：同じものでは近くにあるもの同士がまとまって見える．
②類同の要因：同じ間隔で並ぶものでは類似したもの同士がまとまって見える．
③閉合の要因：閉じた図形はまとまって見える．
④よい連続の要因：なめらかに連続するものはまとまって見える．
⑤よい形の要因：よい形になるものはまとまって見える．

(4) 建築分野におけるゲシュタルト心理学の影響

　ゲシュタルトが形態という意味を表していたこともあり，ゲシュタルト心理学は建築や芸術心理学の分野では受け入れられてきた．「**図と地**」の概念は，元々は2次元平面において形態を表すのに用いられたが，建築では3次元空間における建築や建築要素の形態を表すのに使われる．現在でも，何人かの建築家や研究者は，建築や空間について語るとき，この「図と地」の概念を用いている．

　芦原義信著「街並みの美学」[50]は，イタリアの街の地図における「図」と「地」について次のように言及している．「イタリアの街の地図をよく見ると，街路や広場は，建物の外壁の足元まできちっと舗装されていて，その建物との間に曖昧な空間がないからこの地図を黒白反転して並べてみても，地図としてそれほど不都合な感じはしない」，さらに，「一般に街区は，図にはなりにくいが，…，街区が外部空間として適切にデザインされているため，図として見ても不自然ではない」と述べている．図5.3を見ながら，本当にそのように見えるか確認

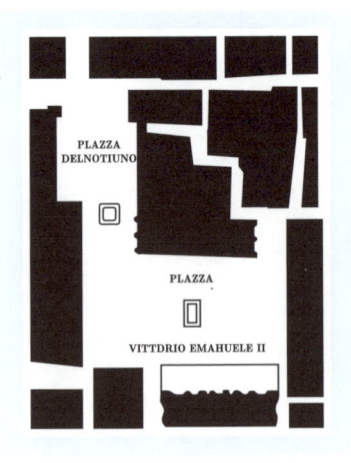

図5.3　イタリアの街区における図と地の反転

5.4 ゲシュタルト心理学における知覚

してみよう．この本は英語に翻訳されたこともあり，海外の研究者にも参照されている．

有名な建築史家であるシュルツ著の「実存・空間・建築」でも，例えば，「領域とは比較的構造化されていない「地」であり，「地」の上に場所や通路が比較的特徴を具えた「図」として現れる」「景観的段階とは実存的空間の輪郭が「図」としてそこから現れてくる「地」であるのがふつうである」というように，図と地の概念が説明に用いられている．

─ 課題 5.1 [建築物における図と地] ─────────────
建築において図と地の概念がどのように利用されているか建築雑誌や本で調べてみよう．

実際の建物もゲシュタルトの法則を通して見ると，納得できることが多い．写真 5.1 では，中央の 3 棟のビルがまとまって見えるのは，近接の要因と類同の要因から説明できる．このほかでは，東京都庁舎やテロリストに破壊されたニューヨークの国際貿易センタービルも同じように理解できる．ゲシュタルトの法則の中でもこの 2 つの要因は，実際の建物に適用するのが容易である．

─ 課題 5.2 [建築物におけるゲシュタルトの法則] ─────────
実際の物理的環境や建物を調べて，ゲシュタルトの法則が当てはまる実例を探してみよう．

写真 5.1 近接の要因と類同の要因

5.5　錯視と知覚の恒常性

(1) 幾何学的錯視

　人間の目とカメラを比較することが多いかもしれない．カメラに詳しい人ならば，人間の目のすばらしさを知っている．人間の目は果たして本当に眼前のものを正確に捉えているのだろうか．図 5.4 は，幾何学的錯視を示すいくつかの有名な図である．例えば，ミューラー・リヤー図形のように同じ長さの線が違って見えたり，ツェルナー図形のように平行な線が平行に見えなかったり，ポゲンドルフ図形のように一直線上にある 2 本の線がずれて見えたり，また，同じ大きさの図形が違って見えるはずである．1 つずつ図形を見ながら確認してみよう．

　いままで，多くの人たちはこれを半分遊びのように見ていたと思う．しかし，これらは決して遊びではなく，心理学者たちが真剣に研究した成果である．これらの図は，人間の知覚は必ずしも眼前の世界を模写しているわけではないことを示したものである．これらは，眼前の世界を映し出すという仮説に対する反証となっている．心理学者たちは，本当は錯視の規則性を探し出そうとしていたといわれている．しかし，現実はそれほど単純ではなかった．

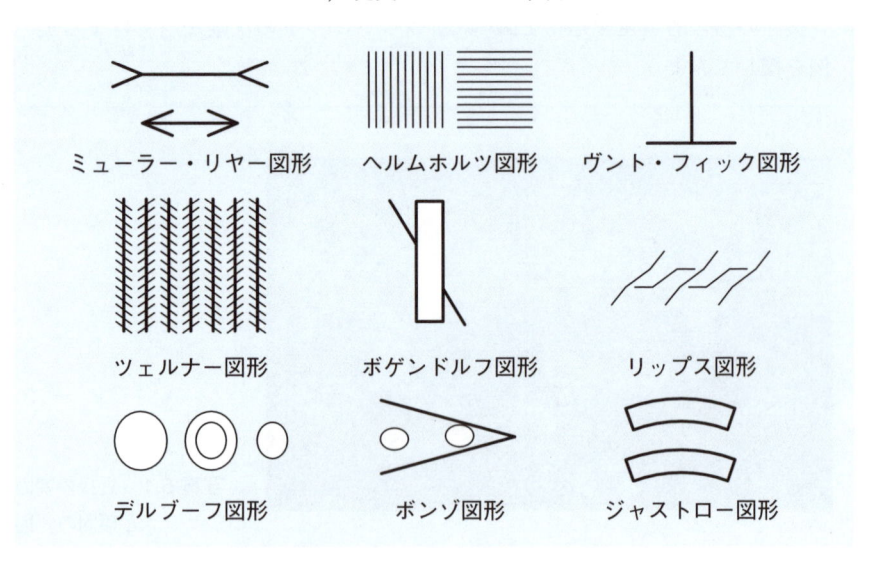

図 5.4　幾何学的錯視の例

5.5 錯視と知覚の恒常性 139

> **課題 5.3 [幾何学的錯視]**
> 図 5.4 についてほかの幾何学的錯視の図は何を示しているか考え，説明してみよう．

(2) 水平と垂直の錯視

ギリシアにあるパルテノン宮殿では，図 5.5 上に示すように，水平のままでは左図のように垂れ下がって見える．そこで，右図のように中央部をわずかに上げ，むくりをつけて，水平に見せている．日本では，駒沢公園にある大階段は，水平に見えるようにむくりをつけている．

垂直の錯視では，ギリシアのドリス式のオーダーが有名である．これはエンタシスと呼ばれ，柱底から柱頭へ美しい凸曲線のふくらみをもちつつ柱径を縮めるようにつくられており，上部が細く見えすぎないで，安定して美しく見える工夫をしている．写真のパルテノン宮殿の柱をよく観察してほしい．日本では，法隆寺の回廊と中門柱がエンタシスである．

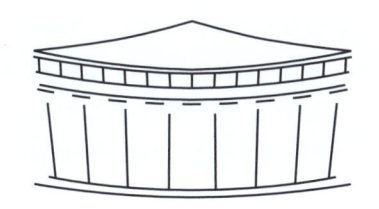

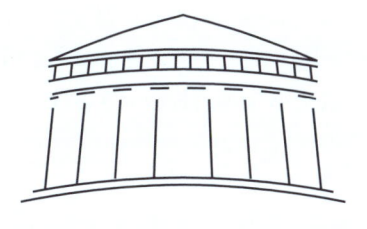

図 5.5 水平の錯視（パルテノン宮殿［上，左下］と駒沢公園の大階段［右下］）

(3) 知覚の恒常性
①形の恒常性
　舗道の正方形の敷石，マンホールの丸い蓋，家の玄関にある長方形の扉の形などは，本当は真正面から見ない限り，正方形，円形，長方形には見えないはずである．側面から見ると，目の網膜上では台形や楕円などに映っているはずである．また，距離が変わると少しずつ形が変わる．しかし，人は，日常生活の中でこれらの形を知っているので，それらが正方形であり，円形であり，長方形であると知覚している．このことを，形の恒常性と呼ぶ．

②大きさの恒常性
　均等に並んだドラム缶や電信柱を見たとき，人の位置から2倍の距離が離れているものは目の網膜上では大きさが2分の1に，3倍の距離が離れているものは3分の1に見えるはずである．しかし，人は，日常生活の中で網膜上の大きさにもかかわらず，遠くにあるものは小さく見えることを知っているので，同じものが並んでいると知覚する．

　ほとんどの人は図5.6左をどこかで見たことがあるだろう．この絵も，高等学校までは遊びのように習っていたのではないだろうか．この絵の中にある3つの円柱を見たとき，遠くにある円柱のほうが大きく見えるが，大きさを測ってみると3つの円柱の大きさは同じである．反対に，図の3つの円柱が同じ大

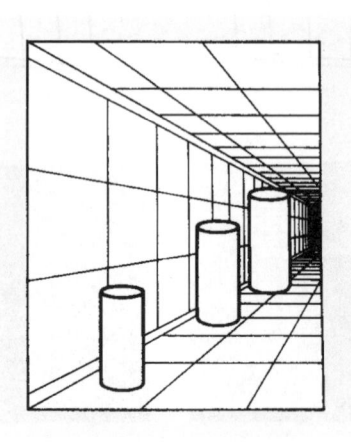

図5.6　大きさの恒常性

5.5 錯視と知覚の恒常性

きさに見えるようにするには，水平の線に沿うように遠方に置かれている円柱を小さく，手前に置かれている円柱を大きく描かねばならない．これは，水平に描かれて見える横の線が距離の手がかりを与えるために，遠方にある円柱は小さく描かれていても不自然に思わないで，同じ大きさであると知覚するからである．このことを，**大きさの恒常性**という．

③片眼視と恒常性

図 5.7（上）はエイムズ（Adelbert Ames, Jr.）の歪んだ部屋と呼ばれるものの写真である．部屋は四角に写っているが，後の2つの窓から見える人物の顔の大きさが極端に異なる．写真の右にある平面図と断面透視図の部屋を，右端から3分の1の位置にある覗き穴から，単眼で観察すると写真のように見える．この歪んだ部屋は，平面図が台形で左の壁の長さが右の壁の2倍あり，天井は右下がりで床は右上がりになっており，正面の壁も台形で左側の辺は右側の辺の2倍になっている．したがって，網膜上では部屋は四角に映る．そして，遠近法や大きさのてがかりがないため，網膜上に映る像の大きさに従って知覚するからである．通常，生活している部屋は水平と垂直で構成されているので，はじめて片眼で見ると，歪んだ部屋を理解することが難しい．このことは，人間は経験に基づき知覚していることを示している．実際，後の研究によると，歪んだ部屋の経験を重ねると，次第に実物通りに歪んで見えるようになるという指摘がある．

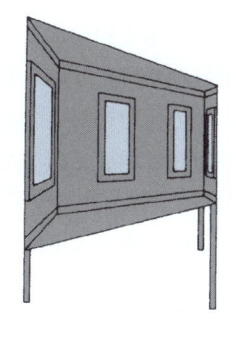

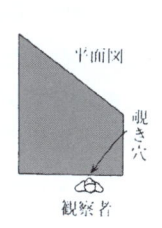

図 5.7 エイムズの歪んだ部屋

5.6 生態学的視覚論とアフォーダンス

(1) ギブソンの生態学的視覚論

いままで，知覚理論について説明してきたが，ギブソン（James J. Gibson）の見解は伝統的な知覚研究や認知心理学とは一線を画するものであり，それまでの心理学の立場からは受け入れ難い考え方を含んでいると思われる．ギブソンの知覚に関する研究は1950年代から1980年まで見られるが，認知心理学が始まり確固たる地位を築き上げた時期と重なる．ギブソンは，知覚の研究者としてかなり著名であったので，評価され注目されたという見方もある．しかし，彼の見解が大きく異なるため，立場の異なる一般の知覚心理学や認知心理学の文献ではあまり大きく取り上げられない．

もう少し具体的にギブソンの見解を説明しよう．ギブソン[51]は，環境の中にはすでに利用できるように空間情報が存在し，人間は感覚器官でそれを抽出するだけでよく，情報処理や解釈の必要はないとした．別の言い方をすれば，人間には，成長や生存のために必要な情報を容易に抽出できるような感覚器官が備わっているといえる．このように，人間が生存する環境との関係が深いことから，**生態学的視覚論**と呼ばれる．

これは他の知覚理論と比べると過激であり，別の見方をすれば，単純な考え方であるということもできる．ロボットをつくる応用的な研究分野においては，心理過程のような複雑な部分を回避して，直接応用に取り組めるという利点がある．通常，人間が生活している世界では，移動するたびに周辺の環境が変化する．いままでの伝統的な知覚理論に従えば，ロボットは異なる環境下で行為するたびに，情報処理や解釈という推論を行うが，その際に膨大な計算と時間が必要となった．この問題を解決するために，人工知能の研究者たちが辿り着いたのがギブソンの知覚理論であった．何よりも，人間が生活している環境により近い状態において，人工知能の応用が可能となるという有用性が大きな支えとなっている．そのため，人工知能の分野では受け入れられ，その影響力は大きい．

環境心理学では，本来，基礎的な理論を越えて応用面を重要視するという側面をもつことから，ギブソンの見解は一つの見方を提供する理論として紹介されている．

(2) アフォーダンス

ギブソンは環境を理解するために**アフォーダンス**（affordance）という概念を導入した．人間は，環境の中を動き回ることにより様々な見地から事物を見ることができ，探索を通して事物のもつ不変の機能的な性質を抽出することができるとした．このような事物や環境などがもつ機能的な性質がアフォーダンスである．アフォード（afford）は英語で"与える"という意味であるが，アフォーダンスという単語は，ギブソンの造語で，英語の辞書にはない．

例えば，あずま屋や軒先があれば，人間は雨宿りや日よけとして利用する．また，腰より低い高さに水平面があれば，人間は腰をかけるのに利用する．腰より少し高い位置に水平面があれば，物を置くのに利用するだろう．適度の高さの段差が連続して続けば，昇ったり降りたりする．また，適度に幅がある隙間は通路として利用されるが，狭すぎると単に隙間であり通常そこを通ろうとしない．これらはすべてそれぞれの事物や環境などがもつ不変の性質である．

人間や動物は探索し，交渉をすることにより経験を積み重ねて，事物や環境がもつアフォーダンスを容易に抽出できるようになる．

第6章

空間と人間のイメージ

　建築の計画や設計において，都市的広がりを対象とする場合に，人間が抱く空間のイメージが重要となる．ケビン・リンチはこの分野における研究の先駆者であり，長年影響をもち続けきた．彼の著作である「都市のイメージ」を中心に，人間のイメージに言及する．

6.1　人間のイメージの研究
6.2　ケビン・リンチの「都市のイメージ」
6.3　リンチの調査方法
6.4　リンチの都市のイメージにおける概念
6.5　認知地図の特性
6.6　環境認知の発達段階

6.1 人間のイメージの研究

　イメージとは何であろうか．イメージという言葉は日常の生活の中で度々使われる．特に，建築を学ぶ者は，無意識のうちに頻繁に使っている．image という単語を例えばランダムハウスの英和辞典で意味を調べてみると実に多様である．しかし，イメージという用語は心理学の中ではむしろ限定されて使用されてきた．長い間，実験中心の知覚を研究対象とする心理学では，イメージはモノの像を表していた．この場合には，イメージは単なる像であり，多様な意味をもっていない．

　イメージの意味を本格的に研究するのは非常に難しいことであり，研究対象となるには時間を要した．イメージについての本格的な本は「ザ・イメージ」(The Image) [52] である．この本は，日本語に翻訳されたが，心理学者が書いたものではなく，博識で著名な経済学者であるボールディング (Kenneth Boulding) によって書かれた．そこで扱っているイメージは，実験や調査に基づく研究成果ではなく，ボールディング自身が考えたことであり，心理学という学問に囚われていないということが幸いしたといえる．ただ，ボールディングは物理環境のイメージを扱ったわけではない．彼は，それまでの心理学で扱われていた限定された枠組みからイメージという概念を解放して，多様な意味を有する日常生活における枠組みへと導いた．

　イメージについては，環境心理学者であるカンターが著した「場所の心理学」の翻訳版 [53] において，訳者は次のように適切な説明を行っている．イメージには常に 2 つの主題がある．第一の主題は，本質的に現実でないものに関連していることである．第二の主題は，概念的であるか，何らかの感覚的様相（視覚，聴覚，触覚，味覚，嗅覚など）でたとえられる点である．ここでいう概念的なイメージは，考え，態度，期待，総体的な印象などであり，感覚的様相のイメージは，知覚に関する記憶に基づく視覚的イメージ，聴覚的イメージ，触覚的イメージなどである．

6.2 ケビン・リンチの「都市のイメージ」

(1) 都市のイメージ

リンチ (Kevin Lynch) が 1960 年に発表した「都市のイメージ」[54] は，いろいろな面で画期的な本であった．彼は，ボールディングが本格的に扱わなかった物理的環境に関するイメージに取り組んだ．

リンチは本の最初のほうで，人間がもつ都市の**イメージ**について短い簡単な文章ではあるが次のように的確に表現している．「私たちの都市の知覚は，持続するものではなく，むしろ部分的であり，断片的であり，他に関係するもので混在している．ほとんど全ての感覚が作用しており，イメージはそれら全ての合成物である」．

また，リンチは，環境のイメージが，**独自性** (identity)，**構造** (structure)，**意味** (meaning) の 3 つの成分に分解できると述べている．イメージがうまく機能するのには，独自性，すなわち，唯一のものとして特徴をもつことが重要である．また，イメージは，空間あるいは配列の関係性や構造を含んでいる．意味には実用的な意味と感情的な意味がある．ただし，3 つの中で，物理環境を対象とする場合には，意味は個人的なものもあり複雑であるため，リンチは独自性と構造の分析を中心に扱っている．

彼の功績は，イメージのように掴みどころがないものに対して科学的な方法を提供し，魅力的な概念を示しながら，単純で構造的な結果にまとめ上げたことである．発表当時の衝撃は，今日からでは知り得ないほど大きかったと思われる．本が出版されてから数十年ほど経るが，環境心理学の環境認知分野において今日でも中心的な話題を提供しており，また，今日の研究においても研究結果の大きな枠組みは変わらない．日本の建築計画分野や都市計画分野において及ぼした影響もかなり大きい．

ナイサー (Ulric Neisser) 著の「認知の構図」[55] やアンダーソン (John Robert Anderson) 著の「認知心理学概論」[56] などの初期の認知心理学の本でも，リンチの都市のイメージが紹介されている．認知心理学は，通常，環境と人間の行動との関係についてはあまり研究対象としていないこともあり，その後の認知心理学の教科書では「都市のイメージ」についてあまり言及されなくなった．

(2) 認知地図，メンタルマップ，イメージマップ

ある人に紙に地図を描画させるとき，描かれた地図を**スケッチマップ**と呼ぶ．そして，スケッチマップは，描いた人の頭の中にある地図，あるいは，心の中にある地図を取り出したものであると考えた．紙に描かれた地図ではなく，頭や心の中にあると想定した地図を，心理学者は**認知地図**（cognitive map）と呼んでいる．地理学者は，これをもっと直接的に**メンタルマップ**（mental map）（頭の地図あるいは心的地図）と呼ぶ．

一方で，日本の建築学の中では**イメージマップ**という用語を使う研究者がいる．この言葉は，認知地図だけではなく，スケッチマップと同じ意味でも使用されるので，2つの別の概念を混同している．リンチの都市のイメージの本の中にはイメージマップという用語はない．この言葉は，建築に携わる者にとって非常に魅力があるが，日本でリンチの本を最初に勉強した建築学の研究者たちが使い始めて，引き継がれた言葉である．

(3) 都市のイメージの影響

リンチの都市のイメージがこれほどまで大きな影響を及ぼした理由は，次の点にある．それぞれについては後で詳しく述べる．

第一は，調査で考案した**スケッチマップ法**（sketch map method）により得られた絵あるいは地図に関するものである．この絵は，無味乾燥な数値データとは異なり，被験者の個性と生活に関する情報が適度に溢れ，客観的な分析にある程度耐えられるとわかったことである．

第二は，**レジビリティ**（legibility）という非常に魅力的な概念を提示したことである．

第三は，研究結果である都市のイメージを形成する**5つのエレメント**が，それぞれ理解しやすく，5つという数も多くもなく少なくもなく，印象に残るのに丁度よい数であったことである．

第四は，その後に行われた多くの研究は，リンチの結果を大きく書き換えるものではなく，むしろ，支持するあるいは確認するものであったことである．

第五は，リンチの研究方法や結果が，都市全域だけではなく，局所的な地域や建物内部のような狭い場所においても適用できることが明らかになったことである．

6.3 リンチの調査方法

(1) リンチがイメージの調査を行った都市

リンチは，都市のイメージの調査を行うのに，ボストン，ロサンゼルス，ジャージーシティの3都市を選んだ．この3都市は，都市の構造が全く異なり，それぞれ特徴が明確である．

ボストンは東海岸にあり，アメリカでは古い都市で，ほぼ徒歩圏に中心部がまとまっており，ヨーロッパの都市を想起させる．ボストンの中心部は，川と運河に挟まれて海に突き出す握り拳のような形の小さな半島にあり，そのことが都市形状を決めている．中央にボストンコモンと呼ばれる公園があり，道路の構成は，ほぼ平行な状態から中央部に集まる2種類の道路群と，公園を取り囲むような環状道路から成っている．

ジャージーシティは，ハドソン川を挟んでニューヨークの対岸にあり，中心となる繁華街や特色となるものがない．鉄道と高速道路が縦横に交差して走る，交通で通過するような所に位置する都市である．また，階層や人種により住む

図 6.1 ボストンの地図（左上）と航空写真

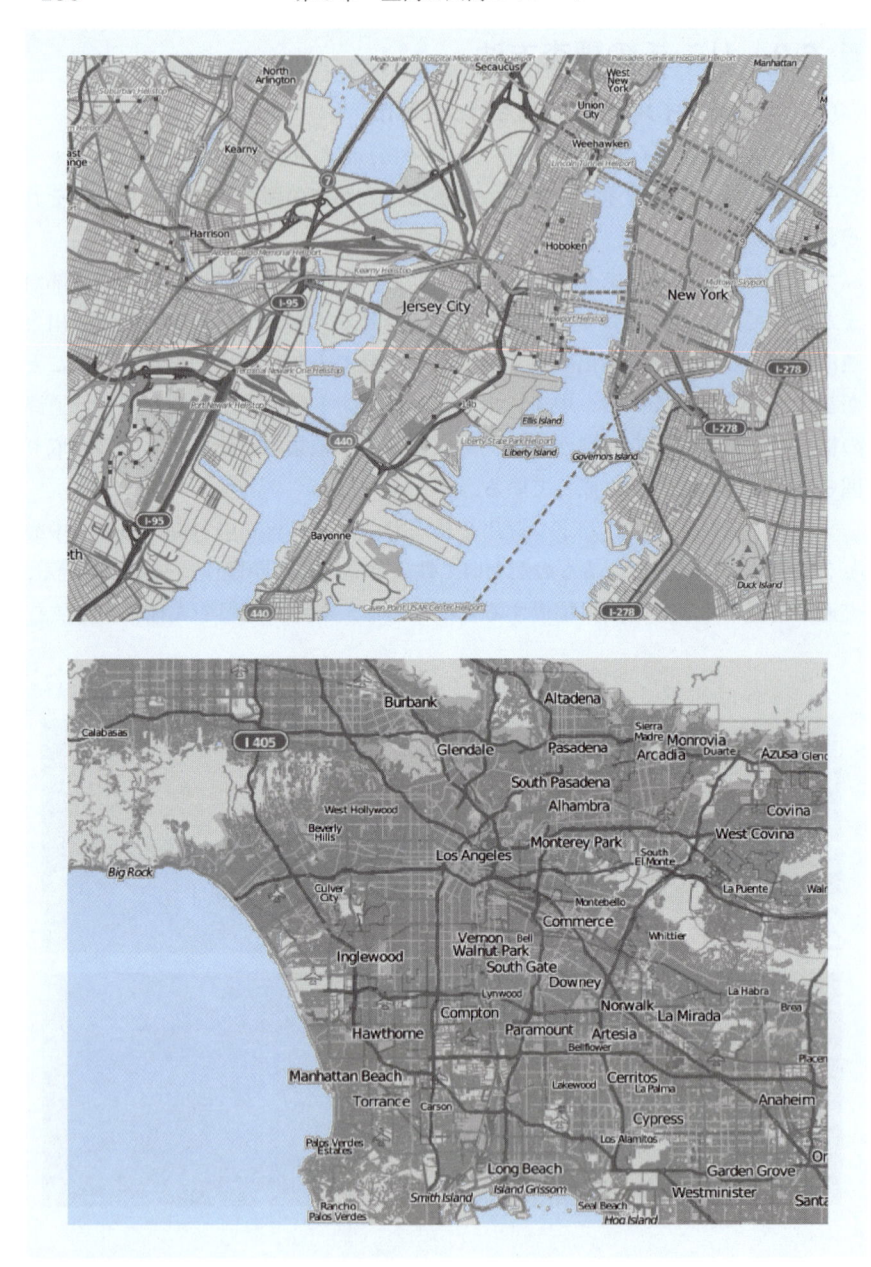

図 6.2 ジャージーシティ周辺（上）とロサンゼルス周辺（下）の地図

場所が異なり，住宅地が分断されている．

　ロサンゼルスは，西海岸にあり車社会を前提とした近代的な大都市であり，スプロールしている．ロサンゼルスにはいくつかの中心部が存在する．リンチが調査の対象としたのは，その中心部の1つであり，近代的な大都市の一部分である．そこは，道路が格子状に走り，オフィスと店舗から成る業務地区で，居住する所ではない．

　リンチ自身は，当時MITで働いており，ボストンには格別の愛着をもっていたものと思われる．リンチの本には，地名が数多く出てくる．一度，ボストンを訪れて，地図を片手に歩き回れば，「都市のイメージ」が書かれた背景と本の内容が一層理解しやすくなるであろう．また，インターネットの航空写真と旅行ガイドを見ながら旅行気分に浸ってみるのもいいかもしれない．

(2) リンチによる環境認知の調査方法

　調査の内容は，調査員が被験者に面談していくつかの調査を行うものであった．その中で注目を集めた調査は，スケッチマップ法と場所の想起と呼ばれる2つであった．リンチは次のように説明している．

①スケッチマップ法

「マサチューセッツ通りから内側に向かって，あるいは，繁華街に向かって，ボストンの中央部の地図をすばやく描いてください．ボストンに初めての来た人に都市について，主要な特徴をすべて含みながら，素早く説明するようにしてください．正確な地図でなくて結構です．ただ概略がわかるスケッチで結構です」

②場所の想起に関する調査

「ボストン中心部において最も目立つ特徴と思う要素が知りたい．大きいものでも，小さいものでも構いませんので，最も見分けやすく覚えやすいものを教えてください」

(3) リンチによる調査の限界

　リンチの都市のイメージの本が出版された後，多くの研究が行われてきた．研究者たちは，スケッチマップの妥当性を確かめる研究を行うとともに，新しく様々な調査方法を考案した．アメリカでも，日本においてもスケッチマップ法

を用いた研究の数は多く，対象も都市だけではなく，大学キャンパス，住宅地から，病院の建物内部まで多岐にわたっている．

一方で，研究成果が蓄積されるようになり，スケッチマップの問題点も指摘されるようになった．問題点を整理すると次の通りである．

第一は，リンチが調査の対象としたのはわずか3都市であり，リンチが調査した被験者は，ボストン30人，ジャージーシティとロサンゼルスでは15人ずつで，合計60人であったことである．研究成果の一般性を主張するには，対象とした都市数も被験者数も少ないと指摘されている．しかし，一方で，この種の研究は，予算や時間などの関係から，大量のデータを扱ったものはあまりない．前述したように，リンチが調査した都市はそれぞれ明確に異なる特徴をもっており，明確な相違を示す結果が得られるように，心理学などで使われる実験計画のような考えに基づいて，3都市は慎重に選ばれたものであることが推測できる．

第二は，地図を描く能力により研究結果の解釈が左右されることである．子どもや地図などを描くのが得意でない者は，ある場所について熟知していたとしても上手に描けない可能性がある．描画能力が個人によって異なるため，人々の環境の知的イメージを正確に表す方法として，スケッチマップの妥当性が疑問である．子どものスケッチマップには描画能力の複雑な影響が特に明かに見られるという指摘がある．

第三は，スケッチマップの最も深刻な限界は，そこから抽出される正確さとか複雑さのような測定値が潜在的に信頼できないことである．スッケチマップの正確さ，複雑さに関する標準を確立するのは困難である．

第四は，認知表象は視覚的・非視覚的特性の双方を含むものであるが，スケッチマップは，認知表象のうち視覚的側面を強調する傾向があることである．

第五は，描かれたスケッチマップが，経験した場所の記憶を統合したものか，地図情報の記憶によるものか判断するのが困難であるということである．近年，雑誌，新聞，テレビ，などで地図情報が街に溢れている．デフォルメされたり，簡略化されたり，様々な工夫が凝らされた地図が存在する．我々は，リンチが都市のイメージを出版した当時とは異なり，地図情報に接する機会がはるかに多いのではないだろうか．

6.4　リンチの都市のイメージにおける概念

(1)　レジビリティとイメージアビリティ

　リンチが提案した"**レジビリティ**"は，英和辞典で調べると，「わかりやすさ」という意味が記されている．「都市のイメージ」の日本語の翻訳でも「わかりやすさ」という日本語があてられている．

　リンチは本の中で次のような説明を行っている．「レジビリティとはその部分を認識して，一貫したパターンに構成することができる容易さである．……レジビリティのある都市とは，容易にディストリクト，ランドマーク，道路を認識することができ，そして，容易に全体的なパターンとしてきれいに配列することができるものである」

　さらに，リンチは"**イメージアビリティ**（imageability）"，敢えて日本語にするとイメージのしやすさということになるが，これについて次のように述べている．「それは，高い確率で強いイメージを起こさせる物理的物体がもつ質に関わる．はっきりとした独自性をもち，そして，強力に構造化されたメンタルマップの形成を容易にするのは，形，色あるいは配列である．イメージアビリティは，特別な意味においては，レジビリティであったり，見やすさ（visibility）であったりする」

(2)　レジビリティの理解の仕方

　リンチが提案したレジビリティは，本来の英語がもつ意味を超えたものであることがわかる．レジビリティを日本語で「わかりやすさ」と訳した場合に，よく見られる誤解は，「単純さ」と混同してしまうことである．これについて，カンター[53]が，レジビリティは単なる単純さではないとして，適切な説明を行っている．むしろ，リンチがレジビリティを説明するのに，ボストンを取り上げていることから，リンチ自身は，単純な都市のわかりやすさではなく，複雑な都市のわかりやすさを訴えたかったものと考えられる．

　リンチは，3つの都市の中で，ロサンゼルスやジャージーシティは，ボストンよりもレジビリティがはるかに低いと述べている．

　いずれにせよ，この概念は多くの研究者や読者を魅了してきた．この言葉の説明を読むと，研究分野において「都市のイメージ」が長年影響力をもち続け

ている理由を垣間見ることができる．

　しかし，読者の中にはレジビリィが理解できない人や，疑問を抱く人がいるかもしれない．リンチの説明は抽象的であり，具体的な対応関係をあまり明示しておらず，その解釈について議論の余地が残る．そのため，リンチのレジビリティはわからないと主張する研究者もおり，抽象的な説明への批判と考えられる．

(3)　都市のイメージを形成する5つのエレメント

　場所の想起やスケッチマップの分析を通して，リンチは都市のイメージを形成する重要なエレメントとして5つのものを抽出した．これらのエレメントは，わかりやすく，リンチの最大の研究成果という研究者もいる．都市のイメージが出版されて以来，数多くの研究が行われたが，それらの結果が5つのエレメントに何らかの関係で類似していた．**5つのエレメント**を説明すると，以下の通りである．

　①**パス (path)**：連続する線状の要素であり，これらの上やあるいはこれらに沿って，人やものが移動できるという特徴を有する．これらの具体例として道路，鉄道の線路，運河などをあげることができる．
　②**エッジ (edge)**：連続する領域を遮断する線状の要素であり，ふちやへりと呼ばれるものに相当する．海岸線，川，切り通し，線路，城壁などがある．
　③**ディストリクト (district)**：都市の部分であり，その中において各所に共通の特徴をもつ領域である．通常は，その中で内部から認識するが，外からまとまったものとして見える場合もある．
　④**ノード (node)**：都市の中にある重要な点である．ディストリクトの中の焦点，重要なパスが交わる交差点，鉄道の終着駅や駅，広場などがある．
　⑤**ランドスケープ (landscape)**：基本的には内部から見るものではなく，外部の地点から見るもので，地図上で見ると点のようなものである．ランドスケープには，遠くから見えるものと，局所的に限られた場所からだけ見えるものに分かれる．前者の例として，塔，欧米で見られる公共建築の丸屋根，大きな丘などがあり，後者の例として，看板，建物の正面，樹木などがある．

　これら5つのエレメントは，独立している場合もあるが，互いに関連する場

合も多く,中に含まれたり,接したり,重なる場合もある.例として,次のようなものをあげることができる.
- パスとエッジは重なる可能性がある.
- パスはディストリクの中に含まれることもあるし,パスもエッジもディストリクトの辺や縁となることもある.
- ランドマークやノードがディストリクトの中にある場合,ノードがパスの交わるところに位置していたりする.また,ランドマークがノードの中に含まれたり,その一部を構成する場合もある.

課題 6.1 [スケッチマップと 5 つのエレメント]

(1) 子ども,両親,友達など,いろいろな人を被験者にしてスケッチマップを描いてもらおう.スケッチマップに 5 つのエレメントが見られるか確認してみよう.

(2) スケッチマップを比較して,違いがあるかあれば,何故違いが生じるのか考えてみよう.

6.5 認知地図の特性

(1) 認知地図の歪みと誤り

　リンチ以降に行われた研究を見ると，**スケッチマップ**で得られた**認知地図**と実際の地図を比較するとき，いくつかの典型的な相違点が見つかっている．それらの中で，典型的なものとして，次のような例があげられる．

- 直角に交わっていない2本の道路が直交しているように描かれる．例えば，45度の角度で交差する道でも直交して描かれることが多い．
- 平行でない2本の道路が平行に描かれる．
- 部分的にゆるやかに曲がっている一本道は直線に描かれる．

　これらの相違は，次のように理解することができる．人は一般に地図からの情報をもっていない場合には移動中または移動後，ほぼ直角に交わる2本の道が直角でないこと，部分的にゆるやかに曲がっている一本道が曲がっていることを知るのは難しい．また，真直ぐな道とわずかに傾斜しながら並ぶ道路が平行でない場合，この2本の道が平行に並んでいると思うことがある．

　通常，道路は真直ぐであり，平行になっており，直角に交わる場合が多い．そのように認識しても迷子になって問題が生じない場所では，無意識のうちにこのように思い込んでいる場合がある．これらは，**歪み**（distortion）あるいは**誤り**（error）と呼ばれる．これらの用語は，実際との乖離の程度，状況などにより異なるが，同時に当てはまることも多い．どちらか一方の用語のみを使う研究者もいる．

　歪みや誤りの例をあげると，次の通りである．

- 図6.3：実際の地図では鉄道の線路が斜めに交わっているが，スケッチマップを見ると，線路を直角に交わるように描いている．
- 図6.4：ターミナル駅を中心とする地図であるが，2本の鉄道の線路の位置が入れ替わっている．
- 図6.5：駅のコンコースの地図であるが，地図では45度に曲がっている道が直線に描かれている．
- 図6.7（159〜160ページ）：45度の角度で交わる校舎の平面（158ページの図6.6）のスケッチマップを児童に描かせたものである．直交するように描く児童，平行に描く児童，斜交する廊下を取り違える児童，上へ湾曲して描く児童がいる．

6.5 認知地図の特性　　157

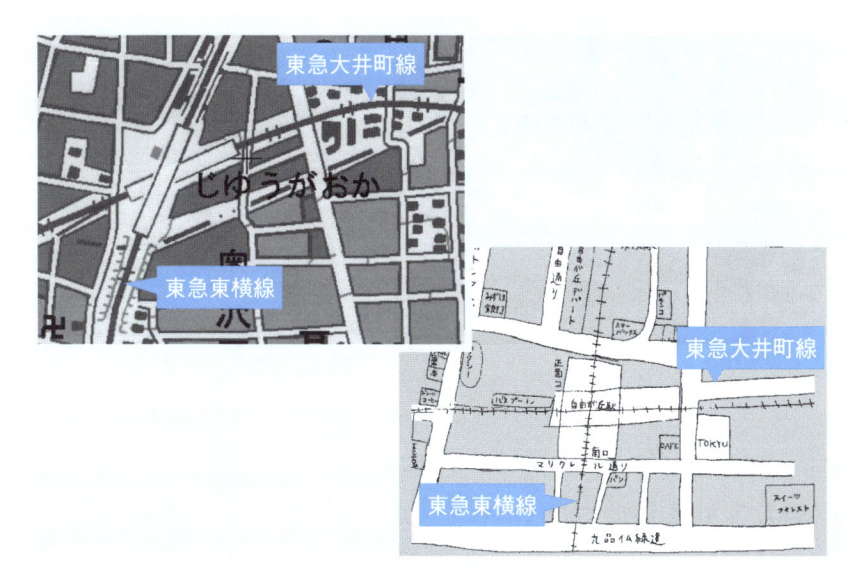

図 6.3　自由が丘駅周辺の地図（上）とスケッチマップ（下）

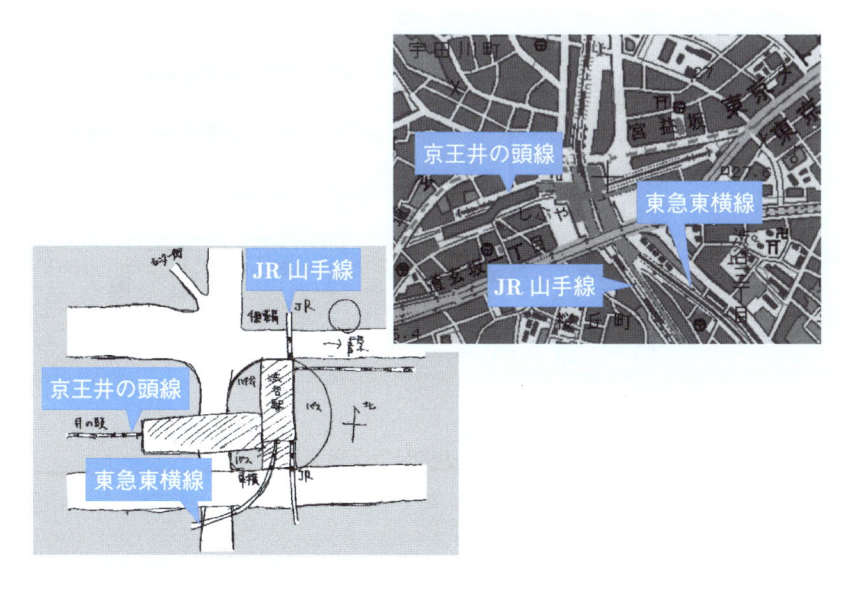

図 6.4　渋谷駅周辺の地図（上）とスケッチマップ（下）

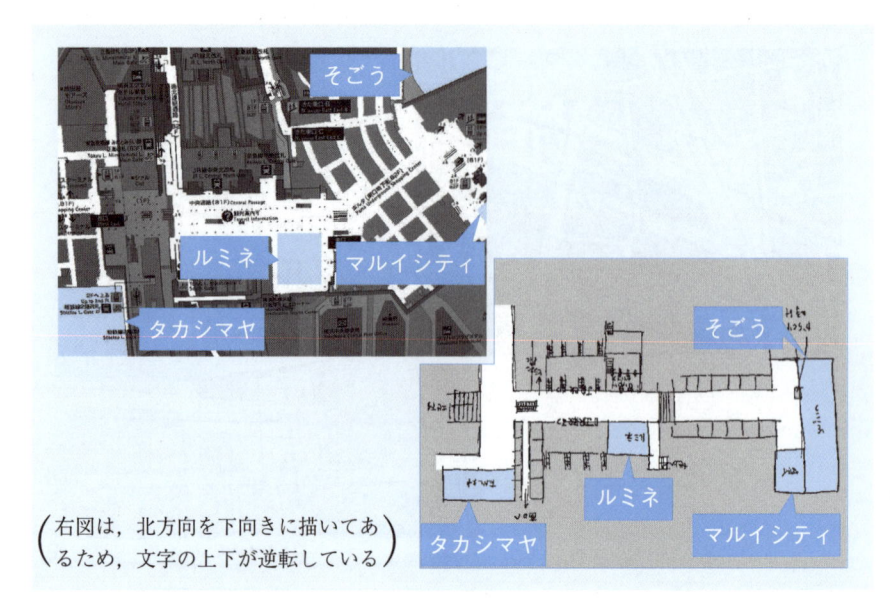

158　第6章　空間と人間のイメージ

(右図は，北方向を下向きに描いてあるため，文字の上下が逆転している)

図 6.5　横浜駅コンコースの地図（上）とスケッチマップ（下）

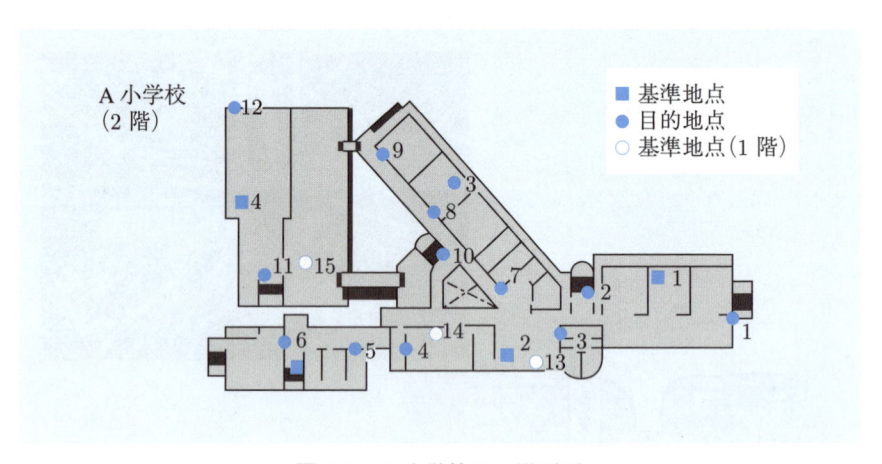

■ 基準地点
● 目的地点
○ 基準地点（1 階）

A 小学校（2 階）

図 6.6　A 小学校の 2 階平面

6.5 認知地図の特性

(a) 被験者：5年生女子

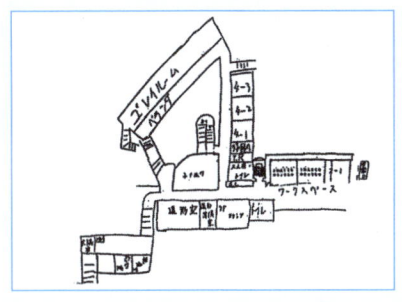

(b) 被験者：5年生女子

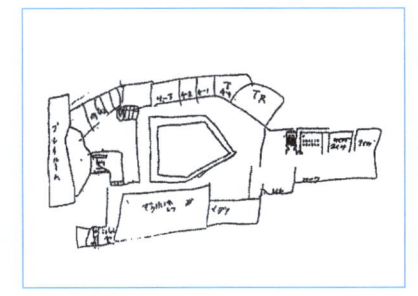

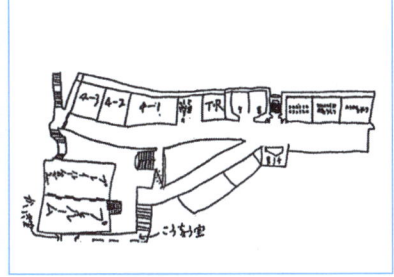

(c) 被験者：2年生男子

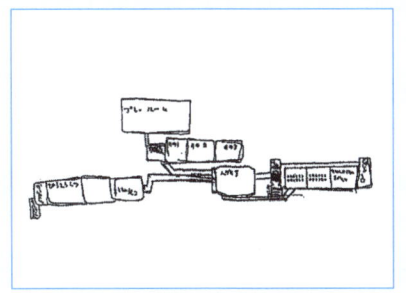

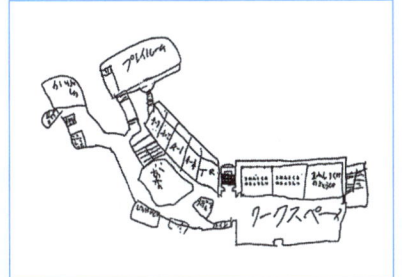

(d) 被験者：2年生男子

(e) 被験者：3年生男子

(f) 被験者：3年生男子

図 6.7(1) A小学校児童のスケッチマップ

(a) 被験者：5年女子
(b) 被験者：2年男子
(c) 被験者：3年男子
(d) 被験者：3年女子

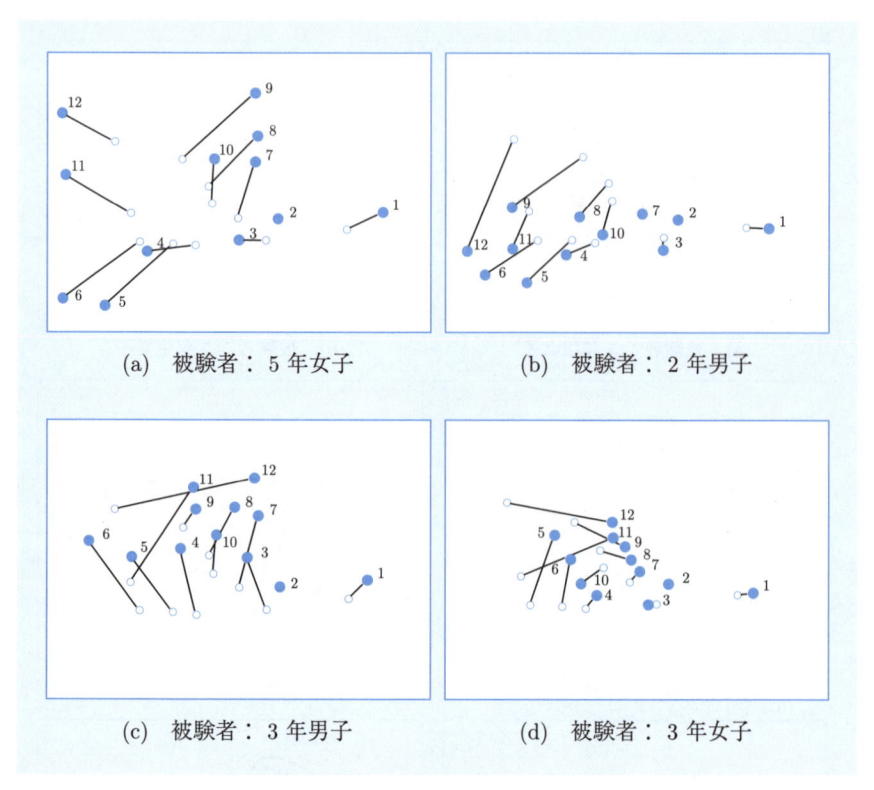

図 6.7(2)　A 小学校児童の地点の再構築

いずれの例においても，歪んだり，誤ったスケッチマップを描いたとしても，日常の行動に問題があるとういう訳ではないようである．

---**課題 6.2** [認知地図の歪みと誤り]---
(1)　認知地図の歪みや，誤りが生じやすい場所を探し出してみよう．そして，知人や友人を被験者にして，その場所のスケッチマップを描いてもらい確かめてみよう．
(2)　スケッチマップを描くのが困難な場所はないか考えてみよう．

6.6 環境認知の発達段階

　心理学には発達心理学という分野があり，環境認知の獲得に関する発達段階も研究者たちの興味の対象となった．発達心理学の分野でピアジェらは認知発達の一般理論を提案した．

　ムーア（Gary Moore）とロジャー・ハート（Roger Hart）[57][58]は，これを基にして，空間を参照する枠組みに焦点をあてて子どもの認知地図の能力には，図 6.8 に示すように次の 3 つの段階があると論じた．

①**自己中心的（egocentric）段階**：自分自身の活動が中心となっており，環境は断片的なものである（図 6.8 左上）．
②**固定的（fixed）段階**：認知地図は，固定された場所を参照してその周辺が位置づけられる．これらの領域は複数存在していたとしても，これらは互いに結びつけられていない（図 6.8 右上と左下）．
③**座標的（coordinated）段階**：測量地図と近い特徴をもつようになる（図 6.8 右下）．

　一方，参照の枠組みというよりは，むしろ，スケッチマップを基にした地図に着目して発達段階を調べた研究がある．

　シェミアキン（Shemyakin, F.N）[59]は，発達段階において**ルートマップ（道路地図）**が**サーヴェイマップ（測量地図）**に先行すると述べた．

　ラッド（Ladd. F.C）[60]は，スケッチマップを 4 分類することにより，
①絵画的なもの（図 6.9 左上）
②図式的なもの（図 6.9 右上）
③地図に類似したもの（図 6.9 左下）
④ランドマークを含む地図に類似したもの（図 6.9 右下）
と名づけた（図 6.9）．ただし，スケッチマップを描いたのは低所得階層の 12 才から 17 才の子どもだった．

　シーゲル（Alexander Siegel）とホワイト（Sheldon White）[61]は，先行研究を踏まえて，
①ランドマークが中心の段階
②ランドマークを結ぶパスの段階

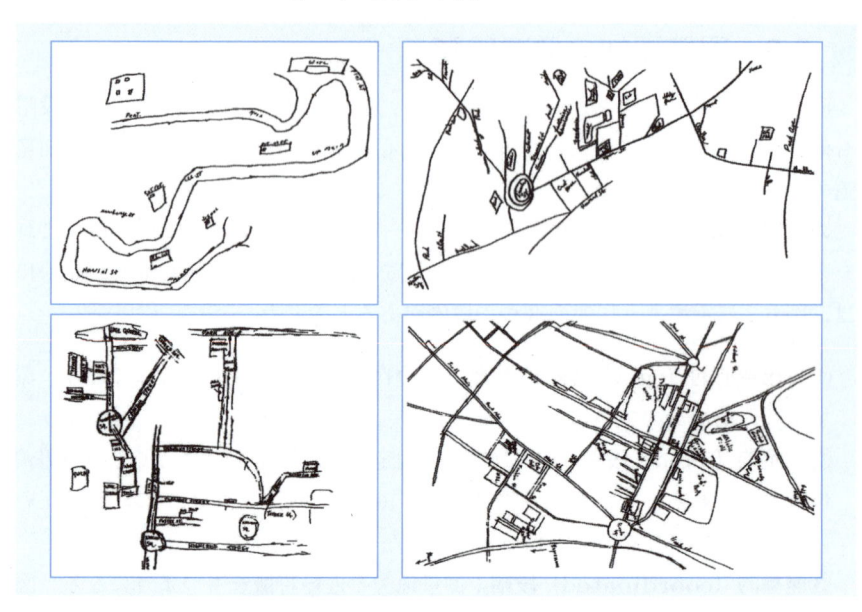

図 6.8　発達段階とムーアとハートの分類

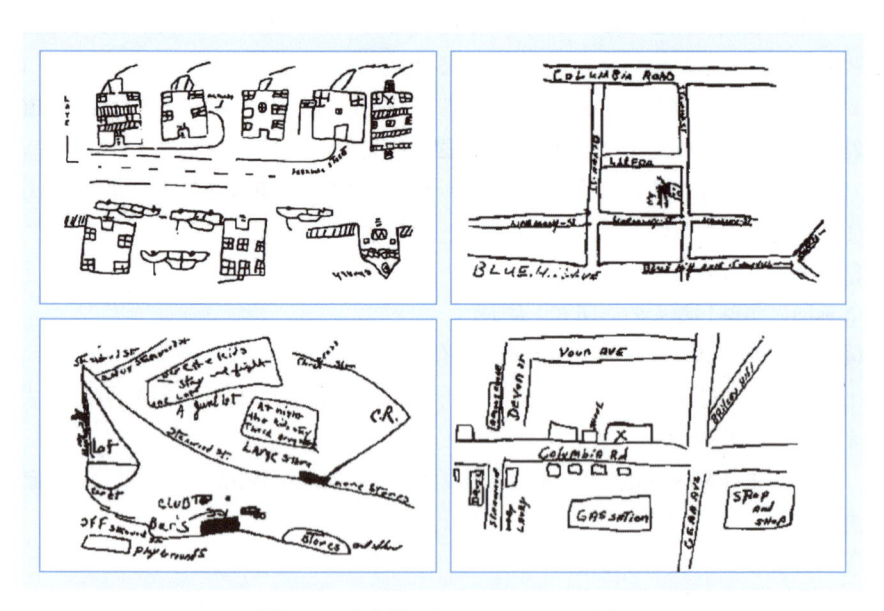

図 6.9　発達段階とラッドによる分類

③ランドマークとパスで比較的組織化された小さな領域を形成する段階
④環境の特徴が全体的に座標のような関係になる段階
があると指摘した．

　子どもは，実験や調査をすることが難しく，一般に大人と比べ地図を描く能力も劣ると考えられる．しかし，観察すると大人と比べ遜色のない行動をすることも度々ある．このようなことから，限定された広がりの場所では，既往研究で考えられてきたよりも，空間認知の能力が発達しているという指摘もある．

　子どもは，小学校で地図の見方を学び，大人になるほど，雑誌，看板，テレビ，インターネットなどの様々なメディアを通して**地図情報**に触れる機会が多い．このような地図情報に関する学習と，行動や活動を通して体験的に獲得する能力が相互に関連しながら，環境認知の発達に影響するのは当然である．

　慣れ親しんだ環境での行動は，新しい環境での行動と異なる．したがって，場所に対する熟知度や，日常的に使用する交通手段などが，環境認知に影響を及ぼす要因となる．また，盲人を被験者とした研究もあり，盲人も通常の人と類似した認知地図をもっているとある研究者が指摘している．

第7章

周辺空間と人間の心理

人間の周囲にある空間は，多くの他人の存在や行動との関連から様々な意味を帯びる．基軸となり周囲の空間に意味づけをするプライバシー，仮想空間であるパーソナルスペース，実在空間であるテリトリーに言及する．

7.1　プライバシー
7.2　パーソナルスペース
7.3　テリトリーとテリトリアリティ
7.4　犯罪と安全な空間

7.1 プライバシー

(1) プライバシー，パーソナルスペース，テリトリーの相違

パーソナルスペースとテリトリーは，プライバシーを調整するための行動と関連したメカニズムであり，**プライバシー**を基軸として，相互に関連をもつ．これら2つの概念の違いは，次の点にある．**パーソナルスペース**は，対人と自分との2人の人間の距離を基本として，一人ひとりに個別に存在するもので，しかも，目に見えないが移動時に一緒に動き，状況に応じて拡張したり，収縮したりする．これに対して，**テリトリー**は物理的な環境に密接に関わる目に見える動かない静的な領域である．

プライバシーは外来語のまま日常的に使われており，パーソナルスペースも学術用語としてかたかな表記で使われる．本書では，テリトリーもかたかな表記にする．なぜなら，日本語の言葉では表現するのが困難であると考えるからである．これらは，日本語の言葉で表現が困難な概念であり，日本では認識が希薄であり，西欧からもたらされたものである．

(2) プライバシーの定義

プライバシーとは何か．この言葉は，法律において1890年にアメリカで発表された論文「The Right to Privacy」が起源であるといわれており，西欧社会でも近代注目されるようになった．日本と西欧との文化や社会における相違を端的に表す言葉の1つである．このような背景もあり，日本では体系的な研究は見られない．アルトマン（Irwin Altman）が的確な定義を行っており，ホラハン（Holahan, C.J.）[62]やギフォード（Gifford, R.）[63]が環境心理学の教科書で既往文献をうまくまとめている．アルトマン[64]は，「プライバシーとは，自己や集団への接近を選択的に管理ができることである」と述べている．プライバシーは，自己あるいは集団への接近の中で，社会的側面と情報的側面の両面をもつ．アルトマンが行ったプライバシーの定義は両者を区別しないで包含している．自分や集団が，様々な状況において行動や活動を行うとき，考え，好み，必要性，価値観，予想などが影響するが，どの水準で選択的に管理できるかということが重要である．

(3) プライバシーの様々な次元

1970年代前後にプライバシーの調査に関連して尺度が開発される中，**プライバシー**にはいくつかの異なる次元，側面があることがわかる．ウェスティン (Alan Westin)[65] は，政治学の見方からプライバシーを孤立 (solitude)，親密 (intimacy)，匿名 (anonymity)，保留 (reserve) の4つの側面から捉え，先駆的な提案を行った．

マーシャル (Nancy Marshall)[66] は，プライバシーを社会的交流からの撤退 (withdrawal) と情報の管理の2つに大きく分け，さらに，それぞれを3つに細分化した．前者は孤立，隔離 (seclusion)，親密であり，後者の情報の管理は匿名，保留，非交流 (not-neighboring) に分かれる．

孤立は1人でいることであり，親密は家族や特別な人と一緒に他人から離れることを意味する．隔離は近くにいる人や通行する人の視界から外れ見られないこと，その人達の音が気にならないことである．

匿名は，大勢の中で自分の存在を認識されない状況や，他人に自分のことを知らせない状況である．保留は，知らない人に自分のことをあまり明らかにしたくないという願望であり，他人の侵入に対して心理的なバリアをつくり，他者とのコミュニケーションを制限することである．非交流は，他人とのコミュニケーションにおいて関わりをもたないことである．

このような分類は，考え方により厳密に一線を画することが容易でないため，類似する分類が存在する．具体的には，親密について友人の場合と家族の場合の2つに分けたり，孤立と隔離を同一の分類にしたりすることである．

(4) プライバシーと空間設計

プライバシーが問題となる物理環境は，1日のうちで，長時間滞在する場所，生活する場所，働く場所などである．プライバシーに関する研究は，数人で一室を共同で使用する寄宿舎の個室，病室，刑務所の独房，オープンオフィスのブースなどを対象に行われてきた．また，住宅についても家族構成と間取りの関係からプライバシーが問題となる．

刑務所の独房は，刑務官が通路を歩きながら見渡して監視できる配置と造りになっている．本来ならば，プライバシーが皆無に近い状況にある．しかし，独房の広さが広ければ，また収容人員が少なければプライバシーが高まる．

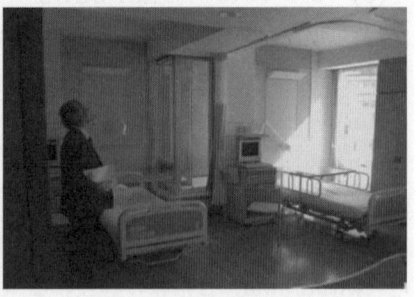

写真 7.1 従来の病室（左）とベッドごとに窓を設けた病室（右）

病室でも，6人，4人，2人と収容人数が減るに従い，プライバシーが高くなる．また，病室内におけるベッドの配置によりプライバシーが変化する．近年，設計された病室では，写真 7.1 に示すようにベッドの位置によりプライバシーや窓からの眺望などに差が生じない工夫をしたものが見られる．

オープンプランの小学校は，1970年代後半にアメリカで教室を壁で囲う動きが急に高まり衰退し，やがてイギリスや英語圏の国においても表舞台から姿を消した．一方で，同じ頃，日本では，この形式の学校が時代に逆行するかのように導入されて今日に至っている．安全性の観点からイギリスで見られるガラスを使用して廊下からの透過性を高めた教室（写真 7.2）や，オープンプランスクールの教室（写真 7.3）では，伝統的な閉じられた教室に慣れている教師にとってプライバシーがないと感じるかもしれない．

写真 7.2 イギリスの小学校の教室

7.1 プライバシー 169

写真 7.3 日本のオープン
スクールの教室

住宅においては，外部からの入り口，居間，個室の配置構成を工夫することにより，家族の構成に合わせながら，**プライバシー**を考えた計画が可能となる．シェマイエフ（Serge Chermayeff）とアレキサンダー（Cristfer Alexander）は，「コミュニティとプライバシイ」[67]という本を著し，住宅において外部からのプライバシーを確保しながら，外部との社会的交流にも適切に対応できるデザインを提唱した．そこでは，居間と外部とを隔てる境界が重要であることを論じた．当時，日本ではプライバシーという概念自体が新鮮であったようで，この本は日本語に訳されて，評判を呼んだ．

ここでは，プライバシーに関して，共通する枠組みとなる事項のみを取り上げ，個人差には言及しなかった．しかし，プライバシーに関して個人差が存在することは当然であり，性格，性別，年齢，生育環境，文化や国などが複雑に絡み合っている．

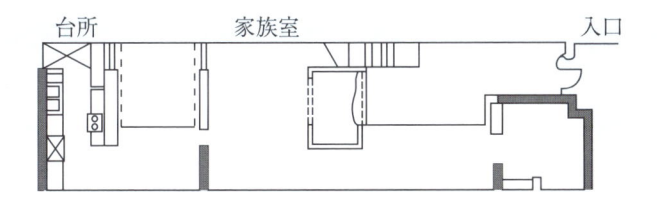

図 7.1 プライバシーを考慮した住宅

7.2 パーソナルスペース

(1) パーソナル スペースと対人距離

文化人類学者であるホール（Edward Hall）は，「隠れた次元」[68]を著し，大きな影響を及ぼした．彼は，空間を科学的に研究するために対人関係の交信手段として**プロクセミックス**（proxemics **近接性**）という用語を造った．対人距離に関する研究は，心理学をはじめ建築学において大いに注目を集め，**パーソナルスペース**の先駆的なものと位置づけることができる．ただし，これらは，文化人類学の立場からのものであり，心理学の実験のように厳密な研究から導かれたものではない．ホールは，対人距離を大きく4分類して，さらにそれぞれを近接相と遠方相に2分割して合計8分類とした．

①密接距離（intimate distance）

他人との身体的接触している距離から，少し離れている距離までを指している．この距離の範囲は，近接相（0〜15 cm）と遠方相（15〜45 cm）に分けることができる．前者の例は，相撲，レスリングなどの格闘技で接触またはそれに近い状態，恋人たち，若い親と小さな子どもが肩を寄せ合っている状態の距離である．後者の例は，2人の人間が小声でひそひそ話をする距離や非常に親しい仲のいい友人同士の距離である．

②個体距離（personal distance）

友人同士，知り合い同士が話す距離であるが，親しさで大きく2つの相に分かれる．近接相（45〜75 cm）は本当に親しい男女が話す距離であり，遠方相（75〜120 cm）は特別親しくない友人や知り合い同士の距離である．したがって，特別親しくない友人や知り合いから自分を守る防御領域は，近接相と遠方相の境界にあるといえる．

③社会距離（social distance）

互いに知らないもの同士が状況に応じてとる距離である．近接相（120〜200 cm）は知らないもの同士が会話する距離であり，遠方相（200〜350 cm）は形式的な状況下や，公式的な仕事などでとる距離である．

④公衆距離 (public distance)

他人と関わりをもたない距離であり，近接相（350〜700 cm）は講演を行うときの講演者と聴衆との距離である．聴衆の人数が少ないときには距離が縮まり，聴衆が多くなると距離が伸びる．遠方相（700 cm 以上）は，例えば，身分の高い人と一般の人が最初に立ち止まって顔を合わせるときの距離であり，会話をする距離ではない．

(2) ソマーとパーソナルスペースの定義

ソマー（Robert Sommer）は，「人間の空間」[69]という著書の中で，「パーソナルスペースは，我々を取巻く，ある機能をもつ一種の見えない領域（bubble）である」と述べている．**パーソナルスペース**は，人間相互の関係に基づく対人距離を連続させたものであり，他人が侵入してこない個人の身体の回りにある見えない領域である．

このようにソマーの説明が簡潔で魅力的であったため，ソマーの名前とパーソナルスペースという用語を結びつける傾向が強い．また，見えない領域のことを，"bubble" という表現を使用したことで，一層，注目を集めたと考えられる．ソマーは日本において有名で，パーソナルスペースという言葉も比較的知られている．これは，英文タイトルである "Personal Space" がわかりやすかったこと，そして，彼の本が日本語に翻訳され，出版されたことによる．

しかし，パーソナルスペースという用語はソマーの造語ではなく，カッツ（Kadz）が提案したとされている．環境心理学，建築学，生物学などいくつかの学問分野において多くの研究者によりパーソナルスペースの研究が行われてきた．ソマーは，研究範囲が広く，純粋にパーソナルスペースの研究者という訳ではない．正確には，パーソナルスペースの研究を一部行ったということである（日本人は，翻訳された情報でのみ判断してしまう傾向にあるかもしれない．このことは，アメリカの環境心理学の教科書に示されているパーソナルスペースの参考文献を見ると，よく理解できる）．

(3) パーソナルスペースの特性

パーソナルスペースの特性を整理すると，次のようにまとめられる．

第一は，人は常に固有のパーソナルスペースをもち運んでいる点である．その人が，立っているときも，座っているときも常に，身体の周囲にある．これ

は，テリトリと明確に異なる点である．

　第二は，パーソナルスペースは，見えない領域といわれるように，境界を厳密に知ることが困難な点である．おそらく，境界は明確な線ではなく，あいまいな線である．緩やかに変化するという指摘もある．ただし，ホールの密接距離や個体距離の範囲では，相手によって急激に変化する可能性もある．

　第三は，パーソナルスペースは防御と交流という表裏が一体化した特性をもっているという点である．ソマーはパーソナルスペースの防御的側面を重視して説明している．これとは反対に，ホールの対人距離は，対人関係や他人へメッセージを送る交信手段であり，人の交流を表している．この相反する側面はいずれかが正しいというものではない．

(4) パーソナルスペースの測定

　ホールが示した対人距離はどのようにして測ることができるだろうか．向かい合う2人の人間を被験者として，パーソナルスペースについて距離を測定する心理学的な方法で考えてみたい．

　最も客観的に測る方法は，**立止まり距離法**（stop-distance method）と呼ばれるものである．実験方法は2通りある．

　被験者がAとBの2人がいる場合を想定する．第一の方法は，被験者Bが被験者Aのほうにゆっくり歩き，被験者Aが不快を感じたとき，被験者Bに立止まるようにいう．第二の方法は，被験者Aが被験者Bのほうにゆっくり歩き，被験者Aが不快だと思った地点で立止まる．

　いずれの場合も，被験者AとBの距離を測ると，その長さはAが不快と感じる距離ということである．しかし，研究者たちは様々な方法を考えるものである．このほかに，実際の人の観察，模型を使ったシミュレーションなどによる測定法もある．

(5) パーソナルスペースの形

　対人距離の測定では，被験者AとBの2人が顔を正面から相対した状態において距離を測るものであった．しかし，対人距離は，2人の顔の方向がなす角度により異なる可能性がある．

　前述した第一の方法により，被験者Aの位置と顔の向きを固定したまま，被験者Bが近づく方向を変化させながら対人距離を測ることができる．Aの頭を

7.2 パーソナルスペース

中心と B の顔の正面を直線で結び，対人距離のプロットを行うことができる．ある一定の角度でこれを繰り返して，点をつなげれば，被験者 A のパーソナルスペースの形を得ることができる．

おそらく，対人距離が顔の正面方向では目で明確に見えるので一番長く，側面になるほど見え難くなるので短くなり，さらに後ろ側になるほど短くなり，顔の真後ろでは目で見えないので一番短くなるのではないだろうか．図 7.2 は，パーソナルスペースに関する研究から得られた例がある．

パーソナルスペースは，少し混んだ電車やエレベータの中では全体的に縮み，満員になるとさらに縮み，身体の回りの限られた形になる．周囲の状況や慣れなどに応じて伸縮する．また，個人差，男女差，年齢による差，文化や国民による差があるのは当然である．

囚人のパーソナルスペースに関する既往研究では，後ろ側の対人距離が長くなるという報告がある．おそらく，彼らは，襲われた場合には防御が難しいので，後ろを常に警戒していると考えられる．

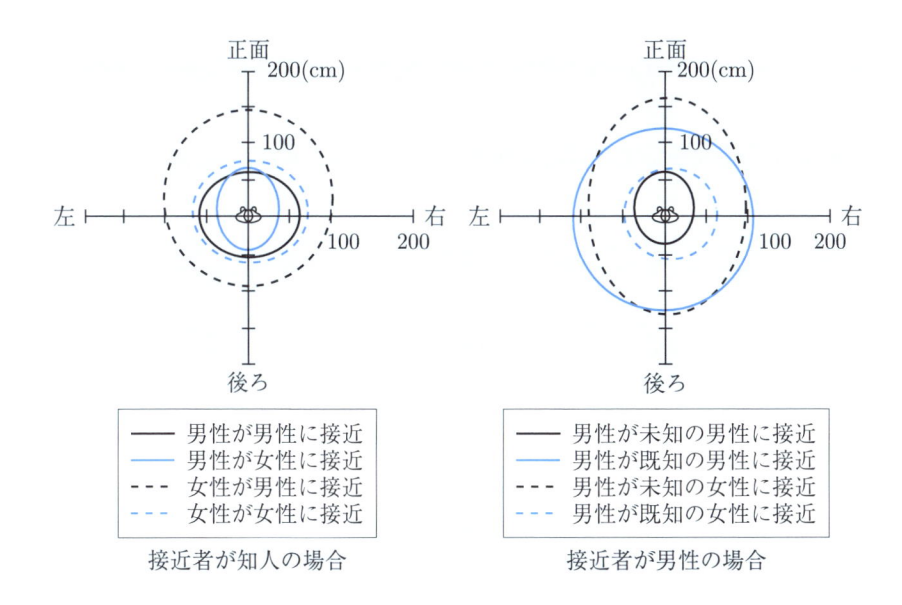

図 7.2　パーソナルスペースの可視化

課題 7.1 [パーソナルスペースの形]

友達と一緒に対人距離を測定する実験を行ってみよう．そして，ある個人について，前，後ろ，左，右の 4 つの対人距離を測定して，パーソナルスペースの形を推測しながら描いてみよう．

---

(6) パーソナルスペースと建築計画

　パーソナルスペースについて，アメリカで多くの研究が行われ，日本でも多くの建築計画研究者が注目したのは，当時，この概念自体が非常に新鮮であったことである．そして，環境の設計に役立つと考えたからであろう．現在では，1970 年代の熱気は感じられないが，設計に適用できる範囲が明確になったのではないかと考えられる．

　既往研究から見ると，知らない人と相席をする場合について，図書館，レストラン，休憩場所などにおける座席選択の研究がある．類似した事例としては，4 人掛けの椅子の列車，横長椅子の列車などにおける座席選択もある．座席選択は，すでに着席している人と自分が座る場所との対人距離を基に決定すると解釈できる．もちろん，席を選ぼうとしている人の個人差，机やテーブルの広さや形，座っている人の数，性別，年齢，机やテーブルの位置や周辺の物理的状況なども様々な影響を及ぼす．どの要素がどの程度影響を及ぼすか特定するのは容易ではないので，研究する余地が十分残っている．

　着座に関する現象について，オズモンド（Humphrey Osmond）[70] は，**ソシオフーガル**（sociofugal）と**ソシオペタル**（sociopetal）という概念を見いだした．ソシオフーガルな環境（写真 7.4）とは，知らない人同士が異なる方向に顔を向けて座っているような場合で，ソシオペタルな環境（写真 7.5）とは，丸テーブルを囲んで着席して会話をしているのような場合である．

　このような写真の例は，これらの概念の適用範囲が着座形式に限定されるという誤解を招く．しかし，これらの概念は着座の形式に限定されるものではない．寄宿舎を例にすると，居間を囲むように個人用スペースが配置された寄宿舎のユニットはソシオペタルな環境であり，片廊下に沿って並ぶ個室群はソシオフーガルな環境であると考えられる．

　建築の計画や設計では，交流を促進する環境は好ましいものと考える傾向が

7.2 パーソナルスペース

写真 7.4 ソシオフーガルな環境

写真 7.5 ソシオペタルな環境

あるのではないだろうか．交流を促進するソシオペタルがよい環境であり，交流しないソシオフーガルは好ましくない環境を意味している訳ではない．これらの概念は，それぞれ状況に応じて使い分けるべきものであり，例えば，全く知らない他人と丸テーブルに向かい合って座るときのように，無理に交流を促進する環境を押し付けられると苦痛なときもある．

課題 7.2 [ソシオフーガルとソシオペタル]

(1) 外に出て，あるいは，建物のロビーやホールを歩いて，ソシオフーガな環境とソシオペタルな環境を探してみよう．

(2) 寄宿舎，老人介護施設，幼稚園などのプラン集を見て，ソシオフーガルな環境といえる平面がないか探してみよう．

7.3　テリトリーとテリトリアリティ

(1)　テリトリーとテリトリアリティの定義

テリトリーは，パーソナルスペースとは異なり，通常，動くものではなく，物理的環境と密接に関連したものである．また，テリトリーは，目に見える境界があり，パーソナルスペースよりもはるかに大きい．一般的に，テリトリーの中にパーソナルスペースが存在する．

テリトリアリティ（territoriality）とは，個人や集団のテリトリーを他者に対して示す行動のパターンである．簡単にいえば，ある場所や敷地の所有，あるいは，占有を示すために，個人や集団が示す行動のパターンであり，個人の所有物に対する行動や，侵入に対する防御の行動なども含む．

テリトリーもテリトリアリティも，動物の場合には種の保存のために人間よりも顕著であり，本質的なものである．現代社会においては，法律が所有権を保証し，社会秩序も整っており，人間は柔軟に対処できる．したがって，人間にとって，これらの概念は動物ほど深刻でない．学問の歴史から見ても動物の研究が先行していた．テリトリーとテリトリアリティは，切り離せないほど，相互に関連の深い概念である．

テリトリーは，日本語の"なわばり"と領域という2つの意味を含むが，翻訳すると片方の意味しか示すことができない．私達も自然にテリトリーという言葉を使用しているのではないだろうか．また，テリトリアリティも翻訳すると，"なわばり性"になるが，日本語では意味がずれてしまい，的確に翻訳するのは困難であると考える．そこで，2つの言葉とも敢えて日本語にせずに，かたかなの表記を用いることにする．

(2)　テリトリー（territory）の種類と特性

環境心理学者であるアルトマン（Irwin Altman）[64]は，テリトリーの概念を次の3段階に整理している．

1次のテリトリーは，人間にとって最も重要なもので，法律や契約などにより長期間にわたり，あるいは，ある期間において所有者，使用者，占有者が明確な場所で，個人的な生活の拠点となる．したがって，許可なしでは他人が立ち入ることができない極めて個人的な場所で，他人が立ち入れば不法侵入ということになる．この例として，住宅や個人事務所などが当てはまる．

7.3 テリトリーとテリトリアリティ

2次のテリトリーは，所有度が中くらいのセミパブリックな場所で，公式な資格などにより使用者の範囲が定まっている場所と，非公式で習慣的に使用者の範囲が定まっている場所がある．公式な場所として会員制の社交クラブのように資格のあるものが利用できる場所，大学の教室のように登録して授業を受ける資格をもつものが集まる場所がある．また，非公式な場所として近所の酒場のように顔馴染みが集まる場所などが例としてあげられる．

公共テリトリーは，誰でも一時的に占有する，あるいは，使用することができる場所で，公共に開かれた場所といえる．この例として，公園，公共の駅，列車，ロビー，レストランなどがある．

(3) 物理的環境におけるテリトリアリティ

テリトリアリティは，概念が抽象的で意味する範囲が広い．実際の環境における事例を見たほうが理解しやすいので，いくつかの種類別に，事例を示したい．

①一時的な所有，使用，占有

学生食堂に行くと最初に自分のカバンや上着を置いて席を確保する学生が必ずいる．閲覧席が指定されていない図書館では，机を占有していることを示すのに，一時的に本，雑誌，バック，コート，上着などの荷物を置いているのをよく見かける．空港，駅の待合室や長距離列車の中では一時的に便所に立つときに，自分の席に他の人が座らないように雑誌や新聞を置くかもしれない．海水浴の浜辺，公園での桜の花見や，花火見物の場所確保ではシートを敷くことにより場所取りが行われる（写真7.6）．置かれたものは目印となり，一時的な所有，占有，使用の状態であることを伝える．このような行動をマーキング（marking）という．

写真 7.6 花火見物における場所の占有

②長期的使用と個人化（personalization）

理科系の大学研究室では大学院生は自分の机に記念品や敷物を置いたりする．IT関連の会社では自分の部屋やブースをポスターや記念品で飾る人たち，病室では自分のベッドのまくら元を飾る人たちがいる．また，一方で，トラックやワゴン車を飾りつける人や，自分の家の玄関前に植木を置く人もいる．扉に名札をつけること，壁面にポスターを貼ること，棚や机に人形や置物を置くことなど，私物により個人の所有場所，占有場所，使用場所であることを示す．

写真 7.7　家の周囲に置かれた植木

これらの飾りつけは，ある程度の長期間の使用許可や法律的な所有権などに基づき，場所のアイデンティ（identity）を示す印づけである．これらの行動を**個人化**という．使用許可や所有権はないが，自己のアイデンティを示すものとして，落書きもこの一種であると思われる．

(4) テリトリーへの侵入の制御と防御

テリトリーの境界を示す塀やフェンス，そして，テリトリー間の接点である出入り口は，使用者の制限あるいは侵入の制限を示すものである．それらは，物理的な素材，高さ，視線の透過性などにより様々なメッセージを送くるように

写真 7.8　ロンドンの小学校（左）と広島の小学校（右）

写真 7.9 ハーバード大学（左）とケンブリッジのカレッジ（右）

計画され，設計される．

境界には緩やかなものから厳しい境界まで段階がある．最も緩やかなものは，異なる仕上げ材料により地表面の変化を示すものである．公開空地を公共の道路と区別するために舗装する場合，住宅地において敷地に芝生を植えて公共の道路と明確に区別する場合などある．また，植え込みで境界を明示することもある（写真 7.7）．前ページの写真 7.8 のように，透過性があるフェンスでも，高さが異なれば，発するメッセージが異なる．また，優れたデザインのフェンスは，中にある建物との関係により心地よい調和と施設の格づけにもなる（写真 7.9）．一方で，城壁，掘割，石塀は，防御のための強固な境界を示しており，中には容易に立ち入ることができないことを我々は知っている．

また，出入り口についても同様である．緩やかなケースとしては，道幅を急に細くして，この先はあるテリトリーへのアプローチであると見せることもある．また，「関係者以外立入禁止」と書かれた立札があれば，この先のほうに勝手に入ると注意される．道の行き止まりに表札がついた柱があれば，また，門扉がなくても門や門柱さえあれば，この先は他人の敷地だと考える．このように，特に緩やかなテリトリーの境界や出入口は計画や設計の立場からは興味深い．

課題 7.3 [テリトリーとテリトリアティ]

緩やかなテリトリーの境界や出入口の例がないか探そう．外出するときには，このような例がないか注意しておこう．普段，何気なく歩いているときに見つかるものである．

7.4 犯罪と安全な空間

ジェイコブス（Jane Jacobs）は，「アメリカの大都市の死と生」[71] という著書の中で，町を安全に保つためには，住民，商店主，買い物客らが活発に通りを利用して，様々な人たちの目が行き届くことが必要であると述べた．

アメリカでは，多くの大規模な低所得者向けの高層集合住宅団地が，犯罪と破壊行為の温床となり，社会問題となった．このような住宅団地の中でも悪名高かったのは，セントルイスの**プルーイット・アイゴー**（Pruitt–Igoe）**プロジェクト**により建設されたものであった（写真 7.10）．この団地は，日系アメリカ人建築家のミノル・ヤマサキが設計した．しかし，この団地は，建設後ほぼ 20 年経った 1972 年に，セントルイスの住宅局により爆破，解体された．これについて，当時ポストモダン建築の推進者であった建築史家ジェンクスン（Charles Jencks）[72] は，「その日，近代建築が終焉した」と述べた．このような経過から，この住宅団地は一層，名前が知られることになった．

このような住宅団地は犯罪心理学の研究対象になり，その後の研究に影響を与えた．その中で，建築家であるニューマン（Oscar Newman）と犯罪学者であるジェフェリー（C. Ray Jeffery）の本は注目される．

オスカー・ニューマンは，「守りやすい住空間」（defensible space）[73] という本を著した．その中で，彼は，衆人の自然の監視下にある公共空間は，犯罪が起こりにくい守りやすい空間となると述べた．**自然の監視**とは，住民が日常的な活動や行動の中で意識せずに観察できることを意味する．犯罪者は，衆人の自然な監視を察知する場所や，所有物である境界が認識される場所では，犯罪や破壊行為を控えることになる．このような場所が，守りやすい空間となる．集合住宅の敷地内では，住民が日常的に通るところ，複数の住戸の窓に面しているような場所はセミパブリックな場所となる．ニューマンの本は日本語に翻訳され，日本の建築学に大きな影響を及ぼした．しかし，安全な空間を設計するには，大勢の人たちが見守る配置にすればよいという短絡的な主張にも繋がる．衆人の自然の監視は，犯罪を減少させる効果をもつが，安全を保証するものではないことに注意する必要がある．

ジェフェリーは，ニューマンにほんのわずか先立ち，Crime Prevention Through Environmental Design（環境デザインによる犯罪防止）[74] という本

7.4 犯罪と安全な空間　　　　　　　　　　　181

←建設時の団地

↑荒廃した廊下

←爆発時の団地

写真 7.10　プルーイット・アイゴー（Pruitt–Igoe）プロジェクトの住宅団地

を著し，頭文字をとり CPTED という用語を提唱した．**CPTED の三原則**は，衆人の監視，領域性の強化，接近性の制御である．このうち，**衆人の監視**は守りやすい空間に関連してすでに述べた．**領域性の強化**はその場所が誰の所有物であるか，公共の場所から区別して帰属を明示することである．また，**接近性の制御**は建物の入口やゲートなどで公共の場所から私的な場所に入ることを明示することである．

　ニューマンの立場の人たちは「守りやすい空間」を主張し，一方で，ジェフリーの流れをくむ人たちは CPTED を前面に押し出している．しかし，ニューマンの本の副題が，都市設計による犯罪防止（Crime Prevention Through Urban Design）であることからも，2 つ立場は類似している．ニューマンも，領域性の強化や接近性の制御に関連して類似した言及を行っている．長い間，ジェフリーの考え方は注目を集めなかった．現在では，ジェフリーは環境犯罪学の基になる理論を切り開いたと言われており，環境デザインは都市デザインよりも広範な概念であるとして，ニューマンの考え方を包含するものとして位置づけられる（彼の本は日本では翻訳されていないのでニューマンと比べてあまり知られていないが，海外では有名である）．

課題 7.4 [安全な空間の考え方]

英語に自信のある人は，インターネットで CPTED や Defensible Space を検索して，説明を読んでみよう．また，C. Ray Jeffery や Oscar Newman の名前で検索してみるのも面白い．

第4部
空間と人間の行動

第 8 章　建築と科学
第 9 章　法則性の認識と適用
第10章　空間と行動のモデル

第8章

建築と科学

　建築計画学は合理的な設計の方法，人間の生活，生き方に関わる価値意識，美意識などを対象に含み，それらについての理解を建築の実践に適用できるようにすることを目標としている．本章では，建築を好ましい状況を創出する行為として捉え，建築を対象とする学の特徴，科学との関係について説明する．

> 8.1　行為としての建築
> 8.2　建築の学
> 8.3　建築の過程
> 8.4　認識の諸相

8.1 行為としての建築

建築するということは行為である．行為は随意的になされる．行為をなす者が全く関与しない要因のみによって定められる不随意的な身体動作や行動は行為ではない．行為者はいくつかの行動の可能性の中から1つを選択してそれをなす．選択には行為者の意志が関わる．行為者が選択に全く関知しないということはない．建物の制作において，どのような空間をどのような物体によって構成するかについての選択は建物の制作に関わる者によって随意的になされる．建物の制作に関わる者とは建物の発注者，使用者，企画立案者，設計者，施工者などである．気候，風土，社会制度，慣習，資金，人的資源，技術力などは建物の制作における選択に影響を与える．しかし，制作に関わる者の選択なしに空間構成や建築材料が定まるわけではない．**熟慮**に基づいて決断されたことが選択される．選択は**理**（ことわり）や思考を伴っている．目的を設定した上，この目的がいかなる仕方で，いかなる手段で達成されるかについて熟慮する．熟慮は非決定的なものごとを含む．どのような結果になるか不明であるものごとに関してなされる．ある選択の結果とその帰結がどのようなものごとになるかを推測し，いかなる選択が好ましい状況を実現し得るか，あるいは，いかなる選択が目的を帰結するかについて熟慮する．

(1) 実践と理論
建築には**実践的側面**と**理論的側面**がある．

①実践的側面
建築の実践的側面は，建物を制作すること，建物に住まうことなどを通して，実際の世界に働きかけ，実際の世界から働きかけられることである．実践とは人間が行動をなすことによって人間と環境の関係を意識的に変化させることである[75]．人間の実践は計画的に環境に変化を加えてその目的の成就に役立たせる点で動物の行動とは異なる．実践は具体的状況，すなわち，個別の場所で個別の時間においてなされる．私たちは実践において外界の事物と接触し，感性的認識から理論的認識へと進み，それを実践に適用し，その成否によって認識の真理性を検証する．実践，認識，再実践，再認識という過程の繰り返しによって実践と認識が発展，深化する．建物を制作してそこに住まうという実践

によって，建物の内外に新たな環境が生まれる．建築に関する知が適用され，建物の制作および居住という実体的なものごとが創成される．

②理論的側面

建築の理論的側面は，建物に関する仮説立てと仮説の検証を通して，建物を理解することである．理論とは個々の事実や認識を統一的に説明する体系的な知識である．理論は実践を成功に導くための拠り所となる．将来の実践の指針となり得る，かなり高度な普遍性をもつ，体系的な知識を意味する．実践によって検証されている点で単なる仮説ではなく，実践に基づいて発展する点で教条とは異なる．建物および住生活という実体が生ぜしめる現象を認識し，実体や現象の根底にある原理に関する知を創成する．実践の成功のためには，客観的法則性を行動に意識的に適用することが肝要である．

(2) 建築の理

建築が保つべき理として**ウィトルウィウス**（Marcus Vitruvius Pollio）[7] は**強さの理，用の理，美の理**について説いている．強さの理に適う建物の構成，用の理に適う空間構成，美の理に適う建物の構成の間にトレードオフの関係がある場合，これらの理への適合の度合いの軽重は建築する者の判断に委ねられる．

①強さの理

強さの理は「基礎が堅固な地盤まで掘り下げられ，材料の中から惜しげなく十分な量が注意深く選ばれている場合[7]」に保たれる．建物を安定した地盤の上に建設し，建物が構造力学的に堅牢であるために適切な材料を十分に用いることが重要である．現在の建築においては強さの理への適合は主に建築構造設計が担当する．また，建築構造学や建築材料学が強さの理の追究を担当している．建物を物体として物理的に成立させることに関心をもつ．

②用の理

用の理は「場が欠陥なく使用上支障なく配置され，その場がそれぞれの種類に応じて方位に叶い具合よく配置されている場合[7]」に保たれる．用の理に適う建物を制作するためには，健康的な建設地を選択すること，制作の目的に適合する空間構成を考案すること，居住者，建物，環境の間の熱の伝わり方を考

慮して寒暖のバランスを保つこと，日射による熱の取得や採光にとって適切な方位に建物を向けて適切な形と大きさの開口部を設けることなどが重要である．また，建物の形式と内容とを一致させること（デコル）も重要である．現在の建築においては用の理への適合は主に建築計画，建築設計，建築環境設計が担当する．また，建築計画学，建築環境工学，建築設備学が用の理やデコルの追究を担当している．建物を活動の場を提供するものとしてに成立させることに関心をもつ．

③美の理

美の理は「外観が好ましく優雅であり，建物が質的秩序に基づく美的構成（エウリュトミア）をもち，かつ，幅に釣り合う高さや長さに釣り合う幅をもつなど，躯体各部の寸法関係が正しい量的秩序に基づく格に適う構成（シュムメトリア）の理論をもっている場合[7]」に保たれる．美の理への適合は主に意匠設計が担当する．

(3) 建築の特徴

建物を築造することや建物に住まうことは人間の日常的な営みの延長上にあるものごとである．一方で，建物には芸術的な意味が，しばしば，付与される．建物を住まうための道具であると見る場合，他の道具と異なることの1つは，建物には**芸術的側面**が意識的に与えられる場合があるということである．スクルートン（Roger Scruton）[76]は純粋芸術とは異なる建築の特徴として機能，公共性，装飾芸術とのつながりをあげている．

①機能

建物にはそれを制作することによって成就する目的が制作することのほかにある．建物の制作のほかにある何らかの目的を成就させる役割を建物は担う．建物が役割を果たす状態にあることを建物に機能があるという．建物には必ず機能がある．建物は機能に関する要求や欲求を満たすように設計される．建物の機能に関する欲求や要求によって，その建物がもつべきある特定の形式が強制的に決められる．形式には室の種類，規模，配置などのように比較的具体的なものや空間の特徴や性質などのように比較的抽象的なものがある．

②公共性

建物は特定の具体的な環境において制作される．その環境が建物の特徴を決める重要な要素となる．同時に，ある環境に建設される建物はその環境を特徴づける重要な要素となる．このことは建物が，それが私的なものであっても，公共性をもつことを意味する．建物がそこで建設され，かつ，建物が構築する環境は，その建物に関わる者だけのものではなく，公的なものである．建物が都市や自然の景観に影響を与えること，建物が建設される地域の局所的な気候，都市や地球レベルでの広域的な気候に影響を与えること，周辺の住民の生活に影響を与えることなどは，建物の公的な側面を示す事象である．建物の建設と使用に関わる景観問題，日照問題，地球環境問題，近隣問題などは建築の主体が建物の公共性を過小評価している場合に，しばしば，生じる．

③装飾芸術

建物の制作においては建物の機能，機能と不可分な形式を考慮しないわけにはいかない．機能や形式を考慮しない行為を選択することは可能だが，そのような行為が建築であるとは言い難い．一方で，美的態度をもたずに建物を制作することは可能である．すなわち，建築には美的態度は不可欠ではない．建築という芸術には真の芸術的自律性がほとんどない．しかし，このことは建築には美的態度が必要ないということを意味するのではない．建築においては機能や形式を備えた上での芸術性を追求するという活動が可能である．

8.2 建築の学

建物を制作するという意味での建築は1つの技術である[77]．建物の築造を主宰する者（アルキテクトーン，"architect" の元となる語）は建築がいかなるものごとであるかを理解し，建物を築造するという活動の目的とその活動に関わるもろもろの学問や営みの目的を包含して理解するよう努めなくてはならない．技術はものを生ぜしめるということに関わっている．技術を有するということは理に適う制作をできる状態にあるということである．建築において技術を用いるということは，《それを制作する者なくしては存在し得ない事物》，すなわち，建物がいかにすれば生じ得るかを考究するということである．理に適う制作を行うとは「正しい欲求」に基づく目的をもち，その目的を成就し得る行為を選択することを意味する．建物を制作することの目的は建物の使用を通じて好ましい生活を実践することである．建物の制作と使用を含めた全過程を実践としての建築である．実践としての建築はある建物の個体としてのライフサイクルを1単位として，そのタイプの建物のありたき姿を追究すると同時に建築の好ましいあり方を実践する．建築の目的を成就し得る行為の選択には建築する者の倫理的な性状とものごとの原理を認識する知性が関わる．理に適う制作には倫理と知性が不可欠である．建築の学は建築の実践の一部であり，好ましいあり方の探究に関わる倫理と原理に注目する．

建築の学は建築について語る．

建築について語ることの意義は2つある．1つは，建築という営為や建築の過程で建造される建物，建築空間，構築環境，生活様式，文化などのありのままの姿，ありたき姿，あるべき姿を適切に描写し，同等のものごとを再現できるようにすること，1つは，建築について思考し，建築に意味を与え，建築に対する理解を深め，かつ，それらの内容について他者と議論することである．建築の学は建築のありたき姿やあるべき姿を構想して実現するための探究である．そのためにはこれまでの建築のありようやその変遷を的確に理解することが望ましい．ありたき姿やあるべき姿もしくはそれらに近いものごとを呈しているという意味で好ましい建築に気づいたならば，建築のありようを記録しておくことによって同じように好ましい建築を時空を超えて具現化する助けとなる．そのように好ましい建築をいかにして実現し得たのか，その建築がなぜ好ましい

のかについて思考し，その思考過程を記録することによって，これらの現象の理解や説明を助ける原理や法則性に気づいたならばその法則性を記録することによって，思考過程や気づきを後の過程に適用しやすくなる．それを理解する原理を発想したならば，その原理の妥当性や信頼性について議論できるように記録したり，その思考過程や発想した原理を新たな好ましい建築を生み出すために適用できるように記録したりする．

建築について語るということは語る者が建築というものごとを対象として捉え，建築に対して与える意味を聞く者に伝達して理解してもらうことである．そのためには建築について語るための何らかのことばを必要とする．そのことばで語られたことが伝達され理解されるためには，語る者と聞く者との間に，ことばの構造，建築や建築に与える意味とことばとの対応づけ，ことばの用法，語られるものごとに関してすでにわかっているものごとに関する共通した理解を必要とする．母国語や設計図は建築について語ることばの代表的なものである．

(1) 知の型

「知っている」ということは「対象を知っている (knowing what)」ことと「何かをなす方法を知っている (knowing how)」こととが相互補完的にあることによって成り立っている．前者は理論的な知に関係し，後者は実践的な知に関係する．「対象を知っている」ということには，さらに，「何々であることを知っている」こと，「何であるかを知っている」こと，「どのようなものであるかを知っている」ことの3種類がある．

避難安全計画の重要な考え方および方法の1つに「2方向避難」がある．「2方向避難」という対象を知っているということは，「建物の避難安全計画には2方向避難が必要である」ことを（観念の上で）知っており，建物そのものや建物の図面を指して「何が2方向避難であるか」が認識できることであり，「2方向避難がどのような特徴をもつものごとであるか」を（経験の上で）知っていることである．「2方向避難」という方法を知っているということは建物の生産や使用において2方向避難を実践できるということである．

ものごとの原理は《それ以外の仕方においてあることのできないもの》であり，必然的で永遠的なものである．原理の認識は学的な態度によってなされる．学（エピステーメー）とは論証ができるという状態である．論証には言語が用

いられる．学は教導が可能なものごとであり，学の領域に属するものごとは学ばれ得るものごとである．学的な認識は基本命題への帰納，普遍的なものごとへの帰納，および，基本命題や普遍的なものごとからの推論による．ものごとは学理に基づく認識によって意味を与えられる．日常的な言語表現（自然言語表現）や数理的な形式言語が意味を与えるものごととなる．意味を与えられるものごとと意味を与えるものごとの結びつきを解釈という．意味を与えられるものごとに関する内容的な思考は意味を与える言語の上の思考や形式的な操作に対応づけられる．言語表現および言語上の操作による思考の形式化によって論証が可能になり，対象そのものについて明晰に理解し，理解した内容を説明あるいは教導することが可能になる．このような知を論証知という．明晰かつ確実に論証された知は理論を構成する．

何らかの理論に依拠して建築を理解するということは，理論を内面化するということである．内面化するとは自己と言語表現される理論の内容とを同一化させ，世界像をもつということである．建築について意味を与えられているものごとから切り離された論証知を記憶している状態は建築の理解が未然な状態である．

技術は制作や実践の成功可能性を高める．技術とは**客観的法則性**を意識的に適用できる状態である[78]．客観的法則性の内容を認識して適用することだけが技術ではなく，客観的法則性の内容を認識していなくとも客観的法則性があることを何らかの形で意識して適用することも技術である．客観的法則性を認識した上で適用すれば技術はよりすぐれたものになる．科学は客観的法則性を認識する営為である．重要なことは制作の対象や実践に関わる何らかの**法則的関係**があることを意識することである．漫然と何かをなすのではなく，自分が何かをなすとそれに応じて特定の種類のものごとが生じるということを意識してそれをなすことによって，好ましい方向にものごとが動くようにするには何を行えばよいかが理解されていく．ある法則性に基づく行為が予測や期待とは異なる帰結をもたらす場合，帰結が好ましくても好ましくなくても，適用した法則性を修正できる．

(2) 科学の知

科学は**科学の知**を拡張する営為であり，**科学技術**は科学の知の意識的な適用によって新しい事物現象を創造する営為である．建築技術が科学の知のみを偏

重して信頼するならば,普遍性,客観性,論理性をもたない主張は科学の知として認められない.特殊で主観的で非論理的な知を軽視すれば,直観的な警鐘を聞きのがすことになる.

科学の知は**普遍主義**,**論理主義**,**客観主義**という3つの原理をもっている[79].普遍主義は事物現象を基本的に等質的なものとみなし,量的なものごとに還元して理解する.事物現象を量的なものごととして扱うことは個別性,地域的,文化的,歴史的な特殊性を超えた考察を可能にする.ある場所や事物現象において認識される理論や法則性を他の場所や事物現象にも適用することができる.場所や事物現象の固有性に対するまなざしは排除される.論理主義は用語や理論が一義的であり曖昧でないこと,語られているものごとが明快に首尾一貫していることを要請する.論旨の矛盾や飛躍を容認しない.事物現象を論理的,一義的,因果的な関係によって認識しようとする立場である.事物現象の表現の多義性や象徴性は排除される.客観主義は事物現象を扱う際に,扱う主体の主観性や身体性を排除して,事物現象を主体と分離した対象として捉える立場である.このようにして捉えられる客観的な事物現象は明白な事実として自立的に存在し得る.

三大原理は科学の発展に大きな貢献をしてきている.近代科学の貢献は大きいが,科学の知に対する過度な信頼は,三大原理にうまく合致しない領域や性質上曖昧さを残さざるを得ない領域を正当に扱いづらくしている.「科学の網の目から失われる」というノルベルグ・シュルツ(Christian Norberg–Schulz)[80]のことばに象徴されるように,三大原理に合致せず,曖昧さを有する価値の問題や秩序の性質のように私たちが感覚的あるいは直観的に経験していることであっても,科学では正当に扱えない「非科学的」なものごとと見なされている.建築にとって重要な美,秩序,構成原理,価値,行為などの問題は物理学的な諸特性によって十全に示すことができないものごとであり,近代化学の枠組から零れ落ちがちである.

科学技術は人間の生活の質の向上に貢献し,企図せぬ影響を地球環境に与えている.影響の一部が科学的認識によって顕在化したものごとが地球環境問題であろう.直観的な警鐘はおそらく早い時期から鳴らされているはずである.

8.3 建築の過程

(1) 好ましい状況を実現する過程

　好ましい状況を実現する方法を創出する過程を次のように捉える．好ましい状況を実現する過程は好ましい状況を創出すると期待される人工物を生成する過程と生成された人工物と環境が**インタラクション**（interaction）するという出来事を通じて創出される状況を認識する過程からなる．前者を**生成**（generation），後者を**アナリシス**（analysis）と呼ぶ．好ましい状況は人工物を創出するだけで必然的に実現するものではなく，人工物が環境とインタラクションすることによって実現し得る．例えば，環境共生建築は壁面緑化やダブルスキンなどの環境共生建築手法を適用した建物を建設すること（生成）のみによって完了するのではなく，その建物が環境と共生していることを認識して（アナリシス）初めて完了する．生成とアナリシスは，中断されない限り，好ましい状況の実現に向けて螺旋的に循環する．好ましい状況を実現する方法はこの螺旋的循環の中で**構成的**（constructive）に創られる．好ましい状況の実現方法とは，生成とアナリシスの螺旋的循環を好ましい状況の実現に向けて意識的に制御する方法である．すなわち，生成とアナリシスの螺旋的循環は好ましい状況を実現する方法をデザインすると同時にデザインされた方法を実行する過程でもある．この過程は再帰的な構造をもっており，好ましい状況に至る過程の中間目標的な状況を実現する過程も同様に螺旋的循環である．

　螺旋的循環を意識的に制御するために少なくとも三種類の熟慮をなす．第一に，好ましい状況を実現するためには何をなせばよいかを熟慮し，好ましい状況を創出すると期待する人工物の構成とその制作方法を**構想**する．蓋然性や経験に基づく直観によって法則性を仮定し，仮定に基づいて構想する．第二に，好ましい状況が実現していることを知るには何をなせばよいかを熟慮し，構想した人工物と環境や使用者とのインタラクションが創出する状況の予測方法を定め，**予測**を行う．第三に，予測の結果，好ましい状況の実現を確信または期待できない場合，好ましい状況を実現するために構想をどのように修正すればよいかを熟慮する．論理的思考や直観的判断によって構想を方向づける．

　構想と予測の結果，好ましい状況の実現あるいは実現に向けた前進を確信または期待できる場合，構想した事物を生成する．生成するということは構想の

8.3 建築の過程

上では完成した事物や構想中のアイデアを外化（実体化）して，実体化した事物をそれが存在する環境とインタラクションさせるということである．生成した事物が環境とインタラクションしている状況を認識する（アナリシスする）．認識した状況を想定した好ましい状況が実現している状況と見なせるか，見なせない場合，構想した事物の修正によって好ましい状況を実現可能か，構想した事物では好ましい状況を実現できないかなどを判断する．構想の修正によって好ましい状況を実現する可能性があると判断する場合，修正した構想による生成とアナリシスの過程を繰り返す．

上記の過程を図式表現する（図 8.1）．図式は認識レベルと実体レベルの 2 種類のレベルからなる．実体レベルは意味が与えられるもの，認識レベルは意味を与えるものである．意味が与えられるものとは．それについて語られるよう提示されている事物をいい，意味を与えるものとは，学問の理に従って展開された解明をいう[7]．認識レベルは言語的または図式的表象のレベルである．自然言語，論理式，数式，図式，絵画的な描写などによって世界のありようが投射され，状況が表象される．思考は認識レベルにおける表象の上の操作である．実体レベルは言語的または図式的表象が指示する実体のレベルである．表象や思考に投影される実体が存在する．図 8.1 ではノード A, B, C, C′ が属するレベルを認識レベルとし，ノード D, E, F が属するレベルを実体レベルとする．意識的な働きかけによる認識レベルと実体レベルの関連づけを解釈と呼ぶ．体

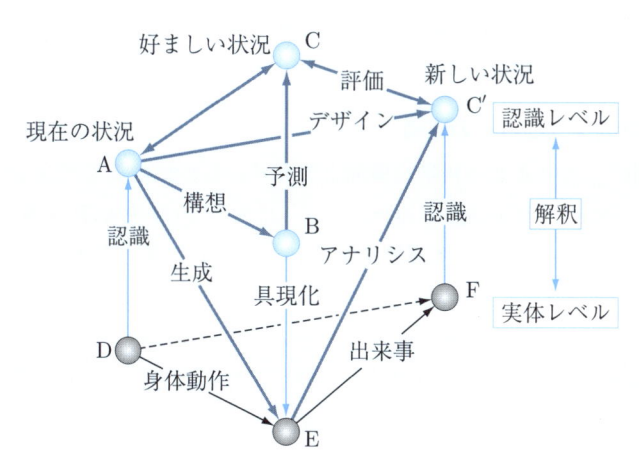

図 8.1　デザインの単位過程

験や観察によって状況を認識する場合（D → A, F → C'）や思考内容を具現化（実体化）する場合（B → E）に認識レベルと実体レベルとが関連づけられる．解釈は柔軟な関連づけであり，流動的に変化し得る．思考のみが行われている場合，実体レベルへの意識的な働きかけはない．A と D, B と E, C' と F は，それぞれ，解釈によって関連づけられる．

建築することによって，私たちは**生活様式**（life-style）と**生活環境**（生活に関わりがある環境）と建物の調和のとれた全体（**アンサンブル**）を創出する．建物は具体的なものごとによって造られる具体的な形状をもつ．生活様式と生活環境の関係について私たちが理解しているものごとの一部は建物として具現化される．建物はアンサンブルを促進する媒体として働く．アンサンブルは建物を通しての私たちと環境のインタラクションの上に現れる．よくできた建物は生活様式や生活環境を，アンサンブルを維持しながら，よい方向に変化させる．アンサンブルと生活様式や生活環境の変化の経験を通じて，私たちは生活様式と生活環境と建物の新たな関係に気づく．いくつかのものは経験なしに気づくことができない関係である．変化が大きすぎてアンサンブルの整合的バランスを維持することが困難になると，矛盾を解消すると期待される新たな効果的アンサンブルの出現が望まれ，そのアンサンブルを創出する新しい建物が造られる．生活様式と生活環境の関係についての修正された理解が具現化される．建物に居住する（利用する）という経験を通じて，私たちは建物と生活様式と生活環境の間の関係を新たに発見もしくは発明する．新しい関係から着想を得て，私たちは新たなアンサンブルを造ることを欲求するであろう．

(2) 科学的探究としての建築

思考過程に注目すると，**科学的探究**と**デザイン**は類似する形式をもつ．
パース（Charles Sanders Peirce）[81] は科学的探究を**アブダクション**（abduction，発見的推論），**演繹的推論**（deduction），**帰納的推論**（induction）からなるプロセスとしてモデル化している．科学的探究は驚くべき事物現象の観察を契機に起こる．アブダクションを行い，驚きを解消できそうないくつかの仮説を構想しながら探究を方向づけ，最も正しいと思われる仮説を選ぶ．次に，演繹的推論を行い，仮説が正しいとすれば，どのような事物現象が経験的に観察されることが必然的または確率的な帰結となるかを予測する．仮説の確

証ないし反証のための実証的観察を行う．予測した帰結と経験的観察がどの程度一致するのかを確かめ，仮説が経験的に正しいか，修正が必要か，あるいは棄却すべきであるかを判断する．十分な説得力のある仮説が得られるまでこの過程を繰り返す．

演繹的推論は仮説の必然的な帰結を確定する推論である．真である情報から導出される情報はすべて真であること（真理性）が論理的に保証されている形式の分析的推論である．前提とする情報に含意されている情報を導出するが，新しい知を創出するわけではない．帰納的推論とアブダクションは真理性が論理的に保証されない形式の拡張的推論である．推論の帰結の真偽は経験的事実を参照した蓋然性の問題となる．前提とする情報に含意されていない情報を発想する，すなわち，知を拡張する可能性がある．帰納的推論は限定された個別事例の経験や観察から同種の未知または不可知の事例があることを予測する推論である．経験可能な現象から直接的に帰納される一般化された事実や法則性を得る．アブダクションは仮説を考案し，仮説を踏まえてある事物現象の原因となる事物現象を遡及する推論である．直接経験されていない対象，あるいは，直接経験できない対象に関する推論も行う．

デザインを科学的探究と同等の形式でモデル化することが可能である（図 8.2 を参照）．好ましい事物現象を実現させたいという意図がデザインの契機となる．全く闇雲に何かを操作ないし制御することの帰結として好ましい事物現象が実現することを何の根拠もなく期待するのでない限り，次のような構成論的プロセス

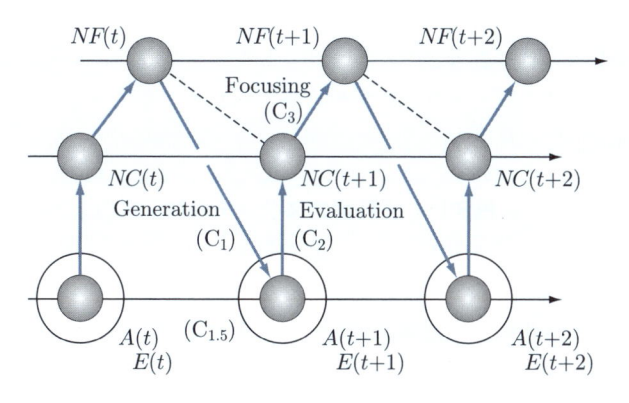

図 8.2　デザインの過程（FNS–ダイアグラム）[82]

(constructive process)[82] である．図中の $NF(t)$ は時刻 t に思い描いている未知の様子，$NC(t)$ は時刻 t に認識している現在の様子，$A(t)$ は時刻 t において具現化されているもので，$E(t)$ は時刻 t における環境 E，をそれぞれ，示す．

- 実現したい事物現象を思い描く．アブダクションを行い，既知の法則性や新たに発想した法則性を吟味し，ある近位素性をもつ事物現象（建物）を創れば意図する事物現象（人と建物と環境の関係）が実現されるだろうとの仮説を立てる（C_3）．
- 次に，演繹的推論を行い，仮説が真である場合，その素性をもつ事物現象（建物）を創ることによって意図する事物現象が実現されるか，また，副産物としてどのような事物現象が生じるかを考察する（C_1）．
- その特徴をもつ事物現象（建物）を実際に創り，環境に働きかけ環境から働きかけられるという環境とのインタラクションをなす（$C_{1.5}$）．
- 帰納的推論を援用し，予測した帰結と経験的帰結の一致度を捉え．意図した事物現象が実現されているか否かを評価する．予測と帰結が異なる場合，その差異は許容されるか，縮小されるべきかを判断する（C_2）．
- 満足できる帰結が得られていない場合，実現させたい事物現象を修正し，この過程を繰り返す．

課題 8.1 [設計過程を観察してみよう]

自分の設計過程を自己観察してみよう．

複数の可能性から 1 つの案を選択するときにどのようなことを想定しているかを記してみよう．

選択に迷う局面に遭遇したとき，どうして選択に迷っているのかを記してみよう．迷いの理由となる状況を打破するためになすべきこと，集めるべき情報を記してみよう．

課題 8.2 [何かを想定して設計案のスケッチを描いてみよう]

描く前に想定していなかったことをスケッチの中から見つけてみよう．

見つけたことに注目して設計案を読んでみよう．

何かに気づいたらそれに関連することを想定して次の設計案を描いてみよう．

8.4 認識の諸相

現象，**形式**，**原理**の概念を紹介する．現象，形式，原理はものごとについての認識の諸相である．現象は個々の具体的なものごとである．形式は現象を構成する諸要素の間の関係を示す抽象的な構造である．原理は形式の構成に関わる原理である．現象や形式や原理の諸相で認識されるものごとは，物的対象それ自体ではなく，物的対象のありようの**投影**（projection）である．物的対象とは私たちの認識から独立して存在し得るものごとであり，私たちが認識する森羅万象の実体である．しかしながら，この実体自体は私たちの認識の外にあり，私たちが手にするのは常にその投影である．物的対象は物的実体と物的実体が織り成す物的事象からなる．物的対象に観察者である私たちが意味を付与することによってものごとが認識される．このように仮定するための前提として次のような仮説を立てている．私たち個人個人の認識から独立したものごとの存在は直接には扱えない．現象，形式，原理は相対的なものである．現象の認識は形式の認識の根拠となり，形式の認識は現象の認識の規定となる．形式の認識は原理の認識の根拠となり，原理の認識は形式の認識の規定となる．

実体ではなく，現象と形式と原理を扱うところに構成論的プロセスの本質がある．そのため，現象，形式，原理の各相についてもう少し明確化しておく必要がある．

天動説と地動説を取り上げよう．いずれも地球と天体のありようについての認識を示す形式である．日が昇るという現象は天動説に基づいて観察されるものごとである．天動説は地球が宇宙の中心にあるという形式である．天動説に対応する原理は神が宇宙の中心たる地球に在る[83]という宗教的教義である．地球が回るという現象は地動説に基づいて観察されるものごとである．地動説は地球が動く（自転をしながら他の惑星と同様に太陽の周りを公転する）という形式である．地動説に対応する原理はニュートン力学である．天動説という形式から地動説という形式への移行（イノベーション）は宗教的教義という原理を揺るがす大事件であった．

建築でいえば，現象は個々の建物や個々の生活行為などのありようである．形式は建物や生活行為などの現象に共通する**構造形式**（structural system），**建築様式**（architectural system），生活様式などである．建築様式とは個々の建物

のある集まりに共通する固有の造形的な構成の仕方である．生活様式とは一人ひとりの暮らし方の総体である．シェル構造とか竪穴式住居とか数寄屋造りなどは個々の建物に共通する構成の仕方の例である．原理は構成材料の物理的強度やエネルギーの伝わり方の原理，空間認知の原理，空間構成の原理，生命の原理などである．

　個々の建物は建築を構成するという行為によって「現象」されるものである．個々の生活行為は居住者が建物を使用することによって引き起こされる現象である．現象されるものごとは「強さ」と「用」と「美」の原理と形式である．強さと用と美の原理と形式が物的対象によって具現化されている．用の原理の1つは忌避すべき環境から護られた環境を提供することである．ここで，「環境」を日常的，一般的な意味で用いている．例えば，ときどき雨が降る環境に対して雨が降らない（雨露をしのげる）環境を提供することはこの原理を具体的にしたものである．忌避すべき環境に対して護られた環境を提供するためには両者を分ける仕組みや仕掛けが具現化されればよい．ある場所で雨露をしのげるようにするためにある洞穴を使うことは原理に適おうとする現象である．洞穴は岩や土によって囲われている．雨はこの囲いに阻まれて洞穴の中には降らない．何かで囲うという形式を岩や土で囲うという形式に具体化し，その形式の現れである洞穴を使用することによって護られるべき環境が提供される．忌避すべき環境に対して護られた環境を囲いによって提供するという理がそのような環境を岩や土で囲うという形式を具象化した洞穴を使うという現象として具現化されたのである．ここに現象と形式と原理の関係が現れている．美の原理は主として視覚的に美しいと感じられる建築空間の構成形式（プロポーションや空間構成など）を規定する原理である．

第9章

法則性の認識と適用

　建築を計画的に行うということは，その建築の目的を果たすための行動指針をたて，行動指針に沿う具体的な行動を状況に応じてなしていくということである．行動指針の策定や採用においてはその行動指針に沿う行動をなすことで実際に目的を果たせるか否かの予測が重要な役割を担う．予測の根拠となるのがものごととものごとを関係づける法則性である．本章は法則性に注目する．

9.1　建築の捉え方
9.2　法則性と推論
9.3　目的と原因
9.4　計画
9.5　暗黙知

9.1 建築の捉え方

建築の捉え方は何のために建築を見るかによっていくつかの形態がある．

(1) 現象・形式・原理
①現象としての物体の配置
建物を構成する個々の物体およびその配置として建物を捉える．建物は具体的な物質に具体的な形状と寸法を与えた物体を具体的な位置に配置することによって具現化される．建物を制作するにはその建物がどのような物体がどのように配置されているのかが明らかにされる必要がある．設計図や仕様書には建物の物質的な構成が記される．建物は物理的・化学的に捉えることができる物体を集めて組み立てたものであるが，その建築的な意味は個々の物体の物理的・科学的性質に還元して説明することはできない．

②形式としての空間構成・物理的機構
物体の配置によって創出される空間構成，人の動き，力学的なエネルギーや熱エネルギーを伝えたり蓄えたりする物理的機構などに着目し，これらと物体の配置との関係を捉える．

③原理
物体の配置と空間構成，人の動き，物理的機構などとの関係を成立させる原理に注目し，この原理がどのような形式の機構として適用されているのかを把握する．

(2) 言語とのアナロジーによる捉え方
①シンタクス（統語論）
統語論（syntax）は言語の文法構造（言語の構成要素の間の構造的関係）に注目する．意味がある文を構成する語の配列の規則（文法構造）が興味の対象である．建物の統語論的な捉え方は空間構成や建物の結構に注目する．空間構成では室や空間の配置，位置関係，連結関係，連続性，部分−全体関係，分節性などが興味の対象となる．建物の結構では建築要素の材料，形状，寸法，建築要素の配置，納まりなどが興味の対象となる．

②セマンティクス（意味論）

　意味論（semantics）は言語の意味構造（意味要素と対象との関係）に注目する．意味をもつ各語が文全体としてどのような意味を構成するかについて文法構造に関連づけて考察することが興味の対象である．言語表現とその指示対象である世界との関係づけに関心をもつ．建物の意味論的な捉え方は空間構成や建物の結構がいかなる構築環境を創出するか，空間構成が何を象徴するか，結構や架構が建物に加わる力や熱のエネルギーをどのように伝えるかなどに注目する．

③プラグマティクス（語用論）

　語用論（pragmatics）は言語の使われ方（文と発話状況との関係）に注目する．文脈や発話のされかたに依存する文の使い方とその意味内容，文章全体の構造と意味内容との関係，話し手と聞き手の間に一時的に構築される意味などが興味の対象である．建築の語用論的捉え方は使い方を通して居住者が状況に応じて空間構成や結構に与える意味，建築空間と居住者との間に成立する関係などが興味の対象となる．意味づけのしかたは居住者，所有者，発注者，設計者，技術者，施工者などによって異なる．

(3) 価値

　建築をすることを**価値**をつくることとして捉える．建築の価値には，実用性の観点から判断される価値，環境性・社会性の観点から判断される価値，芸術性の観点から判断される価値，創造性の観点から判断される価値などがある．価値とは性質が異なる商品を比較するための普遍的抽象的な概念である．価値は効用という人が財（商品）を消費することから得られる満足の水準を示す尺度によって測られる．価値には使用価値，労働価値，交換価値がある．使用価値は主に用の理を充足することができるという「有用性」を示す主観的な価値である．労働価値は生産に投入された労働量によって測られる価値である．建築物は労働によって生産されるものである．労働の成果としての価値をもつ．交換価値はある商品の使用価値がその他の商品の使用価値と交換される場合の比率に現れる価値量を指す．

9.2 法則性と推論

建築における思考には法則的関係が関わっている．代表的な思考には，
- 制作中の建物が好ましい状況を生み出すか否かの予測
- 建物と状況の法則的関係の経験や観察からの抽出
- 好ましい状況を生み出す可能性がある建物の構想

などがある．これらは，それぞれ，演繹的推論，帰納的推論，アブダクションと呼ばれる形式の推論である．演繹的推論とアブダクションにおいてはある情報と法則的関係から他の情報が導かれる．帰納的推論においてはいくつかの情報からある法則的関係が導かれる．法則的関係は「P ならば Q」という形式の規則として記される．P と Q は，それぞれ，真偽を定めることが可能な形式の文（命題）を示す．

(1) 演繹的推論

演繹的推論はある仮説の必然的な帰結を確定する分析的推論であり，前提条件にあらかじめ含意されている情報を解明すべく導き出す．あらかじめ含意されていない情報は導き出されない．真である情報（前提条件）に基づいて演繹的推論によって導出される情報（帰結）は真であることが論理的に保証されている．前提条件が真であれば演繹的推論の帰結が経験的事実によって反証されることはない．導出された情報と経験的事実が矛盾する場合には前提とした情報が真ではない（偽である）ことになる．

三段論法は演繹的推論の代表的形式である．規則 P_1 と事例 P_2 を前提として結果 P_3 を導く．P_1 と P_2 がいずれも真である場合，P_3 は必然的に真となり，その真偽は $P_1 \sim P_3$ の内容に依存しない．

(P_1) 空間に屋根があるならば空間に雨は降らない（規則）
(P_2) この空間に屋根がある（事例）
ゆえに，
(P_3) この空間に雨は降らない（結果）

(2) 帰納的推論

帰納的推論とアブダクションは真なる前提条件から得られる結果が真である

ことが論理的に保証されない形式の推論である．分析的推論に対して，拡張的推論と呼ばれる．推論結果と経験的事実とが整合的である場合と矛盾する場合とがある．推論結果の真偽は経験的事実を参照した蓋然性の問題となる．拡張的推論には論理的な飛躍があり，真理性の論理的な保証はない．しかし，前提条件にあらかじめ含意されていない情報を発想する余地がある．すなわち，知を拡張する可能性がある．

帰納的推論は限定された個別事例の経験や観察から同種の未知または不可知の事例があることを予測する推論である．下のように，経験的な現象 P_2, P_3 から直接的に帰納される一般化された事実や法則性 P_1 を得る推論である．

(P_2) この空間に屋根がある（事例）
(P_3) この空間に雨は降らない（結果）
ゆえに，
(P_1) 空間に屋根があるならば空間に雨は降らない（規則）

(3) アブダクション（発見的推論）

アブダクションは仮説や理論を発案，発見する推論である．帰納的推論が直接経験可能な知覚的対象の範囲内に限られるのに対して，アブダクションは直接経験されていない対象，あるいは，直接経験できない対象に関する推論も行う．

次のような形式をもつ．仮説 P_1 を発案し，仮説 P_1 と観察 P_3 の原因となる事例 P_2 を遡及（retrospection）する．さまざま仮説を考案する段階とそれらの仮説を検討して最も正しいと思われる仮説を選ぶ段階とがある[81]．

(P_1) 空間に屋根があるならば空間に雨は降らない（規則）
(P_3) この空間に雨は降らない（結果）
ゆえに，
(P_2) この空間に屋根がある（事例）

9.3 原因と目的

(1) 質料因・形相因・動力因・目的因

「なぜ，家屋があるのか」という問いに対して，代表的な2通りの答え方がある．1つは「建築技術者が建てたから家屋がある」という答え方，1つは「住意識を充足させるために家屋がある」という答え方である．アリストテレスは〈原因〉をある事物を成立させる条件として捉え，

　　　質料因（material cause），　　**形相因**（formal cause），

　　　動力因（efficient cause），　　**目的因**（final cause）

の4種類の原因のタイプをあげた．代表的な答えの前者は家屋を成立させるための動きや変化をなすものまたは動きや変化そのもの，すなわち動力因に言及している．後者は家屋が何のために成立しているのかという目的因に言及している．

　質料はある事物が何からできているかを示すものであり，形相はある事物がどのような構造や構成であるものかを示すものである．質料と形相を原因として見ることが理解しやすい例をあげよう．ある高層建物の一室で火災が発生し，煙が1つの避難階段に入ってしまったが，火災は他室に延焼する前に消し止められ，居住者は別の避難階段を使用して無事に避難できたとする．そのようなことを可能にしたのは，耐火性のある材料で室が区画されていたことであり，避難階段が複数あったことである．前者は建物の材料の性質に言及する質料因であり，後者は建物の空間構成に言及する形相因である．建物にそのような質料と形相を与えた動力因はその建物の設計者と施工者などであり，目的因は火災時の被害拡大と避難安全を確保することである．

　動力因は避難安全計画を策定した者，避難安全計画に準拠する設計を行った者，設計図通りに建物を施行した者などである．

　動力因と目的因との間には相対的な関係がある．建築計画を適切に行うから安全な建物ができるという文脈では，建築計画を適切に行うことが安全な建物ができることの動力因である．安全な建物ができるように建築計画を適切に行うという文脈では，安全な建物が成立することが建築計画を適切に行うことの目的因である．

(2) 因果論的説明と目的論的説明 [84]

建物がある形態をもつという事象の理由は他の事象に関連づけて説明される．建物の形態を決定する際，建物がある形態をもつことを理由づける説明に基づいてその形態の妥当性が吟味される．代表的な説明に**因果論的説明**（causal explanation）と**目的論的説明**（teleological explanation）の2種類がある．因果論的説明はある事象が生起する理由を原因となる事象に関連づける説明である．目的論的説明はある事象が生起する理由を目的となる事象に関連づける説明である．

因果論的説明はある事象が生起する理由をその原因となる過去の事象に関連づけて説明する．説明される事象は原因である事象の帰結である．「この事象が起こったのはあの事象が起こったからである」という形式の説明が典型的である．原因要因であるあの事象と帰結要因であるこの事象の間に，あの事象が生起すると必然的にこの事象が生起する（あの事象の生起はこの事象の生起の十分条件である）という法則的結合があることが仮定されている．因果論的説明の妥当性は仮定されている法則的結合の妥当性に依拠する．

2つのものごとが原因と結果として関連づけて認識されるのは，ヒューム（David Hume）によれば，2つのものごとの間に先行性，近接性，必然性の3種類の関連づけが認められる場合である[85]．先行性とは原因となるものごとが結果となるものごとよりも時間的に先に生じるという性質をいう．結果が原因よりも先に生じるというような因果性は認識が困難である．近接性とは原因となるものごとと結果となるものごとが時間的および空間的に互いに近接しているという性質をいう．2つのものごとが先行性や必然性の観点から関連づけられるとしても，いま注目されているものごとの原因がいまから5000年前に生じたものごとであるとか50,000キロメートル離れた場所で生じたものごとであるという場合には，実際は因果性があるとしても，それらものごとを原因と結果として関連づけて認識するということは容易ではない．必然性とは原因となるものごとと結果となるものごとが必然的に結合しているという性質をいう．2つのものごとが原因と結果として関連づけられるためには，一方が生じるならば，必ず，他方が生じるという関連づけができることが必要である．

目的論的説明はある事象が生起する理由をその目的となる主に未来の事象に関連づけて説明する．説明される事象は目的である事象を成立させる手段である．

「この事象が起こったのはあの事象が生じるためである」という形式の説明が典型的である．目的であるあの事象と手段であるこの事象との間に法則的結合があると仮定されている．ただし，目的論的説明の妥当性は仮定されている法則的結合の妥当性に依拠しない．法則的結合を誤って信じていても目的論的説明は妥当である．あの事象が生起するためにはこの事象が生起することが必要である（この事象の生起はあの事象の生起の必要条件である）という法則性の仮定は目的論的説明にとって重要であるが，これは手段要因と目的要因の関係が原因要因と帰結要因の関係のような法則的結合があることを必要とするものではない．

　「建物に屋根があるのは居住空間に雨露が入ることを防ぐためである」
という文は建物に屋根があることを目的論的に説明している．この説明が

　「屋根を設置すれば必然的に居住空間に雨露が入らない」
という法則的結合を仮定しているとすれば，妥当ではない法則的結合に依拠する説明である．しかし，そのような仮定を信じた上での目的論的説明の妥当性が否定されるものではない．

　「居住空間に雨露が入らないためには屋根が必要である」
という法則性が妥当であれば，建物に屋根を設置しないことは必然的に雨露を居住空間に入れることになるので，

　「建物に屋根があるのは居住空間に雨露が入ることを防ぐためである」
という説明は妥当といえよう．

(3) 合目的性と有目的性

　建築では2つのものごとを関連づけて建築の意義を捉え，それを新たな建築計画に活用する．2つのものごとは，しばしば，1つを原因，1つを結果とする，因果的な関係として関連づけられて認識される．建築設計の説明には

　「○○することによって△△である建築空間を提供し，□□を実現する」
という形式の表現が用いられることがある．この説明は「△△である建築空間」と「□□」の間の因果的な関連づけを含意している．前者を原因とし，後者を結果とする法則的結合が存在する場合，「△△である建築空間」は「□□」の実現にとって**合目的的**（purposeful）であるという．一方，「□□を実現する」ことが「○○すること」の目的であることを含意している．目的論的に説明されるものごとを**有目的的**（purposive）であるという．「□□を実現する」ことは

9.3 原因と目的

表 9.1 建築における法則性の例

原因	結果
壁面に凹凸の変化がある	壁面に陰影が生じる [86]
壁面に陰影が生じる	建物の立体感が強調される [86]
室内の色彩が赤色系である	居住者は暖かい，暑い，熱いなどの印象をもつ
室内の色彩が青色系である	居住者は涼しい，寒い，冷たいなどの印象をもつ
居室の天井が低い	居住者は圧迫感を感じる
居室の窓が小さい	自然採光が不十分である
居室の窓が大きい	居室に日射がよく入る
居室の窓が大きい	窓ガラスを通しての熱損失あるいは熱取得が大きい

「□□を実現する」ことを目的にもつという意味で有目的的である．デザインは有目的的な行為である．

課題 9.1 [空間の法則性を探してみよう]

自分が好ましいと思う空間をできるだけ多く見つけよう．

それらの空間に共通する特徴を書き出してみよう．

「好ましい」のほかに，「美しい」，「軽快な」など，好きなことばで上と同じことを行ってみよう．

書き出した特徴をもつ空間のスケッチを描いてみよう．

9.4 計　　画

　計画 (plan) は現在熟慮しているものごとを未来の行為に影響させる働きをする．未来の行為は現在策定されている計画を踏まえて遂行される．これは，人間がもつ，目的をもって行為をなす能力と計画を策定して遂行する能力によるものである[87]．

　建物を造り，好ましい環境を創出するという複雑な目的を確実に果たすためには，そのために何をなすべきかについて，ある程度でも，あらかじめ考えておくことが不可欠である．任意の行為や場当たり的な行為をなすのみでは目的が果たせるとは限らない．建築に関わる人々の現在の行為や将来の行為を調整する必要があるからである．そのため，私たちはあらかじめ計画を策定し，目的の成就を不可能あるいは困難にする行為を抑制する．例えば，設計案を明日東京で提示することを計画しているのに，今日南極探検に出発するようなことはしない．

　計画は目的を成就するまでのすべての行為をあらかじめ一挙に特定するわけではない．部分的なあるいは概略的な計画を立て，計画遂行の状況に応じて，時の経過につれて，計画を詳細にしていく．行為がなされる未来の具体的状況は不確定であり，あらかじめそのような状況のすべてを詳細に想定することは不可能であろう．状況がより具体的に特定されるにつれて，その状況における計画の遂行にとって適切な行為，その行為をなすために必要な予備的な行為をより具体的にすることになる．このようにして計画内容は再帰的に特定されていく．

　ある土地にある家族のための住宅を設計すると想定しよう．理想的な住宅の具体的なイメージがすでに頭の中にあるとしても，それが場所の状況や家族の状況と無関係に設計案となることはない．漠然としたイメージを，その土地の用途規制，容積率，建蔽率，接道状況，周辺環境，その家族の構成，現在のライフスタイル，将来の暮らし方の希望，その土地や周辺環境と設計案との関係，その家族と設計案との関係を明確にしつつ，具体的な住宅のイメージを固めていこうと計画することが現実的であろう．

　ある建物のデザインを始める時点ではその建物の具体的な形態や構造がすべて詳細に決まっているわけではない．もしそうならばデザインを行う必要はない．設計者は，はじめは，漠然とした形態や構造を心の中や紙の上に描いたり，

模型にしたりする．このときにいくつかの形態や構造の可能性を考え，その中のあるものを選択し，その形態や構造をより具体的かつ詳細にする．建物の形態や構造が実際に建設可能になるまで，この作業は再帰的に繰り返される．具体化と詳細化の再帰的繰り返しは必ずしも単調に進むわけではない．一旦は選択から洩れた形態や構造が選択されなおされたり，それまでに考慮していなかった形態や構造が考察され考慮されるようになったりする．これらの過程を構成する行為はすべてがランダムになされるわけではない．少なくとも，時間と資源の制約の下で，建物として成立する程度に具体的かつ詳細な形態や構造を特定するという目的が成し遂げられるように行為が選択されてなされる．

手段目標分析（Means–Ends Analysis）

ある目標の達成に向けて計画を策定するということは，その目標に至るためになすべき行動を明確にするということである．現在の状況から目標とする状況に直接至る行動がない場合，ある状況から目標状況に直接到達する行動を定め，その行動をなすことができる状況を中間目標状況とし，現在状況から中間目標状況に至るためになすべき行動を明らかにする．現在状況から中間目標状況に直接至る行動がない場合，ある状況から中間目標状況に直接到達する行動を定め，その状況をもう1つの中間目標状況とし，現在状況からもう1つの中間目標状況に至るためになすべき行動を明らかにする．このように，目標に直接到達する行動から遡って順次中間目標状況とそれに直接至る行動を定め，現在状況から目標状況に至るためになすべき一連の行動を明らかにする手法を手段目標分析という．

9.5 暗黙知

私たちはことばによって語ることができるよりも多くのことを知り得る．このような知を裏づけるのはそれを知っている個人である．このような知に基づく私たちの推論の枠組は私たちの行動に副次的に現れる．それ自体を明示的に捉えることはできない．

言語によって明確かつ直截的に表現することが不可能または困難な知を**暗黙知**[88][89] (tacit knowledge) という．言語表現可能な知は**形式知** (explicit knowledge) である．科学の知は形式知である．暗黙知の普遍性，論理性，客観性を論証することはできない．暗黙知の根拠はそれを知る主体である．行動論に関わる知のすべてを科学の知として明示することはできない．そのような知の存在を，知を適用する実践によって間接的に示すことは可能であろう．実践は論証と同様に重要である．

建築に関わる科学の知の個々が意味をもつのは，個々の知を独立した知として理解することによってではなく，建築という統合された全体の中でそれらの知を認識して意味づけることによってである．このような意味づけを行うことによって建築という包括的な存在が理解され，実践される．

教科書や参考書に記されている知識のみを習得しさえすればよい建築をつくることができるというわけではない．これらの知識を建築の創造に活かす方法を余すことなく語ることはできない．熟達した建築専門家はよい建築を創造する方法を知っている．その方法に関する知は建築専門家の行動に副次的に現れるものごとであり，マニュアルやレシピとして記され得るものごとではない．建築を学ぶことの難しさはここにある．私たちは，教科書や参考書からだけではなく，建築専門家の行動やその行動の痕跡（例えば，建物やその使い方/使われ方）を読むことによって，建築専門家の知を間接的に推量し，自分自身の知として獲得するのである．

暗黙知とは言語，すなわち，ことば，数式，図表などによって明確かつ直截的に表現することが不可能または困難な知である．暗黙知に対して，言語表現が可能な知を形式知という．形式知は，言語によって直接的に表現できるので，その内容の客観性や論理性について論証することが可能である．客観性や論理性が認められた形式知は教科書やマニュアルなどに「正しい」知識として記さ

れる．暗黙知は，言語表現できないので，その客観性や論理性についてことばによって議論することは不可能または困難である．そのため，個人的あるいは主観的な知として扱われがちである．直観，塩梅，志向性，身体性と呼ばれるものごとが暗黙知に関連する．

　暗黙知の典型例は人相を見分ける能力や経験に基づいて高度な判断をする能力である．人相を見分けるとき，私たちは人相に注意を払うと同時に，注意を払った結果として，人相を構成する要素——目，鼻，口など——のありようを感知する．これらの構成要素は個別に感知されるのではなく，人相という1つの全体あるいはその一部として統合して感知される．高度な判断をする場合も同様である．判断に関わる個々の情報を1つずつ吟味した上で判断がなされるのではなく，判断するものごとに注意を払った結果として判断するものごとの全体あるいは一部として統合されて個々の情報が感知され，判断の要因となる．例えば，建物が周辺環境と調和しているか否かという判断は，建物と周辺環境の調和に注意を払った結果として感知される景観構成要素の色や形や大きさや位置関係などの個々の要因を全体として統合してなされる判断である．暗黙知のこのような側面を機能的側面という．あるものごとの構成に関わる個々の諸要素や諸要因について感知している内容を暗黙知の第一項または**近位項**（proximal term）という．注意が向けられている当のものごとを暗黙知の第二項または**遠位項**（distal term）という．近位項は遠位項に注意を払った結果として感知される内容である．近位項は統合された全体としての遠位項を認識する要因の細目となり得るが，遠位項が近位項の各要素に還元して説明されるわけではない．遠位項たる認識や判断にはそれらをなす個人がもつ，遠位項と近位項の関係づけに関する知が関わっている．

　私たちは近位項を遠位項の現れ（appearance）の中に感知することがある．ひとはあるものごと（近位項）から他のものごと（遠位項）に注意を移し，前者を後者の現れの中に感知する．暗黙知のこのような側面を**現象的側面**という．統合された全体（遠位項）を認識することによってはじめて諸要素（近位項）が意味づけられる．これは暗黙知の**意味論的側面**である．暗黙知は近位項と遠位項の意味論的な結びつきによって包括的な存在を理解するものである．このような側面を**存在論的側面**という．

　建築の教科書に記されている個々の事項が意味をもつのは，それぞれの事項

をそれ自体として記憶することによってではなく，建築という統合された全体（遠位項）の現れの中にそれらの項目（近位項）を感知して意味づけることによってである．このような意味づけを行うことによって建築という包括的な存在が理解されるのである．

諸要素からなる近位項と諸要素が包括された意味からなる遠位項は実在（リアリティ）の2つのレベルとして現れる．上位レベル（遠位項）は，下位レベル（近位項）の諸要素をそれ自体として統括している規則に依拠して，機能する．しかし，上位レベルの機能を下位レベルの規則で説明することはできない．

課題 9.2 [建築空間を読んでみよう]

　興味がある施設建築の図面をよく読み，その建築空間でどのような行動がなされそうであるかイメージしてみよう．自分ならどういう行動をするか，他の人は自分と同じように行動するか，考えてみよう．

　自分の思い描いたイメージと友人の思い描いたイメージを比較してみよう．異なる部分がある場合，イメージするときに考えたことを互いに比較し，イメージの相違が何によって生じたのかについて議論してみよう．

　実際にその施設建築を訪問し，行動を観察し，イメージした行動と比較してみよう．

第10章

空間と行動のモデル

建築空間を提供しようとする者は使用者が建築空間をどのように感じ,建築空間でどのような行動をなし,建築空間にどのような意味づけをするかを予測した上で,これらに適合する好ましい建築空間を創出する技術をもつことが望ましい.予測の根拠となるものごとの1つは建築空間と人間の感じ方や行動とを関連づける法則性である.この法則性がどのように捉えられてきているのかを心理学を参考にして整理する.

10.1 環境と行動の法則性と建築
10.2 行動主義モデル
10.3 環境の内的投影
10.4 認知過程のモデル
10.5 行動モデルから観た建築計画

10.1 環境と行動の法則性と建築

　建物の制作においては，居住者が建物によって構築された空間や環境をどのように使うかを予測し，建物の構造や空間構成によって居住者の行動を好ましい方向に誘導できるようにすることが肝要である．

　人間と環境を関係づけるモデルはこのような予測の根拠となる．人間が特定の環境を快適と感じたり，不快と感じたりするという関係は快適な環境を構想する根拠となる．人間が特定の環境において特定の行動をなすという関係は人間の行動を促進する環境や抑制する環境を構想するための根拠となる．人間と環境の関係のモデルをデザインに適用して計画している建物における居住者の行動を予測し，行動に適合した建築空間や構築環境の要件を明確にすることができる．実際の建設と使用に先立ち，計画している建築空間や構築環境が住意識に適合し得るか否か，すなわち，建築空間の構成や構築環境の雰囲気が想定されている建物の使用状況に適合し得るか否かを予想することができれば，住意識を実現するためにどのような建築空間や構築環境を創出すればよいかについて検討をつけることができる．

　心理学が探究する環境と人間の行動についての法則性は建築によって構築される環境において使用者がどのような行動をなすかを予測するための根拠となる．ある構築環境を提供するとその環境の使用者が特定の行動をなすという法則性がわかれば，特定の行動を促すためにどのような環境を構築すればよいかを法則性に基づいて考えることができる．建築計画学が注目するのは建築を介した人間と環境の関係である．人間と環境の関係の1つは環境から得る情報（刺激）に対して何かを感じたりある行動をしたり（反応）という現象として現れる．建物が特定の特徴をもつときにある特定の環境が構築され，そこで特定の行動がなされることがあらかじめわかっている場合，この関係を建物の設計に適用することができる．

　環境と行動の法則性を仮説的に定式化したものが**行動モデル**である．行動モデルにはいくつかのタイプがある．ミンスキー（Marvin Minsky）[90]の類型に基づき，代表的なタイプの行動モデルについて説明する．

(1) 機械論的な法則性としての行動モデル

ものごとがいろいろなふるまいをするのはほかのものごとが原因となり，法則や規則性に従って一定の仕方で因果的に動かされるからであるという考え方に基づくモデルである．人間の行動も同様に法則や規則性に従っている．人間の行動のモデルを構築するということは，行動と原因との因果的法則を見つけるということと，その因果的法則を行動に作用する原因を与え得る環境の因果的法則に関連づけることである．

①反射型（状況 → 行動）

生存のために好ましい状況を生み出す本能的反射的な行動のモデルである．状況とその状況において必然的に生起される行動とを対応づける．特定の状況とそこで生起される特定の行動とを対応づける規則的な関係が身体に埋め込まれているとの仮定に基づく．現前する状況に対する機械的な反応として行動が生起される．特定の状況に特定の行動が対応する．ある状況に遭遇すると必ず決まった行動がなされるのはこのような規則が身体に埋め込まれているからであると考える．状況と行動の対応づけは経験や学習の有無によって変化せず，ある状況において生起される行動は常に同じである．本能的であるとは限らない行動を反射型としてモデル化することも可能である．

熱い物体に手が触れるととっさにその手を引っ込めるというように，ある状況において，その行動をなさないと生存が危ぶまれるような行動が機械的になされる．危機を回避することを目的として行動を選択するわけではない．行動をなせば帰結として生存の危機を回避することになる．建築においては非常時の緊急行動やとっさの場合の無意識的な行動を反射型（状況 → 行動）としてモデル化することがある．

状況と行動の間には前者を原因，後者を結果とする因果的な法則性がある．この因果的法則性は

「状況が○○であるならば△△なる行動をなす」

という形式の規則として記述可能である．行動主体は状況と行動の因果的な規則をいくつかもつ．現前の状況に対応する規則が活性化し，その規則によって状況と結びつけられる行動が生起する．

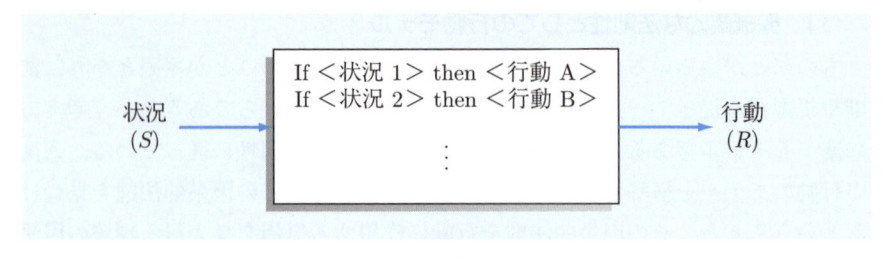

```
          ┌─────────────────────────────┐
  状況     │  If <状況 1> then <行動 A>   │    行動
  (S)  ──→│  If <状況 2> then <行動 B>   │──→ (R)
          │            ⋮                │
          └─────────────────────────────┘
```

図 10.1

例1 反射型（状況 → 行動）規則的結合の例

もし〈和室が台所に隣接している〉ならば〈居住者は和室で食事をする〉．
もし〈室温が 28 度以上である〉ならば〈居住者は冷房をする〉．
もし〈火煙が迫ってくる〉ならば〈居住者は避難する〉． □

②反射型（状況 + 目標 → 行動）

現前する状況と目標の組に対する機械的な反応として行動が生起される．1つの状況と目標の組に対して生起される行動は1つのみである．特定の状況と目標の組に特定の行動が対応する．状況と目標の組と行動の規則的結合は変化せず，常に同じである．現前する状況が同じでも目標が異なれば異なる行動が生起され得る．目標が同じでも現前する状況が異なれば異なる行動が生起され得る．状況と目標の組と行動との間には前者を原因，後者を結果とする因果関係がある．行動主体は状況と目標の組と行動との因果的な規則をいくつかもつ．現前の状況と目標の組に対応する規則が活性化し，その規則によって状況と目標の組と結びつけられる行動が生起する．現前の状況と目標との距離に応じて行動が決定論的に制御され得る．

居住者の目標がいかなるものであるかを把握することは居住者が建物をどのように使うかを予測する上で重要なことである．目標の設定を誤ると建物が想定通りに使われない場合が生じる．例えば，階段を日常の通路兼非常時の避難経路の一部として設けることが通例であるが，居住者がこの階段を日常の通路として使用せず，物置として使用すれば，非常時に避難経路としての役割を果たせなくなる可能性がある．これは非常時の避難経路としてスペースを確保したいという制作時の目標と日常的に使用する居住スペースや収納スペースを確

保したいという使用時の目標とが異なるためである，と反射型（状況＋目標 → 行動）モデルによって説明することが可能である．

　状況と目標の組と行動の間には前者を原因，後者を結果とする因果的な法則性がある．この因果的法則性は

「状況が○○であり，かつ，目標が◇◇であるならば△△なる行動をなす」

という形式の規則として記述可能である．行動主体は状況と行動の因果的な規則をいくつかもつ．現前の状況と目標に対応する規則が活性化し，その規則によって状況と結びつけられる行動が生起する．

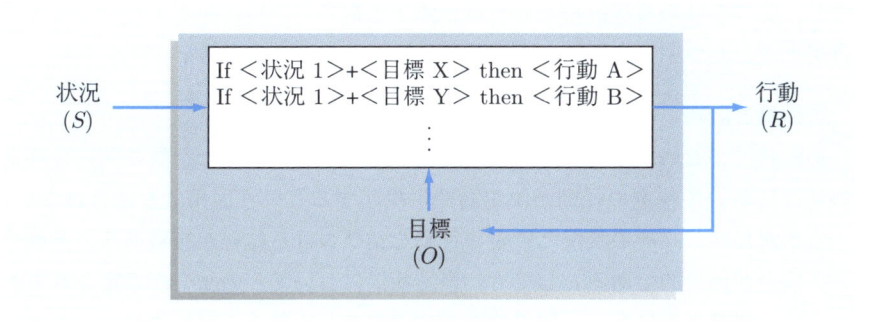

```
If <状況 1>+<目標 X> then <行動 A>
If <状況 1>+<目標 Y> then <行動 B>
                ⋮
```

状況 (S) → ... → 行動 (R)
↑ 目標 (O) ←

図 10.2

例2 反射型（状況 ＋ 目標 → 行動）規則的結合の例

　もし〈室温が 30 度である〉かつ〈室温目標値が 28 度である〉ならば〈居住者は冷房をする〉．

　もし〈図書館と酒屋がある〉かつ〈行動主体は本を借りるという目標をもつ〉ならば〈居住者は図書館に行く〉．

　もし〈図書館と酒屋がある〉かつ〈行動主体は酒を飲むという目標をもつ〉ならば〈行動主体は酒屋に行く〉．　　　　　　　　　　　　　　　　　　　□

③学習反射型（状況・目標・生体 → 行動型）

　基本的には，生存のために好ましい状況を生み出す本能的反射的な行動である．ある状況，または，ある状況と目標の組において，反射的に生起された行動が生存のために好ましくない状況を生み出した場合，それ以降は，同様の状況または状況と目標の組において，同様の行動が抑制されることが生存にとっ

て好ましい．状況あるいは状況と目標の組と行動を結びつける因果的な規則を修正することによって行動を目標に適合させる．行動の帰結として得られる状況の好ましさの程度により，因果的な結びつきを修正することによってそのような調整が可能となる．状況Xにおける行動Aの生起が好ましくない状況を生み出した場合，状況Xと行動Aの因果的結合が状況XとAとは異なる行動の因果的結合に変更される．

(2) 熟慮を伴なう行動のモデル

機械論的な行動モデルにおいては，行動は刺激に対して機械的に定まる．しかし，私たちはある状況においては行動を選択するために熟慮する．ここでは熟慮と理に基づいて合理的に選択される行動のモデルの概略を示す．

①熟慮と計画

ある状況において生起可能な行動が複数ある場合，状況と行動の間には特定の状況において特定の行動が決定論的に生起するという因果的な結合はない．ある状況に関し，その状況と特定の行動を結びつける結合が複数ある．それぞれの結合が因果的であるとしても，当該状況においてどの結合が適用されるかの選択は因果的ではない．因果的ならば適用される結合が機械的に定まるので生起される行動も機械的に定まることになる．人間が同時に生起できる行動は，基本的には，1つである．ある状況で生起される行動は1つだけ選択されなくてはならない．

ある状況における行動はその状況を好ましい状況に近づけるという目標に関して合理的に選択されると想定する．好ましい状況とは行動する者が実現を願望する状況である．行動主体は現在の状況を目標に最も近い状況に移行させる行動をなすというのが1つの行動選択原理である．この場合，各行動について，現在の状況においてその行動をなした帰結として創出される状況を予測する必要がある．予測は「行動Aをなすことによって特徴Bをもつ状況は特徴Cをもつ状況に変化する」という形式の信念および「状況が特徴Cをもつならばその状況は特徴Dをもつ」という形式の信念に基づいてなされる．現在の状況が特徴Bをもち，目標とする状況が特徴Dをもつ場合，行動Aを選択し，行動の結果として特徴Cをもつ状況が創出され，その帰結として状況が特徴Dをもつことを期待して行動Aをなす．

1つの行動だけでは現在の状況から目標の状況に到達できない場合，目標に到達する行動を選択し，その行動をなせる状況を中間目標として現在の状況から中間目標の状況に到達する行動を選択する．1つの行動だけでは中間目標の状態に到達できない場合，中間目標を再帰的に設定し，目標の状況に到達する行動指針を策定する．行動指針は実行時の状況に適合する行動として逐次的に具体化される．

② 反省

行動指針の策定における思考過程を反省し，目標や選択の善し悪しを判断する．策定された計画が目的の達成のために好ましいものであるか否かに基づき，思考結果を以後の熟慮と計画における行動選択に適用する．

③ 内省

行動指針の策定において熟慮をなす自分自身について内省し，自分自身がもつ価値観や規範と照らし合わせて，選択の善し悪しを判断する．策定された計画が目的の達成のために好ましく，かつ，自分自身の価値観や規範と整合的なものであるか否かに基づき，思考の結果を以後の熟慮と計画における行動選択および反省に適用する．

10.2 行動主義モデル

前節では環境と行動の間の法則性の表現のタイプという観点から行動モデルを整理した．本節では心理学の教義のうち，**行動主義**（behaviorism）と**新行動主義**（neo–behaviorism）について説明する．

(1) 行動主義

行動主義心理学は行動の生起法則を明らかにし，行動を予測して制御することを目的とする．心理学を行動の科学として位置づけ，行動の生起法則を自然科学的に明らかにすることを目指し，客観的かつ実験的な方法を用いる．反応からその刺激が予測され，刺激からその反応が予測されるようにするというワトソン（John Broadus Watson）の考え方に基づき，**心的現象**（P）を観察可能な環境からの**刺激**（S）と顕在化した**反応**（R）としての行動の間の法則的関係として捉える（式 (10.1)）．すなわち，刺激と反応の間の法則的関係（**S–R 連合**）を明らかにする．心象の存在は身体内部の潜在的な反応として仮定されている．刺激と法則の法則的関係を明らかにすることにより，刺激に対する反応が予測可能になり，ある反応を得るためにどのような刺激を与えればよいかを推論することが可能になる．

$$R = P(S) \tag{10.1}$$

行動主義は行動を身体の総合的な反応としてではなく筋肉と腺の微視的な働きなどの反応に還元して捉えようとする．筋肉や腺の微視的な働きを物理的な刺激に対する反応として捉え，刺激と反応との間の因果関係を明らかにしようとする．行動は微視的な反応の総体であり，身体の総合的な反応としての行動が注目されているわけではない．

行動主義以前の心理学は意識を自己観察する**内観法**（introspection）を用いていた．内観法は被験者による自分自身の心の動きについての言語報告に基づいて心理過程を理解する方法である．言語報告を心理的事実を示すデータとみなす．しかし，心理過程と言語報告との間に完全な対応関係があるかどうかについては否定的である[91]．行動主義は心理学は客観的に観察可能なものごとのみを対象とすべきであるとする．客観的に観察可能であるものごととして行

10.2 行動主義モデル

動に着目する．内観法によるデータは主観的（私的）であり，客観的ではないとしてしりぞける．外部から観察できない主体の内部の認知過程をブラックボックス化し，観察可能なものごとによってのみ説明しようとする．

(2) 新行動主義

行動主義が行動を刺激に対する受動的かつ機械的な反応として捉え，観察可能な刺激と行動（筋肉や腺の働き）とを直接的に結びつけようとするのに対して，新行動主義は行動を受動的・機械的な反応のみとは捉えず，巨視的，全体的な行動を研究対象とし，刺激と反応との間に有機体要因があると仮定する．刺激と反応とを結びつける内的な機構を仮定し，仮定に基づいて論理的に演繹されるものごとと観察されるものごととの整合性を確認する．仮定と観察とが整合的でない場合には仮定を修正する．反応を刺激と有機体の能動性として捉える．反応 (R) は刺激 (S) と**有機体** (O) との相互作用によって生じるとみなす（式 (10.2)）．また，有機体の状態は刺激と有機体の相互作用によって変化するとみなす．

$$R = P(S, O)$$
$$O' = Q(S, O) \quad (10.2)$$

ハル（Clark Leonard Hull）は刺激 (S) と反応 (R) との間の有機体要因として**習慣強度**の概念を提案した．習慣強度 ($_sH_R$) は刺激を受ける受容器活動 (s) と反応を示す効果器活動 (r) の結びつきの強度を示すものであり，強化回数 (N) が増加するにつれて生理的極限 (M) まで増加する（式 (10.3)）．

$$_sH_R = M(1 - e^{-iN}) \quad (10.3)$$

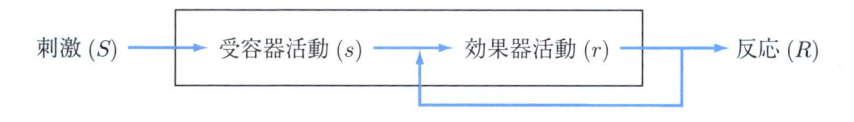

図 10.3 ハルのモデル

オスグッド（Charles Egerton Osgood）[92] は刺激と反応を連合する有機体をS–R連合の連鎖としてモデル化した．S–R連合は**復号化過程**（decoding process）と**符合化過程**（encoding process）の2つの段階とこれらを結びつける**表象媒介過程**（representational mediation process）からなる．復号化過程と記号化過程は，それぞれ，S–R連合である．復号化過程において刺激（S）に対する有機体内部の反応（rm）が生じる．有機体内部の反応は表象媒介過程という内在的な反応によって弁別的な自己刺激（sm）を生み出す．自己刺激は，符合化過程によって，観察可能な反応（R）を起こす．

オスグッドらはこのモデルを用いて**記号**（sign）の**意味**（meaning）を測定しようとした．ここでいう記号とは特定の刺激を意味内容として指示する意味内容それ自体ではない刺激のことである．例えば，「眩しい」という語は眩しいと感じる刺激を意味内容として指示する記号である．記号刺激は意味内容である刺激と近接してあることにより，意味内容である刺激に対する反応全体のいくつかの部分との連合を強化する．これにより，意味内容である刺激が存在しない場合にも，記号刺激に対して意味内容である刺激に対する反応と類似する反応が生じる．記号の意味は**意味微分法**（semantic differential method, SD法）という手法によって**意味空間**（semantic space）上の布置として示される．意味空間とは未知の多次元性をもつ領域であり，ユークリッド的な性質をもつ．原点を通る直線の2つの極は反対の意味をもつ形容詞対のそれぞれに対応する．

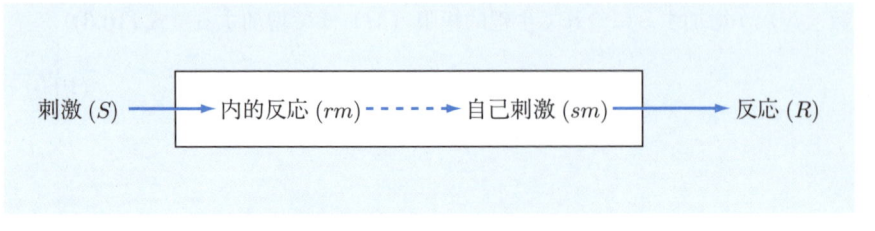

図10.4　オスグッドのモデル

10.3 環境の内的投影

　私たちは環境の中のいくつかの情報を抽出し，それに意味を与えてものごとを知覚し，自らの世界認識をもち，その世界において行動する．その世界は客観的に観察可能なものとして存在するのではなく，個々の主体によって客観的な環境から主体の内部に投射された，主観的なものである．

　この考え方に基づけば，私たちは客観的に観察可能な建物や空間構成を単なる物理学的な存在として認識するのではなく，自らの世界認識を構成する意味をもつ主観的な存在として認識する．ただし，主観的であっても，他人と全く異なる認識をもつのではなく，共通する身体感覚や文化的背景に基づいて共通する認識をもち得る．例えば，神社の鳥居は神道を信じる者にとっては神域と俗界を区画する結界であり，神域への入口を意味するものである．

写真 10.1　厳島神社の鳥居

(1) 行動空間

　トールマン（Edward Chase Tolman）は有機体にとっての環境は有機体にとって重要な意味をもつ目的対象やその対象への手段となる対象の間の種々の**手段–目的関係**から成り立っている場であると考え，**行動空間**と名づけた[93]．目的対象と手段対象を，**意味体**（significate）と**記号**と，それぞれ，呼ぶ．意味体と記号の間の意味づけられた関係を含めた全体を**記号ゲシュタルト期待**

(sign–gestalt–expectation) と呼ぶ．生体の特定場面における認知は記号ゲシュタルト期待として成立する．記号ゲシュタルト期待は経験によって学習される．手段–目的関係は対象間の具体的な関係の経験に基づいて，漠然としたものから明瞭化され修正され分化する一方で，局所的・断片的なものから包括的なもの(**認知地図**) として形成されていく．

記号ゲシュタルト期待は特定のものと一般的ものとが同時に形成される．一般的な記号ゲシュタルト期待を形成することによって以後の行動への**手段–目的準備性** (readiness) をもつようになる．一定の記号ゲシュタルト期待が形成されていれば，全体の一部である記号が現前するだけで全体としての記号ゲシュタルト期待が生じて行動がなされる．生体はこの準備性に基づいてはじめて遭遇する事態においても行動をなせる．

(2) 生活空間

レヴィン (Kurt Lewin) は，行動は環境のみによって決定されるのではなく，人 (person) と環境 (environment) の相互作用によって決定されると考えた[93]．行動 (B) は人 (P) の状態とその環境 (E) とに依存する[94]．人とその環境とはそれぞれ相互依存している変数である．人と環境との間には環境によって人の行動が決まり，人の行動によって環境が決まる．人とその環境は相互依存している諸要因の1つの布置である．このような諸要因の全体性がその個人の**生活空間** (LSp) である．すなわち，生活空間は人とその環境の両者を包含する．行動を説明することは生活空間の科学的表示方法を見いだすこと，および，行動を生活空間に関連づける法則性 (F) を決定するということである．

生活空間の構造は人が変化しても環境が変化しても変化し得る．例えば，人が経験によって知識を蓄積したり，環境に対する構えを変えたり，生活空間内で移動したりした場合に変化する．生活空間が不均衡な緊張状態になると緊張を解消して安定した平衡状態になるように生活空間が変化する．このとき，人は要求や意図をもち，欲求や意図を充足するような具体期な行動をとる．客観的に物理的・社会的条件が同一な場所でも人によって異なる行動をしたり，同一の人によっても異なる行動がなされたりするのは，人により時により生活空間の構造が異なるからである．また，物理的・社会的条件が異なっていても生活空間の構造が同一であれば同一の行動がなされる (式 (10.4))．

$$B = F(P, E) = F(LSp) \tag{10.4}$$

(3) 行動的環境

コフカ (Kurt Koffka)[95] は行動と環境の関係を図 10.5 のように図式化している．**地理的環境** (G) は**行動的環境**（BE）をもたらす．行動的環境の中で**実在的行動** (RB) が生起する．実在的行動は行動的環境に規定されている．実在的行動の一部は**現象的行動**（PHB）の中に現出される．**実在的有機体**（RO）は直接的に地理的環境の影響を受け，行動的環境を介して地理的環境に対して行為をなす．実在的行動は地理的環境に変化を及ぼし，それによって行動的環境が変化する．実在的有機体に変化した行動的環境の中で次の実在的行動を生起する．ある実在的有機体の実在的行動は他の実在的有機体の行動的環境の中では外見的行動となる．行動的環境は地理的環境（刺激パターン）と行動を連結する媒介要素である．錯視に基づいて行動が選択される——物理的な大きさは全く同じであるが，小さく見えるほうのみが行動の対象になる——という実験によって所在が確かめられている．

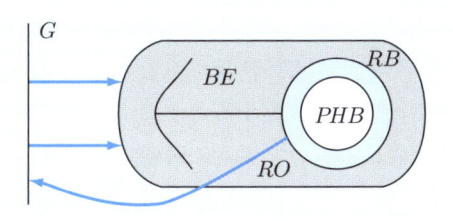

図 10.5　コフカのモデル

10.4 認知過程のモデル

認知心理学（cognitive psychology）は認知過程の仮説的な理論モデルを提示して，その有効性を実験的に検証するという方法をとる．実験的方法によって得られる客観的に観察可能なデータだけでは直接的にわからないものごとを仮説的理論モデルが補う．仮説的理論モデルとして，情報科学や計算機科学の影響を受けた情報処理モデルが用いられることが少なくない．

私たちが知覚するものごとは環境が提供する情報のみによって定まるのではなく，私たちがあらかじめ期待しているものごとに依存するという考え方がある．この考え方に基づくと，建築空間がどのように知覚されるかは建築空間の構成それ自体のみによって決まるのではなく，建築空間を経験する者が建築空間に何を期待しているかにも影響される．

ブルナー（Jerome Seymour Bruner）は知覚過程を
- 知覚者のもつ期待ないし仮説
- 環境からの入力
- 入力情報による仮説の確認あるいは修正

の3段階の循環であると考えた[93]．知覚を環境からの刺激の受容（情報の入力）という受け身の過程とせず，刺激を受容する以前にあらかじめもっている仮説（期待）に基づいて環境からの情報を得るという知覚者の能動性を重視している．人は環境からの情報を収集することによって環境の状況に対してある仮説を形成し，その仮説に基づいて環境に適応した行動をなそうとする．

ナイサー（Ulric Neisser）[55]は知覚過程についてのブルナーの仮説に情報を探索するという段階を加え，知覚循環仮説に発展させた．知覚循環とは，知覚において
- 知覚者は予期図式をもち，
- 予期図式に基づいて情報を探索し，
- 環境から情報を抽出し，
- 知覚されたものごとと予期図式の相違から図式を修正し，新たな予期図式に基づいて情報を探索する

という循環である．

ナイサーのいう**図式**（schema）とは環境が提供する情報を抽出する働きをす

10.4 認知過程のモデル

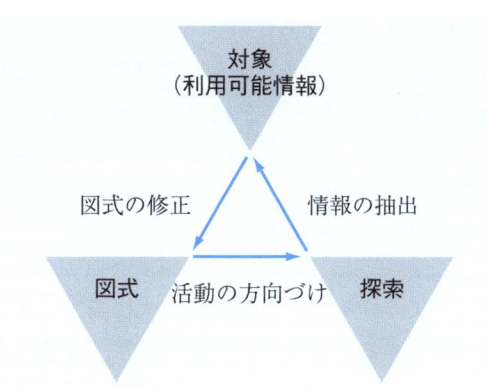

図 10.6 知覚過程のイメージ（ナイサー）

る知覚者の認知構造である．知覚者個人の内的過程であり，知覚循環全体の一部である．図式は知覚活動を方向づけるとともに知覚活動によって修正される．知覚は対象を一般化して図式に近づける過程または図式を特殊化して対象に近づける過程であるとみなされる．図式は感性面に有効に働きかける特定の情報を選択的に受け入れ，受け入れた情報によって変化する．また，さらに多くの情報を獲得するための運動や探索活動を方向づけ，そのことによって獲得された情報によってさらに修正される．何かを見るとき，目は無意識のうちに動いている．知覚循環過程におけるある時点で図式が受け入れる情報は次の時点では図式の一部となり，どのように次の情報を受け入れるかを規定する．ある時点における図式は継続している循環自体の産物であると同様に循環の来歴の産物である．

　認知過程は，環境と自分との関係のありようを知り，環境に適合すべく関係を変化させる過程である．主体と環境の相互作用によってなされる．認知活動の基本は知覚することと行動することである．環境と自分の関係のありようは感覚器官や身体感覚を介して知られる．これを**知覚**という．環境と自分の関係のありようは身体動作によって環境と自分に働きかける所作によって変化する．これを**行動**という．知覚と行動は連続する2つの別のプロセスとして位置づけられるものでは必ずしもない．知覚が行動に先行する場合もあれば，行動することが知覚することでもある場合もある．これらの概念は建築について議論するために十分であると考えられる範囲での措定である．

課題 10.1 [図式を探してみよう]

　JR 山手線の経路を路線図で見ると円形に図式化して示されていることがよくある．実際の山手線の経路の形を地図で調べて両者を相違を確めてみよう．

　山手線の経路のように図式化されているものを探してみよう．

　図式化することの長所と短所を考えてみよう．

　私たちは自分たちがよく知っている単純な図式に関連づけて空間関係や物体の形状を知覚または認知する．道路は直線状であり，交差点は 2 本の道路が直角に交差していると認知される傾向がある（第 6 章参照）．東京の都心を環状に結ぶ鉄道である山手線は円形であると認識される傾向がある[96]．

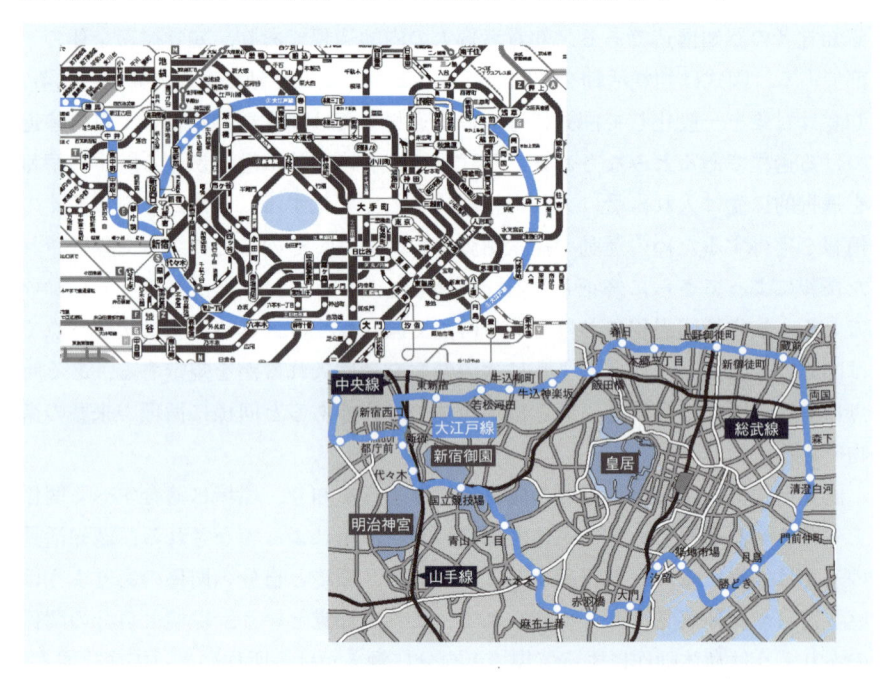

図 10.7　都営地下鉄大江戸線の路線図 ■■■ と地理的な位置の比較

　　　都営地下鉄大江戸線の路線図と地理上の実際の位置とを比較してみよう．路線図は地理上の位置を忠実に再現しているのではなく，円を左右にのばした形に簡略化して描かれている．このことによって大江戸線の特徴や位置づけが表されている．

10.5 行動モデルから観た建築計画

　新行動主義およびそれ以降の心理学の考え方に基づくと，人間と環境の法則的関係は構築環境の中で変化する．ある関係性は強化され，ある関係性は弱くなる．ある時点での関係性に基づいて建築計画を行い，構築環境が創出されると，その構築環境が建築計画の前提とした関係性を変容させる可能性がある．すなわち，行動主義モデルのみによって人間と環境の法則性が説明できるという前提をとらなければ，建築の合理性の根拠がもはや根拠ではなくなる可能性がある．一方，すべての行動が刺激によって決定論的に定まるという行動主義的な見方のみによって建築を捉えることは，これまでの議論を踏まえると，適切ではないと考えられる．建築は人間と環境の関係性に基づいて建物を制作して構築環境を創出し，その構築環境が変容させ得る人間と環境の関係性を捉え直し，新たな関係性に基づいて建物を制作して構築環境を創出するという過程を繰り返すのである．

課題 10.2 [龍安寺方丈庭園（石庭）の石（いわ）の数を数えてみよう]

　石は15個ある．方丈の1カ所から鑑賞する場合，屋根の上のように高いところから見ないと一度に全部の石を見ることはできない．しかし，方丈の1カ所に留まらなければ15個の石を見ることができる．このことは何を意味するのかを自分なりに考えてみよう．

写真 10.2　龍安寺方丈庭園（石庭）

参考文献

■第1部

[1] 出原栄一・吉田武夫・渥美浩章：図の体系――図的思考とその表現，日科技連，p.40，1986.
[2] 森隆行・大佛俊泰：長さの知覚における不安定性について，日本建築学会大会学術講演梗概集（E-1），pp.767-768，1999.
[3] 小泉袈裟勝：単位のいま・むかし，日本規格協会，p.45，1992.
[4] フェレンス・メゾー（大島鎌吉 訳）：古代オリンピックの歴史，ベースボール・マガジン社，p.48，1973.
[5] 二村隆夫監：単位の辞典，丸善，p.348，2002.
[6] 岡田光正・柏原士郎・森田孝夫・鈴木克彦：現代建築学　建築計画1，鹿島出版会，p.85，1987.
[7] ウィトルーウィウス（森田慶一 訳註）：ウィトルーウィウス建築書，東海大学出版会，p.81，p.83，p.89，1969.
[8] 太田博太郎 監修，伊藤要太郎 校訂，匠明（匠明＋五巻考），鹿島出版会，1971.
[9] 相川浩：建築家アルベルティ，中央公論美術出版，pp.84-85，1988.
[10] 相川浩：建築家アルベルティ，中央公論美術出版，p.20，1988.
[11] Albrecht Beutelspacher & Bernhard Petri（柳井浩 訳）：黄金分割――自然と数理と芸術と，共立出版，p.1，2005.
[12] Albrecht Beutelspacher & Bernhard Petri（柳井浩 訳）：黄金分割――自然と数理と芸術と，共立出版，pp.7-8，2005.
[13] 岡田光正：建築人間工学　空間デザインの原点，理工学社，p.69，1993.
[14] 小原二郎・加藤力・安藤正雄編：インテリアの計画と設計，彰国社，p.40，1986.
[15] Albrecht Beutelspacher & Bernhard Petri（柳井浩 訳）：黄金分割――自然と数理と芸術と，共立出版，p.74，2005.
[16] ル・コルビュジェ（吉阪隆正 訳）：モデュロール（黄金尺），美術出版，1953.
[17] 渋谷五郎・長尾勝馬：日本建築・上巻：学芸出版社，p.235，1963.
[18] 岡田光正：建築人間工学　空間デザインの原点，理工学社，p.82，1993.

[19]　岡田光正：建築人間工学　空間デザインの原点，理工学社，p.83，1993．

■第2部

[20]　岡田光正・吉田勝行・柏原士郎・辻正矩：建築と都市の人間工学，鹿島出版会，1977．

[21]　岡田光正・高橋鷹志：建築規模論，新建築学体系13，彰国社，p.92，1988．

[22]　岡田光正：建築人間工学　空間デザインの原点，理工学社，pp.160–161，1993．

[23]　岡田光正・吉田勝行・柏原士郎・辻正矩：建築と都市の人間工学，鹿島出版会，1977．

[24]　例えば，青木義次・富松太基・森山修治：やさしい火災安全計画，学芸出版社，1999，など．

[25]　青木義次・富松太基・森山修治：やさしい火災安全計画，学芸出版社，p.22，1999．

[26]　吉武泰水：病院外来部の規模，日本建築学会論文集，第49号，pp.130–136，1954．

[27]　青木義次：建築計画・都市計画の数学，数理工学社，p.4，2006．

[28]　岡田らは「利用施設指定型」を「テリトリー指定型」と呼んでいる（岡田光正・吉田勝行・柏原士郎・辻正矩：建築と都市の人間工学，鹿島出版会，p.207，1977）．

[29]　杉浦芳夫編：シリーズ人文地理学3　地理空間分析，朝倉書店，p.99，2003．

[30]　栗原嘉一郎・篠塚宏三・中村恭三：分館の利用圏域——公共図書館の配置に関する研究・5——，日本建築学会論文報告集，第194号，pp.45–52，1972．

[31]　大佛俊泰・山口浩範：公共図書館までの移動コストと地理的特性の関係——図書館システムのもとでの利用構造　その1——日本建築学会計画系論文集，第521号，pp.133–139，1999．

[32]　Shimizu, E.: Time–space Mapping Based on Topological Transformation of Physical Map, Selected Proc. the 6th World Conference on Transport Research, Vol.1, pp.219–230, 1993.

[33]　浦良一：地域医療施設の使われ方からみた配置計画，日本建築学会論文報告集，第63号，pp.303–316，1959．

[34]　青木義次：建築計画・都市計画の数学，数理工学社，p.6，2006．

[35]　土木学会：非集計行動モデルの理論と実際，土木学会，1995．

[36]　杉浦芳夫：立地と空間的行動，古今書院，pp.74–82，1989．

[37]　杉浦芳夫：立地と空間的行動，古今書院，pp.74–82，1989．

■第3部

[38]　ルドルフ・アルンハイム（乾正雄　訳）：建築形態のダイナミクス（上・下），鹿島出版会，1980．

参考文献

[39] ジークフリート・ギーディオン（太田實 訳）：新版 空間 時間 建築 (1・2), 丸善, 1969.
[40] ブルーノ・ゼーヴィ（栗田勇 訳）：空間としての建築（上・下）, 鹿島出版会, 1977.
[41] クリスチャン・ノルベルグ・シュルツ（加藤邦男 訳）：実存・空間・建築, 鹿島出版会, 1973.
[42] イーフー・トゥアン（山本浩 訳）：空間の経験, 筑摩書房, 1993.
[43] エドワード・レルフ（高野岳彦, 阿部隆, 石山美也子 訳）：場所の現象学, 筑摩書房, 1999.
[44] オットー・フリードリッヒ・ボルノウ（大塚恵一, 池川健司, 中村浩平 訳）：人間と空間, せりか書房, 1978.
[45] デイヴィド・カンター・乾正雄 編：環境心理とは何か, 彰国社, 1972.
[46] デイヴィド・カンター（宮田紀元, 内田茂 訳）：建築心理講義, 彰国社, 1979.
[47] H.M. プロシャンスキー, W.H. イッテルソン, L.G. リブリン（穐山貞登, 今井省吾, 広田君美, 大原健士郎, 入谷敏男, 船津孝行 訳）：環境心理学, 誠信書房, 1974–1976.
[48] W.H. イッテルソン, H.M. プロシャンスキー, L.G. リブリン, G.H. ウィンケル（望月衛 訳）：環境心理の基礎, 彰国社, 1977. W.H. イッテルソン, H.M. プロシャンスキー, L.G. リブリン, G.H. ウィンケル（望月衛, 宇津木保 訳）：環境心理の応用, 彰国社, 1977.
[49] アラン・W. ウイッカー（安藤延男 訳）：生態学的心理学入門, 九州大学出版会, 1994.
[50] 芦原義信：街並みの美学, 岩波書店, 1979.
[51] J.J. ギブソン（古崎敬, 古崎愛子, 辻敬一郎, 村瀬旻 訳）：生態学的視覚論, サイエンス社, 1985.
[52] ケネス・E. ボールディング（大川信明 訳）：ザ・イメージ, 誠信書房, 1962.
[53] デイヴィド・カンター（宮田紀元, 内田茂 訳）：場所の心理学, 彰国社, 1982.
[54] ケヴィン・リンチ（丹下健三, 宮田玲子 訳）：都市のイメージ, 岩波書店, 1968.
[55] U. ナイサー（古崎敬, 村瀬旻 訳）：認知の構図, サイエンス社, 1978.
[56] J.R. アンダーソン（富田達彦, 増井透, 川崎恵里子, 岸学 訳）：認知心理学概論, 誠信書房, 1982.
[57] ロジャー・ハート, ゲイリー・ムーア：空間認知の発達 (1973), ロジャー・ダウンズ, ダビッド・ステア（吉武泰水 監訳）：環境の空間的イメージ, 鹿島出版会, pp.226–312, 1976, 所収.

[58] Moore, Gary T.: Knowing about environmental knowing: The current state of theory and reserach on environmental cognition, *Environment and Behavior*, Vol.11, pp. 33–70, 1979.

[59] Shemyakin, F.N.: Orientation in space, In B.G.Ananyev *et al* (eds) Psychological science in the USSR, U.S. Office of Technical Report, 1962.

[60] Ladd, F.C.: Black youths view their environment: Neighbourhood Maps, *Environment and Behavior*, Vol.2, pp.74–99, 1970.

[61] Siegel, A.W. and White, S.H.: The development of spatial representations of large–scale environments, In H.W. Reede (ed) Advances in Child Development and Behavior, Vol.10, Academic Press, 1975.

[62] Holahan, C.J.: Environmental Psychology, Randam House, 1982.

[63] R. ギフォード（羽生和紀, 槙究, 村松陸雄 監訳）：環境心理学　原理と実践（上・下），北大路書房，2005（上），2007（下）.

[64] Altman, I.: The environment and social behavior, Monterey, CA: Book/Cole, 1975.

[65] Westin, A.F.: Privacy and freedom, Atheneum, 1967.

[66] Marshall, N.J.: Privacy and Environment, *Human Ecology*, **1**, pp.93–110, 1972.

[67] サージュ・チェルマイエフ，クリストファー・アレグザンダー（岡田新一 訳）：コミュニティとプライバシイ，鹿島出版会，1967.

[68] エドワード・ホール（日高敏隆，佐藤信行 訳）：かくれた次元，みすず書房，1970.

[69] ロバート・ソマー（穐山貞登 訳）：人間の空間，鹿島出版会，1972.

[70] Humphrey Osmond: Function as the basis psychiatric ward design, *Mental Hospital*, **8**, pp.23–30, 1957.

[71] ジェーン・ジェイコブス（黒川紀章 訳）：アメリカの大都市の死と生，1977.

[72] チャールズ・ジェンクス（竹山実 訳）：ポストモダニズムの建築言語，a＋u，1978 年 10 月臨時増刊号.

[73] オスカー・ニューマン（湯川利和，湯川聡子 訳）：まもりやすい住空間，鹿島出版会，1976.

[74] C. Ray Jeffery: Crime Prevention Through Environmental Design, Sage Publications, 1971.

■第4部

[75] 粟田賢三，古在由重編：「岩波哲学小事典」，岩波書店，1979.

[76] ロジャー・スクルートン（阿部公正 訳）：建築美学，丸善，1985.

- [77] アリストテレス（高田三郎 訳）：ニコマコス倫理学（上・下），岩波書店，1971（上），1973（下）．
- [78] 武谷三男：科学・技術および人間（初出「人間の科学」創刊号 1963 年），収録：科学と技術：武谷三男著作集 4，勁草書房，pp.247–266，1969.
- [79] 中村雄二郎：臨床の知とは何か，岩波書店，1992.
- [80] クリスチャン・ノルベルグ・シュルツ（前川道郎・前田忠直 訳）：建築の世界——意味と場所，鹿島出版会，1991.
- [81] Charles S. Peirce: Science and Immortality. In Charles Peirce, Selected Writings, Dover, pp.345–379, 1887.
- [82] 藤井晴行，中島秀之，諏訪正樹：構成論的方法論から見たイノベーションの諸相——建築を題材として，情報処理学会論文誌，**49**(4)，pp.1571–1580，2008.
- [83] 池内了：物理学と神，集英社，2002.
- [84] G.H. フォン・ウリクト（丸山高司・木岡伸夫 訳）：理解と説明，産業図書，1984.
- [85] ジョン・R. サール（山本貴光・吉川浩満 訳）：MiND マインド　心の哲学，朝日出版社，2006.
- [86] 大山正，乾正雄編：建築のための心理学，彰国社，1969.
- [87] マイケル・E. ブラットマン（門脇俊介・高橋久一郎 訳）：意図と行為——合理性，計画，実践的推論——，産業図書，1994.
- [88] マイケル・ポランニー（高橋勇夫 訳）：暗黙知の次元，筑摩書房，2003.
- [89] 中村雄二郎：デザインする意志，「エッセー集成 6」，青土社，1993.
- [90] Marvin Minsky: Emotional Machine, Simon & Schuster Paperbacks, 2006.
- [91] 河野哲也ほか：環境のオントロジー，春秋社，2008.
- [92] Osgood, C. E., Suci, J. D., & Tannenbaum, P. H.: The Measurement of Meaning, University of Illinois, 1957.
- [93] 大山正，金城辰夫ほか：心理学のあゆみ（新版），有斐閣，1990.
- [94] クルト・レヴィン（猪股佐登留 訳）：社会科学における場の理論（増補版），誠信書房，1979.
- [95] クルト・コフカ（鈴木正彌 監訳）：ゲシュタルト心理学の原理，福村出版，1988.
- [96] 青木義次，朴鍾薫，大佛俊泰：地理的イメージにおける概念図式，日本建築学会計画系論文報告集，No.453，1993，pp.79–85.

図表・写真典拠 [*]

図 1.3	H. Narayanan, M. Suwa, and H. Motoda, Diagram–based Problem Solving: The Case of an Impossible Problem, Proc. of the Seventeenth Annual Conference of the Cognitive Science Society, pp.206–211, Figure2, 1995.
図 1.6	（左：メジャーを挟んで 6 個の手が並んでいるもの）戸沼幸市：人間尺度論，彰国社，p.109，1978.
	（右上：人体 3 体）小泉袈裟勝：図解　単位の歴史辞典，柏書房，p.89，1990.
	（右下：人体 3 体の下の 4 つの手）小泉袈裟勝：単位のいま・むかし，日本規格協会，p.19，1992.
図 1.7	厚生労働省健康局総務課生活習慣病対策室：平成 18 年国民健康・栄養調査報告をもとに作図.
図 1.8	平成 18 年学校保健統計調査をもとに作図.
図 1.11	小原二郎・加藤力・安藤正雄編：インテリアの計画と設計，彰国社，p.45，図 7，1986.
図 1.12	小原二郎：デザイナーのための人体・動作寸法図集，彰国社，p.101，1985.
図 1.13	日本建築学会編：建築設計資料集成 3，単位空間 I，丸善，p.17，図 1，図 2，1980.
図 1.14	日本建築学会編：建築設計資料集成 3，単位空間 I，丸善，p.14，図 1，1980.
図 2.1	ウィトルーウィウス（森田慶一 訳註）：ウィトルーウィウス建築書，東海大学出版会，p.81，p.83，p.89，1969.
図 2.2	太田博太郎 監修・伊藤要太郎 校訂，匠明（匠明＋五巻考），鹿島出版会，社記集図 3，1971.
図 2.3	日本建築学会編：建築設計資料集成 1，丸善，p.14 を改変，1960.
図 2.4	ヴェネツィア・アカデミア美術館蔵：Leonardo da Vinci draws the human body.

---

[*] 出典を示していないものは，著者による作成・撮影.
　また，新聞記事（図 2.23，図 3.1）の出典については，それぞれの図に記した.

238　図表・写真典拠

図 2.5	（左）ピーター・マレー（桐敷真次郎 訳）：図説 世界建築史 10 ルネサンス建築，本の友社，p.170，図 270，1998.
図 2.8	日本建築学会編：建築設計資料集成 1，丸善，p.14，1960.
図 2.9	（左）Leonardo Benevolo: History of modern architecture, Volume two The modern movement, Routledge & Kegan Paul, London, p.446, 1971.
図 2.10	（左）Henri Stierlin: Encyclopedia of World Architecture, Macmillan Press Ltd., p.282, 1983.
図 2.11	東京商工会議所 編：福祉住環境コーディネーター検定試験 2 級公式テキスト（二訂版），東京商工会議所，p.186，図 12 を改変，2004.
図 2.12	日本建築学会編：第 2 版コンパクト建築設計資料集成，丸善，p.38，図 3，1994.
図 2.14	日本建築学会編：建築設計資料集成 3，単位空間 I，丸善，p.82，図 1，1980.
図 2.15	日本建築学会編：建築設計資料集成 3，単位空間 I，丸善，p.23，図 5–9（千葉大学小原研究室資料に基づく），1980.
図 2.16	日本建築学会編：第 2 版コンパクト建築設計資料集成，丸善，p.36，図 3（Henry Dreyfuss および Time–Saver Standard に基づく），1994.
図 2.17	岡田光正：建築人間工学　空間デザインの原点，理工学社，p.83，図 3.17，1994.
図 2.18	岡田光正・柏原士郎・森田孝夫・鈴木克彦：現代建築学　建築計画 1 [新版]，鹿島出版会，p.100，図 3–18，2002.
図 2.19	高橋儀平：高齢者・障害者に配慮の建築設計マニュアル，彰国社，p.145 を改変，1996.
図 2.20	日本建築学会編：多目的ホールの設計資料，彰国社，p.29，1993.
図 2.21	日本建築学会編：多目的ホールの設計資料，彰国社，p.22，1993.
図 2.22	新建築編集部編：新建築詳細図集——ホテル編，p.15，1973.
図 2.24	小原二郎・加藤力・安藤正雄編：インテリアの計画と設計，彰国社，p.47，図 7，1986.
図 2.25	日本建築学会編：建築設計資料集成[人間]，丸善，p.65，図 7，2003.
図 2.26	日本建築学会編：建築設計資料集成[人間]，丸善，p.65，図 8，2003.
図 2.27	岡田光正・柏原士郎・森田孝夫・鈴木克彦：現代建築学　建築計画 1，鹿島出版会，p.93，図 3–10，1987.
図 2.28	岡田光正・藤本尚久・曽根陽子：新編 住宅の計画学——すまいの設計を考える，鹿島出版会，p.179，図 10.2，1993.
図 2.29	建築思潮研究所編：建築設計資料 4 オフィスビル，建築資料研

図表・写真典拠 **239**

	究社, pp.30–39, 1984.
図 2.30	日本 ERI 編：改正　建築基準法 目からウロコの確認申請, 理工図書, p.307, 図 4–26, 2008.
図 2.31	日本 ERI 編：改正　建築基準法 目からウロコの確認申請, 理工図書, p.314, 図 4–40, 2008.
図 3.2	岡田光正：建築人間工学　空間デザインの原点, 理工学社, p.158, 図 6.11, 1993.
図 3.3	岡田光正・高橋鷹志：新建築学体系 13, 建築規模論, 彰国社, のパラメータをもとに作図, 1988.
図 3.4	岡田光正・高橋鷹志：新建築学体系 13, 建築規模論, 彰国社, p.92, 図 6.7, 1988.
図 3.5	仙田満・矢田努・大越英俊：歩行線形による屋外通路空間の形状に関する研究——近道行動における歩行線形のビデオ解析と裸地出現率の検討にもとづく曲がり角隅切処理の提案, 日本建築学会計画系論文集, No.479, pp.131–138, 1996.
図 3.6	岡田光正・吉田勝行・柏原士郎・辻正矩：建築と都市の人間工学, 鹿島出版会, p.65, 図 1.56, 1977.
図 3.7	岡田光正・吉田勝行・柏原士郎・辻正矩：建築と都市の人間工学, 鹿島出版会, p.68, 図 1.59, 1977.
図 3.8	東京消防庁：災害と防災環境からみる高齢者の実態（平成 18 年中）, をもとに作図.
図 3.9–図 3.11	東京消防庁：家庭内における不慮の救急事故（平成 13 年中）, をもとに作図.
図 3.12	宇野英隆・直井英雄：住まいの安全学, 講談社, p.71, 図 2.15, 1976.
図 3.14	岡田光正・吉田勝行・柏原士郎・辻正矩：建築と都市の人間工学, 鹿島出版会, p.54, 図 1.48, p.58, 図 1.52, p.60, 図 1.53, 1977.
図 3.15	東京消防庁：家庭内における不慮の救急事故（平成 13 年中）, をもとに作図.
図 3.16	青木義次・富松太基・森山修治：やさしい火災安全計画, 学芸出版社, p.138, 図 3–6–1, 1999.
図 4.2	大佛俊泰・山口浩範：公共図書館までの移動コストと地理的特性の関係 ——図書館システムのもとでの利用構造 その 1, 日本建築学会計画系論文集, 第 521 号, pp.133–139, 1999.
図 4.3	平成 10 年大都市圏パーソンとリップ調査のデータをもとに作図.
図 4.4	岡田光正：建築人間工学　空間デザインの原点, 理工学社, p.108, 図 4.30, 1993.
図 4.5	Shimizu, E.: Time–space Mapping Based on Topological Transformation of Physical Map, Selected Proc. the 6th

	World Conference on Transport Research, Vol.1, pp.219–230, Figure4, 7–9, 1993.
図 4.6	Klaus Spiekermann and Michael Wegener: The shrinking continent: new time–space maps of Europe, *Environment and Planning B, Planning and Design*, Vol.21, pp.653–673, Figure13, 14, 1994.
図 4.7	福本晶仁・岡田光正・柏原士郎・吉村英祐・横田隆司：オフィスビルにおける人の出入の集中現象に関する研究，日本建築学会近畿支部研究報告集，pp.313–316，図 1.1，図 1.9，1987.
図 4.8	福本晶仁・岡田光正・柏原士郎・吉村英祐・横田隆司：オフィスビルにおける人の出入の集中現象に関する研究，日本建築学会近畿支部研究報告集，pp.313–316，図 1.6，図 1.8，1987.
図 4.9	福本晶仁・岡田光正・柏原士郎・吉村英祐・横田隆司：オフィスビルにおける人の出入の集中現象に関する研究，日本建築学会近畿支部研究報告集，pp.313–316，図 3.2，図 3.3，1987.
図 4.10–図 4.15	横浜市立図書館より借用したデータ（1996 年版）を用いて作図.
図 4.16	総務省発行：地域統計メッシュ統計（1995 年）のデータをもとに作図（地域の大きさは約 500 m × 500 m）.
図 4.21	鈴木啓祐：人口分布の構造解析，大明堂，p.87，図 3-11 を改変，1985.
図 4.24	Mapple10000（昭文社）をもとに GIS ソフトを用いて作図.
図 4.25, 図 4.26	杉浦芳夫：立地と空間的行動，古今書院，p.76 をもとに図化，1989.
図 5.1	Rubin, E.: Visuell wahrgenommene Figuren. Gyldendalske, Figure 2.11(a), 1921.
図 5.3	芦原義信：外部空間の構成，彰国社，p.23，Fig.10A, Fig.10B, 1962.
図 5.5	（上の図）高橋研究室編：かたちのデータファイル，彰国社，p.25，図 4，1983.
図 5.6	Gibson J.J.: Perception of visual world. Houghton Mifflin, Figure 2.18, 1950.
図 5.7	Kelley, E.C.: Education for what is real. Harper & Brothers, Figure 2.19(b), 1947. Lawrence, M.: Studies in human behavior. Princeton University Press, Figure 2.19(a), 1949.
図 6.1	（地図）ボストン観光案内地図による，（航空写真）絵葉書による.
図 6.2	CC-BA-SA 3.0（OpenStreetMap による）
図 6.3, 図 6.4	（地図）国土地理院：電子国土（http://cyberjapan.jp）

図表・写真典拠　　　　　　　　**241**

図 6.5	（スケッチマップ）大学院学生による．
	（地図）横浜駅構内案内図による．
	（スケッチマップ）大学院学生による．
図 6.6, 図 6.7	宮本文人，谷口凡邦：児童の空間認知と小学校校舎の平面構成に関する研究，日本建築学会計画系論文報告集，第 436 号，1992.
図 6.8	Moore, G.T.: Theory and Research on the development of environmental knowing, pp.138–164, in Moore, G.T., Colledge, R.C. (eds): Environmental knowing, Dowden, Hutchinson and Ross, Inc., 1976.
図 6.9	Ladd, F.C.: Black youths view their environment: Neighborhood Maps, Environment and Behavior, vol.2, pp.74–99, 1970.
図 7.1	Gifford, R.: Environmental Psychology Principles and Practice, 3rd ed., Optimal Books, p.229, Figure8–11 をもとに作成，2002.
図 7.2	渋谷昌三：人と人との快適距離，NHK 出版，p.22, 図 I–4, I–5, 1990.
図 10.5	クルト・コフカ（鈴木正彌 監訳）：ゲシュタルト心理学の原理，福村出版，図 2 をもとに作成，1988.
図 10.6	N. ナイサー（古崎敬，村瀬旻 訳）：認知の構図——人間は現実をどのようにとらえるか，サイエンス社，図 4 をもとに作成，1978.
図 10.7	（上）地下鉄路線図（東京都交通局）
	（下）大江戸線路線図（http://www.7mansion.com/subway/e_line.html）をもとに作成．
表 1.2	独立行政法人産業技術総合研究所計量標準総合センター：国際文書第 8 版（2006）国際単位系（SI）——安心・安全を支える世界共通のものさし，表 1 を改変，2006.
表 1.3	二村隆夫監：単位の辞典，丸善，p.348 より作表，2002.
表 2.1	住宅メーカーのホームページに基づく検索調査による（2007 年）．
表 2.2	日本 ERI 編：改正　建築基準法 目からウロコの確認申請，理工図書，p.161, 表 3–39, 2008.
表 2.3	日本 ERI 編：改正　建築基準法 目からウロコの確認申請，理工図書，p.160, 表 3–38 を改変，2008.
写真 7.10	PD-USGov（Wikimedia Commons による）

索　引

あ　行

アクセシビリティ　98, 114
アクティビティ　48
咫　11
アナリシス　194
アナロジー　117
アフォーダンス　142, 143
アブダクション　196, 205
あふれ出し　94
アポロニウスの円　114
誤り　156
アルベルティ　28
アンサンブル　196
暗黙知　212
いす座　39
移動手段　102
意味　224
意味空間　224
意味体　225
意味微分法　224
意味論　203
意味論的側面　213
イメージ　5, 146
イメージアビリティ　153
イメージマップ　148
因果論的説明　207
インタラクション　194
インテリジェント化　62
ウィトルウィウス　27, 187
内法高　39
内法寸法　34, 53
内開き　85
ヴントの心理学　130
エイムズの歪んだ部屋　141
エスカレータ　87
エスキス　7
エッジ　154
エレベータ籠　55
遠位項　213
演繹的推論　196, 204
黄金長方形　30
黄金比　30, 36
黄金分割　30, 36
大きさの恒常性　140
オーダー　28
オープンシステム　35
オープンプランスクール　168
屋外階段　45
屋内階段　45
納まり　39
落ち着き感　39
踊場　87
オルセー美術館　59
音楽ホール　48
音響　48

か　行

開口部　85
階段　44, 87
快適さ　44
概念図　6
科学　192
科学技術　192
科学的探究　196
科学の知　192
加算性　37
貸しビル　105
カステルヴェッキオ美術館　59
片眼視と恒常性　141
形の恒常性　140
片廊下　65
価値　203

索 引

曲尺　14
鴨居　39
カルトグラム　103
貫　13, 15
感覚　133
環境心理学　131
環境認知　151
乾式壁　50
ガンベル分布　119
機械排煙　93
幾何学的錯視　138
規格寸法　22
記号　5, 224, 225
記号ゲシュタルト期待　225
技術　192
季節変動　108
帰納的推論　196, 204
規模　97
規模計画　96
基本モデュール　33
客観主義　193
客観的法則性　192
キャノピー　90
救急事故　83
形相因　206
共通のルール　4, 7
キログラム原器　16
木割り　26
近位項　213
近接性　98, 170
空間　126
空間距離　101
空調効率　62
グリッド・プランニング　33
車いす　46
グレーチング　90
クローズドシステム　35
群集事故　70, 71
群集密度　70, 74
蹴上　40, 44
計画　210
経済性　62

形式　199
形式知　212
芸術的側面　188
形態規制　65
劇場　48
ゲシュタルト心理学　131, 134
ゲシュタルトの法則　135, 137
間　14
言語　4
現象　199
現象的行動　227
現象的側面　213
建築基準法　65
建築設備　57
建築様式　199
建蔽率　62, 66
肩峰高　20
原理　199
公衆距離　171
恒常性　138
更新　57
構成的　194
構想　194
構造形式　199
交通ネットワーク　98
行動　229
行動空間　225
行動主義　222
行動主義心理学　131
行動的環境　227
行動場面　132
行動モデル　216
高度地区　65
公比　36
公平性　120
合目的的　208
効用　112
効率性　62, 120
高齢者　53, 83
国際単位系　15
腰壁　93
個人化　178

個体距離　170
固定的段階　161
理　186
コミュニケーション　4
語用論　203
コンセント　47
コンター　98
コンバージョン　59
コンピュータ・シミュレーション　49

さ　行

サーヴェイマップ　161
サービス圏　96
錯視　138
差尺　47
座標的段階　161
直天井　50
時間距離　101
式台　55
指極　20
刺激　222
視高　20
自己中心的段階　161
施設内滞留数　108
施設密度　100
自然の監視　180
自然排煙　93
実在的行動　227
実在的有機体　227
実施図面　4
実践　186
実践的側面　186
質料因　206
社会距離　170
尺　12, 13
尺モデュール　33
斜線制限　64
尺貫法　13
斜路　46
習慣強度　223
宗教建築　42

集合住宅団地　56
衆人の監視　182
自由選択型　97
集中率　105
重力モデル　117
熟慮　186
シュタイン邸　31, 37
手段−目的関係　225
手段−目的準備性　226
寿命　57
需要特性　100
升　13
丈　11
商圏　115
匠明　26
新行動主義　222
身障者　53
心心　53
心心寸法　34
身体寸法　20
人体寸法　11, 22, 36, 51
シンタクス　202
心的現象　222
振動　50
心理学　129
スクラップ＆ビルド　61
スケール感　7
スケッチマップ　152
スケッチマップ法　151
スケルトン・インフィル　57
図式　5, 228
スタジアム　11
スタディア　11
スタディオン　11
図と地　134, 136, 137
簀　89
スパン　62
スパンドレル　93
隅切り　89
図面　4
スラブ厚　50
スロープ　46, 87

索　引

寸　　13
寸法　　5
寸法感覚　　7, 9
寸法計画　　21, 22
寸法原器　　12
寸法の単位　　11
畝　　14
生活環境　　196
生活空間　　226
生活様式　　196
正規分布　　18, 51
整数比　　27
生成　　194
生態学的視覚論　　142
生態学的心理学　　132
接近性の制御　　182
設備の納まり　　41
セマンティクス　　203
専用ビル　　105
騒音　　50
層間区画　　93
測量地図　　161
ソシオフーガル　　174
ソシオペタル　　174
外開き　　85
存在論的側面　　213

た　行

対人距離　　170
畳の大きさ　　33
立止まり距離法　　172
竪穴区画　　93
竪子　　51
卵形理論　　98
垂れ壁　　93
段　　14
反　　14
単位空間　　43
単位幅　　38
段差　　55, 87
地域施設　　110

地域人口　　57
地域特性　　100, 110
知覚　　9, 133, 134, 229
近道行動　　77
地図情報　　152
厨房　　62
町　　14
蝶番　　85
調理台　　43
地理学　　127
地理的環境　　227
地理的特性　　98
ついで利用　　100
束　　12
月変動　　108
坪　　14
強さの理　　187
吊り戸　　53
ディストリクト　　154
出入口　　85
テート・モダン　　59
デザイン　　196
手すり　　46, 53
哲学　　127
テリトリアリティ　　176
テリトリー　　166, 176
天井高　　42, 50
天井の高さ　　39
ドアの幅　　41
トイレ　　39, 43
投影　　199
東京駅　　59
等高線　　98
統語論　　202
動作空間　　43
動作寸法　　21, 22
動線　　79, 82, 91
動線分離　　90
等比数列　　36
動力因　　206
道路地図　　161
都市景観　　64

都市のイメージ　147
土地利用　100
ドライエリア　57
度量衡法　13

な 行

内観法　222
流し台　43
中廊下　65
二方向避難　91
認知　9
認知科学　131
認知心理学　131, 228
認知地図　148, 156, 226
年齢階級別人口　110
ノード　154

は 行

パーソナルスペース　166, 170
配置計画　96
場所の想起　151
パス　154
ハフの確率モデル　117
場面の心理学　132
パラダイム　129
パラディオ　28
バリア　55
梁成　62
バルコニー　90
反応　222
万有引力の法則　117
引き戸　53
庇　90
非集計モデル　119
左側通行　76
避難階段　87, 92
避難経路　93, 94
美の理　187
標準化　19
標準化係数　19, 51
標準正規確率表　19

標準正規分布　19
標準偏差　51
表象媒介過程　224
開き戸　53
比率　20, 26
比例　26
尋　11, 20
歩　14
フィート・インチモジュール　34
フィボナッチ数列　36
復号化過程　224
符合化過程　224
物品寸法　22
物品の寸法　43
普遍主義　193
踏面　40, 44
プライバシー　166, 167
プラグマティクス　203
フリーアクセスフロア　62
プルーイット・アイゴープロジェクト　180
プレグナンツの法則　135
プロクセミックス　170
プロポーション　26
平均身長　17
平均値　51
ベーシック・モデュール　34
方位　5
防火シャッター　94
防火戸　94
防災計画　91
法則性　18
法則的関係　192
法隆寺　32
歩行速度　75
歩測　13
母点　116
母分散　19
母平均　19
ボロノイ図　116
ボロノイ分割　116

ま 行

マーケティング　115
窓台　39
守りやすい空間　182
密接距離　170
ミニマックス問題　121
魅力　97, 112
メーターモデュール　34, 53
メートル原器　16
メートル法　14
面積区画　93
メンタルマップ　148
メンテナンス　57
目的因　206
目的論的説明　207
模型実験　49
モデュール　33, 34
モデュラー・コーディネーション　35
モデル　5, 112
モドゥルス　26, 33
匁　15

や 行

有機体　223
有目的的　208
床座　39
歪み　156
ユニテ・ダビタシオン　37
容積率　62, 66
用途地域　66
用の理　187
曜日変動　105
浴室　39, 89
予測　194

ら 行

ライフスタイル　61, 103
ライフステージ　57
ライリー・コンバースの重力モデル　117
ランドスケープ　154
里　14
領域性の強化　182
利用圏　96, 112
利用圏境界　113
利用施設指定型　97
利用者数　96
理論　187
理論的側面　186
ルートマップ　161
ル・コルビュジエ　31, 36
ル・モデュロール　36
レオナルド・ダ・ビンチ　28
レジビリティ　148, 153
レベル差　87
廊下　89
廊下の幅　41
労力　112
ロジットモデル　119
ロンシャンの礼拝堂　38
論証知　192
論理主義　193

数字・欧字

5つのエレメント　148, 154
$\sqrt{2}$の比率　31
CPTED　182
cubit　12
foot　12
JIS規格　32
SD法　224
SI　57
SI単位　15
S–R連合　222
yard　12

著者略歴

大佛俊泰(おさらぎとしひろ)

1988年　東京工業大学大学院理工学研究科建築学専攻
　　　　修士課程修了
現　在　東京工業大学大学院情報理工学研究科情報環境学専攻准教授
　　　　博士（工学）

宮本文人(みやもとふみひと)

1980年　東京工業大学大学院総合理工学研究科社会開発工学専攻
　　　　修士課程修了
現　在　東京工業大学教育環境創造研究センター，大学院理工学研究科
　　　　建築学専攻教授　工学博士

藤井晴行(ふじいはるゆき)

1994年　Carnegie Mellon University 大学院人文社会科学研究科哲学専攻
　　　　修士課程修了
現　在　東京工業大学大学院理工学研究科建築学専攻准教授
　　　　博士（工学）

建築工学＝EKA-7
建築計画学入門
――建築空間と人間の科学――

2009年6月25日Ⓒ　　　　　　　初　版　発　行

著　者　大佛俊泰　　　　発行者　矢沢和俊
　　　　宮本文人　　　　印刷者　小宮山恒敏
　　　　藤井晴行　　　　製本者　石毛良治

【発行】　　　株式会社　数理工学社
〒151-0051　東京都渋谷区千駄ヶ谷1丁目3番25号
☎(03) 5474-8661（代）　サイエンスビル

【発売】　　　株式会社　サイエンス社
〒151-0051　東京都渋谷区千駄ヶ谷1丁目3番25号
営業 ☎(03) 5474-8500（代）　振替 00170-7-2387
FAX ☎(03) 5474-8900

印刷　小宮山印刷工業（株）　　製本　ブックアート
《検印省略》

本書の内容を無断で複写複製することは，著作者および
出版者の権利を侵害することがありますので，その場合
にはあらかじめ小社あて許諾をお求め下さい．

ISBN978-4-901683-66-1
PRINTED IN JAPAN

サイエンス社・数理工学社の
ホームページのご案内
http://www.saiensu.co.jp
ご意見・ご要望は
suuri@saiensu.co.jp　まで．